为了大地的丰收

——徐州市乡村振兴的实践和探索

杨亚伟 著

中国矿业大学出版社

·徐州·

图书在版编目（CIP）数据

为了大地的丰收：徐州市乡村振兴的实践和探索 /
杨亚伟著 . — 徐州：中国矿业大学出版社，2025. 3.
ISBN 978-7-5646-6696-5

Ⅰ . F327.533

中国国家版本馆 CIP 数据核字第 20255SG132 号

书　　名　为了大地的丰收——徐州市乡村振兴的实践和探索
著　　者　杨亚伟
责任编辑　史凤萍
出版发行　中国矿业大学出版社有限责任公司
　　　　　（江苏省徐州市解放南路　邮编221008）
营销热线　（0516）83885370　83884103
出版服务　（0516）83995789　83884920
网　　址　http://www.cumtp.com　E-mail:cumtpvip@cumtp.com
印　　刷　徐州中矿大印发科技有限公司
开　　本　787 mm × 1092 mm 1/16　印张　20.5　字数　325 千字
版次印次　2025 年 3 月第 1 版　2025 年 3 月第 1 次印刷
定　　价　59.80 元

（图书出现印装质量问题，本社负责调换）

自 序

农业、农村、农民问题是关系国计民生的根本性问题。党的十八大以来，习近平总书记统筹国内国际两个大局，对新时代"三农"工作作出一系列重要论述，引领我国农业农村发展取得历史性成就、发生历史性变革。徐州是全国重要的农业大市，做好"三农"工作、推进乡村振兴尤为重要。我们要深刻领会习近平总书记的重要讲话精神，不断增强做好新时代"三农"工作、全面推进乡村振兴的政治责任感和历史使命感。

2022年，徐州粮食生产再获丰收，粮食总产、单产继续保持全省领先，为国家粮食生产"十九连丰"增光添彩。

农业主要经济指标实现较快增长，全市农村居民收入增幅、农业投资增速及规模连续五年居全省前列，多项工作受到农业农村部和江苏省委、省政府及省农业农村厅通报表扬，农业为全市经济社会稳定发展发挥了"压舱石"作用。

持续推进全国重要"菜篮子"供应基地和黄河故道沿线优质果业产业示范带建设，猪牛羊禽肉产量持续增长，生猪生产稳定发展，设施蔬菜、特种蔬菜、大蒜、食用菌、牛奶、水果等农产品产量均呈上涨趋势，草莓、水蜜桃、蓝莓、葡萄、梨、苹果等果品全年接续时鲜供应，为全国全省稳产保供提供了有力支撑。

强化农业产业发展，扎实推进乡村建设，乡村更美，农民更富。坚持把发展农业产业助农增收作为巩固拓展脱贫攻坚成果的根本之策，深入实施了富民强村帮促行动，农民人均可支配收入增幅继续走在全省前列，全市2445个村（涉农社区）村均集体经营性收入达76万元，实现稳步提升。乡村建设稳步实施，以建设黄河故道生态富民廊道示范带、五环路都市农业示范带为契机，统筹抓好特色田园乡村和生态宜居美丽乡村

1

建设。2022年新增省级特色田园乡村13个，省级生态宜居美丽示范乡镇、村65个，增量位居全省第一；新增省级绿美村庄90个，4个村庄入选中国传统村落，实现了零的突破；铜山区获批创建首批国家乡村振兴示范县。

强国必先强农，农强方能国强。走进新时代，踏上新征程，"三农"工作任重道远，大有可为。

实现中国梦，基础在"三农"。习近平总书记指出，没有农业现代化，没有农村繁荣富强，没有农民安居乐业，国家现代化是不完整、不全面、不牢固的。"十三五"时期是全面建成小康社会、实现第一个百年奋斗目标的决胜时期，也是夯实现代农业基础、调整优化农业结构、转变农业发展方式、着力提高农业质量效益和竞争力的攻坚期，这期间徐州加快推动农业全面升级、农村全面进步、农民全面发展，农业农村发展持续稳定向好，农业现代化水平、脱贫攻坚战等硕果亮眼，农民幸福感显著提升。"十四五"时期是我国全面建成小康社会、实现第一个百年奋斗目标之后，乘势而上开启全面建设社会主义现代化国家新征程、向第二个百年奋斗目标进军的第一个五年，也是巩固脱贫攻坚成果、全面推进乡村振兴、加快农业农村现代化的重要阶段。"十四五"开局良好，在古彭大地广袤的土地上，目之所及，一幅幅美丽画卷映入眼帘，一张张朴实笑脸竞相绽开。而我有幸在"十三五"时期和"十四五"开局阶段参与了徐州市农业农村工作一系列重要文件的调研和起草工作，亲历了徐州市农业农村改革发展的若干重大决策过程，并牵头组织了全市农业农村工作各项重点任务的实施。

我于2017年3月任徐州市农业委员会主任、党组书记；2019年1月受命牵头整合市委农村工作办公室（市政府农村工作办公室、市政府矿乡关系协调办公室）、市农村扶贫办公室、市农业委员会（市林业局）、市农业机械管理局、市农业资源开发局等单位力量和职能，组建徐州市农业农村局，作为市政府工作部门，对外加挂市政府扶贫工作办公室（2021年6月改为市乡村振兴局）牌子，市委农村工作领导小组办公室设在市农业农村局，其间我主要担任市委农办主任、市农业农村局局长和党委书记、市扶贫工作领导小组办公室主任；2022年7月至今任二级巡视员。

在这六年多的时间里，全市"三农"人凝心聚力、砥砺奋进，参与并见证了徐州农业农村的加快发展、高质量发展，促进了我市农业高质高效、乡村宜居宜业、农民富裕富足；在这六年多的时间里，全市"三农"人攻坚克难、创新创优，收获了完成脱贫攻坚、全面建成小康社会历史任务的胜利喜悦；在这六年多的时间里，全市"三农"人乘势而上、接续奋斗，努力绘就全面推进乡村振兴、加快农业农村现代化的壮美画卷。

回望过去六年，面对错综复杂的外部环境尤其是新冠疫情的冲击，在徐州市委、市政府的坚强领导下，全市"三农"人深入贯彻落实习近平总书记重要讲话精神，咬定"三农"工作目标任务不松懈，主动担当、精准施策，强化底线思维，防范重大风险，以更加坚定的信心、更加扎实的作风、更加有力的工作，把党中央各项决策部署抓紧抓实抓细，坚决守住农村疫情防控阵地，加快恢复农业农村生产生活秩序，以实施乡村振兴战略为抓手，深入推进农业供给侧结构性改革，大力发展农业特色产业，努力改善农村人居环境，全力增加农民收入，农业农村工作取得明显成效，多项工作取得新成就、实现新跨越，得到国家、省有关部门的充分肯定和表扬。特别是经过多年的努力，脱贫攻坚任务如期完成，乡村振兴实现良好开局，农业质量效益和竞争力明显提升，乡村面貌发生显著变化，农村居民收入持续增长，农业农村现代化取得重大进展，初步走出了一条具有徐州特色的乡村振兴之路，向党和人民交上了一份合格的"三农"答卷，为我国构建新发展格局、推动高质量发展、开启全面建设社会主义现代化国家新征程贡献了徐州"三农"力量。

回眸过去，一个个闪光的数字，记录下徐州农业农村发展一串串踏实的足印。

农业综合生产能力显著提升。积极推动农业转型升级，着力提升农业产业化水平，实现了结构优化、质量提升、功能拓展、效益增强的农业现代化新格局。基本形成了以4大主导产业（优质粮食、设施蔬菜、高效林果、生态畜牧）、8大特色产业（大蒜、食用菌、花卉、银杏、牛蒡、山羊、奶牛、观赏鱼）、3大融合产业（农产品加工业、休闲农业、智能农业）为主要内容的徐州现代农业"483"产业体系，为打造农业全产业链奠定了坚实基础。粮食、生猪等重要农产品有效供给。粮食产能连续 4 年保持在百亿斤以上,是全国 21 个过百亿斤的地级市之一。2021 年 12 月,我市农业农村局被农业农村部评为全国粮食生产先进集体。生猪出栏、存栏、能繁母猪存栏、生猪域外保供,自 2017 年以来一直领先全省,为全国全省生猪恢复生产和稳产保供作出了重要贡献,受到省农业农村厅嘉奖,并受到农业农村部来信表扬。蔬菜园艺成为保障农民增收的主力军,全市蔬菜种植面积稳定在 615 万亩,产量 2000 多万吨,农民经营性收入的 60% 来自蔬菜产业。积极对接上海市商务委,抓住契机,建成徐州—上海蔬菜外延基地 27 家,年入沪蔬菜百万吨。果树种植面积达到 153 万亩,总产值 126 亿元,果品种植面积、产量、效益均居全省第一。

农业基础条件不断完善。贯彻落实"藏粮于地、藏粮于技"战略,以规模开发、连片开发、"四沿"开发和绿色开发为抓手,建成一大批"灌排设施配套、土地平整肥沃、田间道路畅通、农田林网健全、生产方式先进、产出效益较高"的高标准农田,走出了一条具有徐州特色的高标准农田建设之路。高标准农田上图入库面积达 690 万亩,占耕地面积比重达 82%,连续 4 年以第一名的成绩通过省级验收。至 2022 年,我市高标准农田项目财政投资增量和增幅连续 4 年位居全省第一。近年来,《农民日报》《经济日报》《新华日报》等多家媒体做了持续宣传报道。2022 年 8 月 8 日,央视新闻报道了徐州市高标准农田建设的成效。徐州农业机械装备不断提档升级,全市农业机械总动力已达 799 千瓦,位居全省第一,主要农作物耕种收综合机械化率达到 87.2%,犁耕深翻还田面积 30.5 万亩。在全国率先基本实现主要农作物生产全程机械化,为全国 19 个整建制达标设区市(自治州)之一。近年来,徐州加速推进种业振兴,努力提升育种的自有研发能力,抓好种子农业"芯片",强化科技支撑,不断夯实粮食丰产丰收的基础。"十三五"以来,徐州相继育成优良农作物新品种 55 个,20 个品种连续多年入选国家和江苏省主推品种,42 个品种实现转让,为全市农业产业提档升级、农民增收、农业增效提供了有力支撑。

农业生态建设成效明显。2017 年年底,我市成功创建为首批国家农业可持续发展试验示范区暨农业绿色发展先行区。几年来,我们始终坚持以绿色发展引领乡村振兴不动摇，全市绿色发展、可持续发展导向日趋鲜明，农业绿色发展先行区建设成果日益丰硕。这主要表现在：秸秆综合利用领跑全国；正式通过国家森林城市复检；森林覆盖率保持全省第一；化肥、农药减量领先全省；"遵循生态循环规律，创建绿色低碳生产方式""以秸秆基料化利用为纽带的镇域生态循环农业"等成功入选农业农村部《农业绿色发展案例选编》；禁捕退捕工作成效显著，骆马湖等重点水域全面禁渔，并强化了执法监管；着力提升化肥、农药利用率，加强秸秆资源化利用，推进畜禽粪污资源化利用，"两品一标"有效认证产品总数达到 4000 个，拥有中国驰名商标 6 个、江苏著名商标 47 个；2019 年 11 月 2 日，第二届国家农产品质量安全县与农产品经销对接活动在徐州举办，我市贾汪区被授予"国家农产品质量安全县"称号，至 2022 年，我市其他 6 个涉农县（市、区）均成功创建为"江苏省农产品质量安全县"；全市绿色优质农产品比重达到 70.8%，位列全省第一方阵，农业绿色发展指数达到 83.6，在 130 个国家农业绿色发展先行区中位居第 17 位。

农民收入大幅增加。2017 年农村居民人均可支配收入为 16697 元，2022 年达到 25210 元，城乡居民收入比下降至 1.69：1，农民增收实现大的跨越，农民生活更富裕，获得感幸福感更强。发展乡村产业是农民增收的重要途径。大力实施农业产业化龙头企业培育"十百千"工程，累计创建国家级农业龙头企业 9 家、省级农业龙头企业 90 家，走在全省前列。加快建设 21 个农业产业集群，徐州大蒜、邳州肉鸡先后入围国家特色农业产业集群（全省 3 个），至 2022 年年底，全市产业集群内规上企业 590 家，产值 872.6 亿元。相继创建 1 个国家现代农业产业园、8 个国家农业产业强镇、9 个省级农业产业园区、9 个省级农产品加工集中区。睢宁县获批创建首批全国农业现代化示范区，沛县获批创建省级农业现代化先行区。狠抓农业农村重大项目建设，连续 3 年纳入省级管理平台的农业农村重大项目个数和投资额均居全省第一。着力培育壮大新型农业经营主体，积极引导农业经营主体抱团发展，家庭农场和农民专业合作社分别达到 2.2 万个、5509 家，累计创建国家级示范合作社 31 家、省级示范合作社 128 家、省级示范家庭农场 310 个，对带动农民增收、夯实产业支撑、推动乡村振兴发挥了积极作用。构建了"1+4+N"的农产品区域公用品牌，即1个"徐州农好"市级区域品牌，4个分类区域品牌（徐州—上海蔬菜外延基地优质蔬果、徐州大米、徐州中强筋面粉、徐州甘薯），N个特色区域公用品牌。先后有15个农产品获得国家地理标志商标认证，9个农产品获批国家农产品地理标志。在全省率先制定并持续实施乡村休闲旅游农业发展三年行动计划，休闲农业实现跨越式发展。先后创建全国休闲农业和乡村旅游示范县1个、全国休闲农业重点县1个、国家全域旅游示范区1个、省级全域旅游示范区1个、中国美丽休闲乡村5个、中国美丽乡村休闲旅游精品线路5条，乡村休闲旅游农业综合收入达到70亿元。

农村人居环境持续改善。农村美不美，关键看环境。徐州始终坚持把农村人居环境整治作为"一把手"工程来抓，建立健全工作机制，通过组织现场观摩、加强工作考核、强化舆论引导等方式，构建了各地齐抓共管、共同推进的生动局面。将打造特色田园乡村作为农村人居环境整治工作的示范工程，联动开展省、市两级特色田园乡村创建；将公共空间治理作为人居环境整治的创新工程，在全省率先实施全域推进；全面开展"四清一改"（清理农村积存垃圾、河塘沟渠、农业废弃物、无保护价值的残垣断壁，改变农民生活习惯），全市乡村面貌明显改善。全市农村公厕自然村覆盖率达到95%，行政村生活污水治理率达到40%；先后创建省级特色田园乡村56个，省级传统村落38个，走在全省前列；打造出一批"国"字号的示范工程，铜山区倪园村被评为全国美丽宜居示范村，贾汪区马庄村被评为中国美丽休闲乡村，睢宁县高党村被评为全国美丽乡村示范村，初步形成了农房改善"睢宁模式"、空间治理"邳州方案"、环境整治"铜山样板"等一批先进典型做法，沛县农村垃圾分类治理做法得到国务院农村人居环境整治督查组充分肯定。全省农村人居环境整治现场会、全国全面建成小康社会补短板暨农村人居环境整治工作推进现场会先后于2020年6月、7月在徐州召开。

农业农村改革持续深化。创新开展以"人才下乡、能人返乡、资本兴乡"为主要内容的"三乡工程"建设，在全省率先对农村重点领域和重点环节进行探索试验，通过体制改革、制度创新和政策引导，激活"人、钱、地"关键发展要素，促进了农民增收致富和村级集体经济发展，走出了一条城乡互补、工农互促、三产融合、共同富裕的农业农村发展新路子。全面开展农村集体产权制度改革，全市所有行政村和涉农社区均完成清产核资、成员身份确认、股权量化和登记赋码等工作。以沛县全国宅基地制度改革试点县、铜山区国家农村改革试验区建设为契机，积极探索宅基地"三权分置"和家庭农场发展壮大有效路径。系统谋划、探索创新，保障试点改革高标准推进，在全省率先开展集体经营性建设用地入市。深入推进农村集体资金、资产、资源管理规范化，不断健全完善农村集体资产监管服务体系，农村集体经营性资产实现有效使用，农村集体资产交易行为得到有效规范，农村集体资产"线上"交易实现应进尽进。支持涉农银行、保险机构拓展支农多元化金融服务，引导更多金融资源配置到乡村振兴重点领域和薄弱环节。徐州人保财险推出的全国首笔"险资直投＋生猪活体抵押"融资项目在徐州落地，为生猪恢复生产注入资金"活水"。铜山区获批"全国农村改革试验区"称号，沛县农业农村局荣获"全国农村集体产权制度改革工作先进集体"称号。

党建引领保障作用显著提升。大力实施"党建＋"工程。全市累计整顿软弱涣散党组织660个，设立"党员中心户"1.5万余个，建立综合网格党支部3587个，1县、1镇、6村获评全国乡村治理试点示范单位，全省加强乡村治理提升乡村文明水平现场推进会于2019年12月11日在徐州召开。总结推广"马庄经验"。全域建设新时代实践场所，累计挂牌新时代文明实践中心12个、实践所163个、实践站2729个，创新实践基地172个、文明实践点1487个。以高质量党建引领"三农"工作高质量发展。市农业农村局全面贯彻新时代党的建设总要求，积极推进党建与"三农"业务深度融合，切实转变机关作风，强化党员干部为农服务意识，以"双联双促"推进乡村难点工作，解决好农民生产、技术、资金等方面的难题；成立12个党员志愿服务队，把政策、技术、信息等送到田间地头，真正为农民增收致富做好保障。市农业农村局先后荣获"全国农业农村系统先进集体"称号、江苏省乡村振兴战略实绩考核设区市综合排名第一等次、徐州市机关党建五星示范品牌、基层党建优秀"书记项目"、市高质量发展考核第一等次等多项荣誉,市农业综合行政执法支队党总支创新建立全省第一家农业法律维权诉前调解工作室,在2020年11月16日全省农业农村系统党风廉政建设暨警示教育会议上,市农业农村局做了经验交流发言。

这些成绩的取得,是习近平总书记关于"三农"工作重要论述科学指引的结果,是党的"三农"好政策惠农利民的结果,是徐州市委、市政府坚强领导的结果,是全市农业农村系统党员干部团结奋斗、甘于奉献、创新创优、务实担当、真情服务农村基层和农民群众的结果。

踏上新征程,使命光荣,任务艰巨。徐州"三农"人将牢记习近平总书记嘱托,始终以习近平总书记关于"三农"工作的重要论述为指导,站位"新时代"、立位"新担当"、落位"新作为",切实履行好责任和使命,求真务实,勇毅前行,坚持不懈把解决好"三农"问题作为重中之重,立足市情农情,以实施乡村振兴战略为总抓手,坚持农业农村优先发展,加快城乡融合进程,突出综合产能强、科技装备强、产业主体强、功能效益强、竞争能力强,加快建设农业强市,以更加昂扬的姿态谱写好农业农村发展的美丽新篇章。

要全方位夯实粮食安全根基,始终把重要农产品有效供给摆在首位。做到扎紧"粮袋子"、拎稳"菜篮子"、端稳"肉盘子"。

要推进农业关键核心技术攻关,提升农业科技创新体系整体效能。做到建强农业科技创新载体、全面推进种业振兴、持续提升农业物质装备水平。

要持之以恒抓特色产业发展,积极构建现代农业经营体系。做到培育新型农业经营主体、优化农业社会化服务、健全完善利益联结机制。

要依托全市农业农村特色资源,推进农业一二三产融合发展。做到高标建设"示范带"、提档升级"一集群"、加快发展新业态。

要加快提升农产品竞争能力,打造徐州农业金字招牌。做到以品牌建设提升农产品市场竞争优势、以绿色农产品质量效益构筑竞争新优势、以示范引领推动农业贸易高质量发展。

要高水平建设国家农业绿色发展先行区,着力打造宜居宜业和美乡村。做到综合施策推进农业绿色发展、深化乡村公共空间治理、整治提升农村人居环境。

要进一步深化农村改革创新，不断强化"三农"政策支撑保障力度。做到培养农村人才队伍、加大财政支农力度、保障建设用地需求、优化金融惠农服务、推广农村改革试点经验。

全面推进乡村振兴，加快农业农村现代化，实现农业强、农村美、农民富的目标，是全市"三农"人的共同责任和追求。作为徐州"三农"工作一个重要时期的参与者、亲历者，农业农村部门实施"三农"重点工作的具体牵头人、组织者，我感到自身有责任让更多的人了解党的十九大以来徐州市推进乡村振兴、建设农业强市的发展历程，明确"十四五"时期"三农"工作的奋斗目标，以便进一步统一思想、振奋精神，凝心聚力接续干，谱写"三农"新篇章。为此，我专门编写了《为了大地的丰收——徐州市乡村振兴的实践和探索》一书，拟从徐州市乡村振兴工作的形势和现状、近年来实施乡村振兴战略的实践和成效、当前和今后一个阶段推进乡村振兴的重点任务、今后实施乡村振兴战略的路径和载体等四个方面，就"十三五"时期和"十四五"开局阶段徐州市全面推进乡村振兴和农业农村现代化的实践情况作综述，对存在的问题和薄弱方面作深入分析，对下一步的发展作展望并提出施策意见，以期全市上下同心、主动作为，勇挑重担、勇扛重责，敢为善为、务实落实，乘势而上发挥优势，迎难而进破解难题，扎实做好"三农"工作，全面推进乡村振兴，为徐州早日建成农业强市、实现农业农村现代化不懈努力。

杨亚伟

2023 年 6 月

目 录

1

徐州市乡村振兴工作的

形势和现状

　　中国共产党人一直以来都极为重视"三农"工作,党的十九大提出乡村振兴战略以来,"三农"工作重心也开始转移。乡村振兴战略作为"三农"工作的总抓手,对于实现农业农村现代化、推进共同富裕和实现中华民族伟大复兴具有极为重要的作用,这一重大决策部署,是建党百年来中国共产党人的理论探索和创新,是通往全面建设社会主义现代化国家的必经之路。

　　乡村振兴战略是具有重要意义的长期战略,是解决我国当前社会主要矛盾的重要一环,是推动"三农"工作实现新胜利的基础,是推进中华民族伟大复兴的关键步骤。习近平总书记关于"三农"工作的重要论述,回答了为什么要实施乡村振兴战略、如何实施乡村振兴战略、怎样实现最大进步,为我们推进乡村振兴指明了前进方向。思想是行动的先导,在实施乡村振兴战略过程中,我们必须始终坚持以习近平总书记关于"三农"工作的重要论述为指引,始终遵循以人民为中心的发展思想,密切关注全市推进乡村振兴过程中遇到的重点、难点和痛点,正确分析我市农业农村形势,立足优势、找准短板,乘势而上、迎难而进,坚定不移走中国特色乡村振兴之路。

第一节　以习近平总书记关于"三农"工作 重要论述统领我市乡村振兴战略的实施

　　党的十八大以来,以习近平同志为核心的党中央坚持把解决好"三农"问题作为全党工作的重中之重,把脱贫攻坚作为全面建成小康社会的标志性工程,组织推进人类历史上规模空前、力度最大、惠及人口最多的脱贫攻坚战,启动实施乡村振兴战略,推动农业农村取得历史性成就、发生历史性变革。习近平总书记始终高度重视农业农村农民问题,对做

徐州着力描绘农业强农村美农民富的壮美画卷

好"三农"工作提出了许多新思想、新理念、新论断。这些重要论述着眼我国经济社会发展大局，深刻阐明"三农"工作的战略地位、发展规律、形势任务、方法举措，立意高远、内涵丰富、思想深刻，是习近平新时代中国特色社会主义思想的重要组成部分，是做好新时代"三农"工作的行动纲领和根本遵循，对于做好新时代"三农"工作，举全党全社会之力推动乡村振兴，促进农业高质高效、乡村宜居宜业、农民富裕富足，书写中华民族伟大复兴的"三农"新篇章，具有十分重要的指导意义。

习近平总书记关于"三农"工作的重要论述，是指导"三农"事业发展的重要法宝，其重要思想呈现出系统性、全面性、深刻性等鲜明特点，思想精髓涵盖了巩固基本制度、确保产业安全、关注群众民生、坚守绿色理念、深化农村改革等多个方面。主要体现在六个方面：第一，坚持重中之重定位导向，这是农业农村优先发展的组织保障；第二，坚持保障民生导向，这是让农民有更多获得感的根本要求；第三，坚持深化农村改革导向，这是激发农业农村发展新动能的迫切需要；第四，坚持立足国内保证自给导向，这是粮食安全主动权的战略要求；第五，坚持绿色生态导向，这是农业农村可持续发展的根本遵循；第六，坚持乡村发展规律导向，这是建设美丽宜居乡村的基本原则。

在 2013 年中央农村工作会议上,习近平总书记提出,中国要强,农业必须强;中国要美,农村必须美;中国要富,农民必须富。2015 年 1 月 20 日,习近平总书记在云南大理白族自治州大理市湾桥镇古生村调研时指出,新农村建设一定要走符合农村实际的路子,遵循乡村自身发展规律,充分体现农村特点,注意乡土味道,保留乡村风貌,留得住青山绿水,记得住乡愁。2015 年 7 月,习近平总书记在吉林调研时指出,任何时候都不能忽视农业、不能忘记农民、不能淡漠农村。2015 年 11 月 27 日,习近平总书记在中央扶贫开发工作会议上强调,全面建成小康社会、实现第一个百年奋斗目标,农村贫困人口全部脱贫是一个标志性指标。小康不小康,关键看老乡,关键看贫困老乡能不能脱贫。全面建成小康社会,是我们对全国人民的庄严承诺,必须实现,而且必须全面实现,没有任何讨价还价的余地。2016 年 4 月,习近平总书记在安徽凤阳县小岗村召开的农村改革座谈会上强调,要坚定不移深化农村改革,坚定不移加快农村发展,坚定不移维护农村和谐稳定。2017 年 10 月 18 日,在党的十九大报告中,习近平总书记强调指出,农业农村农民问题是关系国计民生的根本性问题,必须始终把解决好"三农"问题作为全党工作重中之重。要坚持农业农村优先发展,按照产业兴旺、生态宜居、乡风文明、治理有效、生活富裕的总要求,建立健全城乡融合发展体制机制和政策体系,加快推进农业农村现代化。

2017 年 12 月,习近平总书记视察徐州时,在贾汪区马庄村指出,实施乡村振兴战略,不能光看农民口袋里票子有多少,更要看农民精神风貌怎么样。大家知道,实施乡村振兴战略总要求,是党的十九大确定的五句话、二十字,即产业兴旺、生态宜居、乡风文明、治理有效、生活富裕。这其中,产业兴旺是基石,生态宜居是保证,乡风文明是灵魂,治理有效是核心,生活富裕是目标。2018 年 3 月 8 日,全国两会期间,习近平总书记在参加山东代表团审议时指出,实施乡村振兴战略是一篇大文章,要统筹谋划,科学推进。要推动乡村"五个振兴",即产业振兴、人才振兴、文化振兴、生态振兴、组织振兴。同时强调,农业强不强、农村美不美、农民富不富,决定着全面小康社会的成色和社会主义现代化的质

徐州市贾汪区马庄农民乐团提振村民精气神

量。要深刻认识实施乡村振兴战略的重要性和必要性，扎扎实实把乡村振兴战略实施好。要推动乡村组织振兴，打造千千万万个坚强的农村基层党组织，培养千千万万名优秀的农村基层党组织书记，深化村民自治实践，发展农民合作经济组织，建立健全党委领导、政府负责、社会协同、公众参与、法治保障的现代乡村社会治理体制，确保乡村社会充满活力、安定有序。

2018 年 5 月 18 日，习近平总书记在全国生态环境保护大会上指出，农村环境直接影响米袋子、菜篮子、水缸子、城镇后花园。要调整农业投入结构，减少化肥农药使用量，增加有机肥使用比重，完善废旧地膜回收处理制度。要持续开展农村人居环境整治行动，实现全国行政村环境整治全覆盖，基本解决农村的垃圾、污水、厕所问题，打造美丽乡村，为老百姓留住鸟语花香田园风光。

2018 年 9 月 21 日，习近平总书记在中央政治局第八次集体学习时指出，要坚持农业现代化和农村现代化一体设计、一并推进，实现农业大国向农业强国跨越。2019 年 3 月 8 日，习近平总书记在参加十三届全国人大二次会议河南代表团审议时指出，要推进农业供给侧结构性改革。

发挥自身优势，抓住粮食这个核心竞争力，延伸粮食产业链、提升价值链、打造供应链，不断提高农业质量效益和竞争力，实现粮食安全和现代高效农业相统一。2020年12月28日，习近平总书记在中央农村工作会议上指出，从世界百年未有之大变局看，稳住农业基本盘、守好"三农"基础是应变局、开新局的"压舱石"。同时强调，要建设一支政治过硬、本领过硬、作风过硬的乡村振兴干部队伍，选派一批优秀干部到乡村振兴一线岗位，把乡村振兴作为培养锻炼干部的广阔舞台。要吸引各类人才在乡村振兴中建功立业，激发广大农民群众积极性、主动性、创造性。2021年7月9日，习近平总书记在中央深改委第二十次会议上强调指出，农业现代化，种子是基础，必须把民族种业搞上去，把种源安全提升到关系国家安全的战略高度，集中力量破难题、补短板、强优势、控风险，实现种业科技自立自强、种源自主可控。2021年7月23日，习近平总书记在听取西藏自治区党委和政府工作汇报时强调，要坚持以人民为中心的发展思想，推动巩固拓展脱贫攻坚成果同全面推进乡村振兴有效衔接，更加聚焦群众普遍关注的民生问题，办好就业、教育、社保、医疗、养老、托幼、住房等民生实事，一件一件抓落实，让各族群众的获得感成色更足、幸福感更可持续、安全感更有保障。习近平总书记多次指出，推进农业绿色发展是农业发展观的一场深刻革命，也是农业供给侧结构性改革的主攻方向。民族要复兴，乡村必振兴。中国人的饭碗任何时候都要牢牢端在自己手中。

2022年10月26日，党的二十大胜利召开。习近平总书记在党的二十大报告中提出：全面推进乡村振兴；指出，全面建设社会主义现代化国家，最艰巨最繁重的任务仍然在农村；强调：

坚持农业农村优先发展；

加快建设农业强国；

全方位夯实粮食安全根基；

树立大食物观；

发展乡村特色产业；

巩固拓展脱贫攻坚成果;

统筹乡村基础设施和公共服务布局;

巩固和完善农村基本经营制度;

深化农村土地制度改革;

保障进城落户农民合法土地权益;

完善农业支持保护制度。

在党的二十大报告中,习近平总书记多次讲到"三农"工作,其中提到了以下"三农"关键词。

脱贫攻坚战

我们经过接续奋斗,实现了小康这个中华民族的千年梦想,打赢了人类历史上规模最大的脱贫攻坚战,历史性地解决了绝对贫困问题,为全球减贫事业作出了重大贡献。

农业强国

全面推进乡村振兴,坚持农业农村优先发展,巩固拓展脱贫攻坚成果,加快建设农业强国,扎实推动乡村产业、人才、文化、生态、组织振兴。

粮食安全

全方位夯实粮食安全根基,牢牢守住十八亿亩耕地红线,确保中国人的饭碗牢牢端在自己手中。

解决好人民群众急难愁盼

深入群众、深入基层,采取更多惠民生、暖民心举措,着力解决好人民群众急难愁盼问题,健全基本公共服务体系,提高公共服务水平,增强均衡性和可及性,扎实推进共同富裕。

健全社会保障体系

健全社会保障体系,健全覆盖全民、统筹城乡、公平统一、安全规范、可持续的多层次社会保障体系,扩大社会保险覆盖面。

困难群体就业兜底帮扶

加强困难群体就业兜底帮扶,消除影响平等就业的不合理限制和就业歧视,使人人都有通过勤奋劳动实现自身发展的机会。

城乡融合

着力推进城乡融合和区域协调发展，推动经济实现质的有效提升和量的合理增长。

基层党组织建设

增强党组织政治功能和组织功能，坚持大抓基层的鲜明导向，把基层党组织建设成为有效实现党的领导的坚强战斗堡垒，激励党员发挥先锋模范作用，保持党员队伍先进性和纯洁性。

城乡人居环境整治

加强土壤污染源头防控，提升环境基础设施建设水平，推进城乡人居环境整治。

山水林田湖草沙

坚持山水林田湖草沙一体化保护和系统治理。

谷物总产量

谷物总产量稳居世界首位，制造业规模、外汇储备稳居世界第一。

耕地休耕轮作

推行草原森林河流湖泊湿地休养生息，实施好长江十年禁渔，健全耕地休耕轮作制度，防治外来物种侵害。

2023 年是全面贯彻党的二十大精神的开局之年，是实施"十四五"规划承上启下的关键之年，我们要始终坚持以习近平总书记关于"三农"工作的重要论述为指导，乘势而上发挥优势、迎难而进破解难题，推动徐州市乡村振兴实现新的突破、新的提升、新的发展。

我们要学深悟透习近平总书记关于"三农"工作重要论述，特别是要深刻感悟习近平总书记的"爱农""为农""重农""兴农"情怀，强化宗旨意识，始终站稳人民立场，坚持以人民为中心的发展思想，努力做"懂农业、爱农村、爱农民"的"三农"干部。要始终与农民心心相印、同甘共苦，保持血肉联系，始终以农民喜怒哀乐为判断标准、以增进农民福祉为根本依归，始终坚持"重中之重"的战略定位，推动农业农村优先发展总方针落到实处，始终把推进农业农村现代化、实现乡村全面振

徐州牢记嘱托，端牢"中国饭碗"

兴作为光荣使命，不断开创农业农村改革发展新局面。要主动担当作为，扎实做好新时代"三农"工作，全力以赴为农民谋幸福、为乡村谋振兴，坚决稳住农业这块压舱石，守好"三农"这个战略后院。要牢牢把握新时代"三农"工作的重点任务，巩固提升重要农产品供给保障能力，把中国人的饭碗牢牢端在自己手上；努力保持农民持续增收好势头，让广大农民的钱袋子鼓起来；大力推进农业农村绿色发展，建设生态宜居的美丽乡村；巩固党在农村的执政基础，维护农村和谐稳定和长治久安。要在新发展阶段中把准"三农"工作历史方位。必须用大历史观深度体悟"重中之重"的战略地位，从讲政治的高度扛起"全面振兴"的使命担当，从守底线的角度强化"安全发展"的责任意识，牢牢把握新发展阶段"三农"工作的新任务新要求。要以新发展理念引领"三农"工作高质量发展。切实把新发展理念贯彻到"三农"工作各方面和全过程，做好巩固拓展脱贫攻坚成果同乡村振兴有效衔接，补齐"三农"短板弱项，推动城乡协调发展，确保"三农"各项工作开好局、起好步。要在构建新发展格局中作出"三农"新贡献。新发展格局给"三农"提供了机遇，也带来了挑战。需要扩大"三农"消费市场，加大绿色优质农产品供给，深化农村改革，进一步释放农村活力，促进城乡经济循环更加畅通，国内大循环更具有活力。要着力加强政治机关建设，树牢"四个意识"，不断增强带头做到"两个维护"的自觉性坚定性，在旗帜鲜明讲政治上走在前作表率。要全面开展大学习大培训，不断提高用习近平总书记关于"三农"工作重要论述武装头脑、指导实践、推动工作的能力和水平；进一步树牢核心意识，提高政治站位，把准政治方向，坚定政治立场，明确政治态度，始终做到对党忠诚；坚持不懈加强政治纪律和政治规矩学习教育，引导党员干部严格遵守党规党纪，始终保持清正廉洁本色，以过硬作风、过硬素质、过硬本领狠抓工作落实。

　　具体来说，必须做到"三个深刻感悟""三个准确把握""聚焦稳进富三个方面重点"，就是要深刻感悟总书记关于"三农"工作重要论述的丰富内涵，深刻感悟总书记的"三农"情怀，深刻感悟总书记"三农"工作的科学方法；准确把握徐州作为农业大市肩负的光荣使命，准确把握粮食安全的极端重要性，准确把握农民群众的美好生活期盼；在全力稳住"三农"基本盘方面守好粮食和重要农产品有效供给底线，在高质量推进农业农村发展方面力争更大作为，在推动农民富、集体富方面求取更好实效。

　　2019年1月，徐州市按照省委、省政府批复的《徐州市机构改革方案》要求，组建市农业农村局，作为市政府工作部门，对外加挂市政府扶贫工作办公室牌子，市委农村工作领导小组办公室设在市农业农村局，不再保留市委农村工作办公室（市政府农村工作办公室、市政府矿乡关系协调办公室）、市农村扶贫办公室、市农业委员会（市林业局）、市农业机械管理局、市农业资源开发局，标志着徐州市农业农村工作翻开了新的一页，对于徐州市坚持以习近平总书记关于"三农"工作重要论述为指导，加快实施乡村振兴战略、建设农业强市、推进农业农村现代化有着重要而深远的意义。

　　2019年8月，在市委、市政府关心重视和省市编办支持推动下，原市农业委员会党组积极申报争取的两个委属副处级单位徐州市农业综合行政执法支队和徐州市农业农村综合服务中心，在机构改革稳步推进阶段批复成立，使市农业农村局在服务农民群众、保障农民利益、推进农业农村工作等方面有了更好的平台和抓手。

2021年6月4日下午，徐州市乡村振兴局正式挂牌成立，这是江苏省首个挂牌的设区市乡村振兴局，标志着徐州市乡村振兴工作全面启动，进入全面推进的新阶段。

■ 资料链接

深入实施乡村振兴战略
聚力打造贯彻新发展理念区域样板
——徐州建设农业强市的几点思考

杨亚伟

习近平总书记指出，要深刻认识实施乡村振兴战略的重要性和必要性，扎扎实实把乡村振兴战略实施好。要坚持农业农村优先发展，按照产业兴旺、生态宜居、乡风文明、治理有效、生活富裕的总要求，建立健全城乡融合发展体制机制和政策体系，加快推进农业农村现代化。党的十九届五中全会提出，优先发展农业农村，全面推进乡村振兴，是新时代背景下农业农村发展到新阶段的必然要求。徐州市作为传统农业大市，实施乡村振兴战略，建设农业强市，是当前及今后一段时期面临的重要课题。前一段时间，按照市委组织部、市委宣传部"思想再解放、发展高质量"读书调研活动要求，我围绕"深入实施乡村振兴战略 推动打造贯彻新发展理念区域样板"这一主题，赴县（市、区）开展了调查研究，对近年来特别是习近平总书记2017年视察徐州以来全市"三农"工作取得的成绩进行了总结，对存在的问题短板进行了分析，有针对性地提出了几点意见建议。现将调研报告整理如下。

一、近年来我市乡村振兴工作成效显著

"彭城收,养九州",徐州自古以来就是中华粮仓,是江苏省的农业大市、全国重要的农副产品生产基地。近年来特别是党的十九大以来,全市上下始终牢记习近平总书记殷切嘱托,牢牢把握乡村振兴"二十字"总要求,坚持农业农村优先发展,系统谋划实施乡村振兴战略的目标任务、政策体系、工作举措,以创新的思路和务实的作风推动"八大振兴工程""十项行动计划",初步走出了一条具有徐州特色的乡村振兴新路,探索形成集中居住"睢宁模式"、空间治理"邳州方案"、环境整治"铜山样板"、乡风文明"马庄经验"等一批先进典型和实践品牌。今年以来,我市围绕夺取"双胜利",一手抓农村地区疫情防控,一手抓农业农村重点工作,全力稳住"三农"基本盘,全市农业农村发展总体稳定、稳中向好。

一是富民增收取得新成效。农民人均可支配收入增幅连年高于城镇居民和 GDP 增速,2019 年全市农民人均可支配收入达到 19873 元、同比增长 9.2%,增幅居全省第三。今年前三季度全市农村居民人均可支配收入达到 15942 元、同比增长 5.4%。截至去年年底,完成了占全省 1/4 的低收入人口和经济薄弱村脱贫任务,今年预计全市 62.78 万建档立卡低收入人口年均收入将超过 1 万元,269 个省市定经济薄弱村集体经营性收入平均超过 50 万元。

二是现代农业取得新发展。目前"483"现代农业产业体系基本形成,粮食连年丰产丰收,基本稳定在"千万亩耕地百亿斤粮",今年粮食总产预计达到 103.7 亿斤,达到历史新高。截至 10 月底,生猪存栏 230 万头,已经完成省市目标任务,生猪出栏 270 万头,按照序时进度推进。先后挂牌徐州—上海蔬菜外延基地 27 家,年入沪蔬菜交易量 100 万吨,交易额超过 60 亿元。物质装备质量持续提升,高标准农田占比、农业综合机械化率、农业科技进步贡献率分别达到 65.7%、86% 和 66.5%。加快推进农业一二三产业融合,初步形成了"1+4+N"农业品牌体系,打造形成"徐州农好"区域公用农产品品牌形象。今年我市大蒜产业集群正式入选国家级优势特色产业集群,获中央补助资金 3 亿元。

三是乡村面貌实现新提升。大力推进农民群众住房条件改善，5.6万户农民住房条件有效改善。聚焦生态宜居，全域开展乡村公共空间治理和美丽乡村建设，累计创建省级美丽宜居乡村 437 个、特色田园乡村建设试点村庄 15 个。深入推进国家农业可持续发展试验示范区暨农业绿色发展先行区建设，畜禽废弃物资源化利用率达到 93%，农膜回收率达到 90%，秸秆综合利用率达到 95%。健全完善农村人居环境整治"五有"长效管护机制，行政村生活垃圾保洁收运体系实现全覆盖，农村无害化卫生户厕改造超过 95%，农村公厕覆盖率基本达到 100%。今年全省、全国农村人居环境整治现场推进会先后在我市召开，胡春华副总理对我市农村人居环境整治工作给予充分肯定。

四是乡村治理取得新进展。以"党建引领""三治"融合为路径，积极探索"四位一体"乡村善治模式，全市累计整顿软弱涣散党组织 660 个。深化推广"马庄经验"，全域建设新时代文明实践场所，累计挂牌新时代文明实践中心 11 个、实践站 159 个、实践所 2518 个。全市创建省级以上文明乡镇 45 个、文明村（社区）118 个，县级以上文明村比例提高到 59.5%。邳州市、铜山区汉王镇、丰县梁寨镇红楼村等 1 县、1 镇、6村被认定为全国首批乡村治理试点示范单位。

五是农村改革迈出新步伐。创新实施"三乡工程"，目前吸引返乡创业人员 2500 余人，直接吸引社会资本 214.7 亿元，招引企业 76 家，推动445 个创业项目落地。深入开展"万企联万村共走振兴路"行动，全市已有 745 对企村达成联建合作协议。持续深化农村土地制度改革，沛县在全省率先完成农村集体建设用地交地发证。扎实推进农村集体产权制度改革，截至 10 月底，全市 2442 个村中已有 2441 个村完成村集体经济组织成员身份界定，有 2441 个村完成股份量化，有 2439 个村完成登记赋码。

二、目前工作中存在的短板问题

在充分肯定近年来乡村振兴工作成绩的同时，我们也清醒认识到目前工作中还存在着一些短板问题，城乡二元结构特征比较明显，城市和乡村"一条腿长、一条腿短"的矛盾较为突出，农业农村基础设施建设欠账较多,公共服务与城市差距较大,广大农民群众未能充分享受到发展的成果。

一是农业产业化水平还不够高。农产品加工业发展层次还不够高,产业链条还不够健全。农业抗灾能力与生产要求不相适应。农业龙头企业多而不强,拥有国家级农业龙头企业7家、省级农业龙头企业75家,但多数农业龙头企业与农民利益联结不够紧密。农产品供给质量不高,仍以初级产品供给为主,绿色优质农产品、全国著名商标、全省知名品牌较少。

二是农村民生短板弱项还比较突出。农村基础设施和公共服务相对滞后,还不适应现代农业发展和美丽乡村建设的要求。农民整体还不富裕,虽然收入增幅连续多年超过城镇居民,但绝对数与全省平均水平相比、与全市城镇居民收入相比,还在不断扩大。今年受新冠疫情影响,农民外出打工等传统动能减弱、就业创业空间进一步收窄,农民收入增长较为乏力。

三是资源要素向农村流动的渠道还有待畅通。"三乡工程"目前取得初步成效,但要真正打通城乡之间人才流、资金流、技术流尚需久久用功、持续发力。调研中基层普遍反映,实施乡村振兴战略最突出的瓶颈制约是缺少高素质人才、缺少真金白银的投入、缺少产业发展用地。

四是"一懂两爱"干部队伍建设还有待加强。镇村干部普遍反映,农村留不住人。农村考出来的大学毕业生和优秀青年宁愿留在城市打零工,也不愿到镇村基层一线工作。尤其村"两委"班子工资待遇低、工作任务重,一些经济薄弱村更是难以吸引和留住干部人才。

三、下一步推进我市乡村振兴的工作举措

当前正值"十四五"规划谋划的重要时期,我市要实现农业农村高质量发展、乡村振兴走在前列的目标,必须聚焦短板弱项持续发力,聚焦重点任务持续加力,才能推动乡村实现全面振兴。

一是强化巩固提升,全面完成全面小康底线任务。把"病残孤老灾"作为帮扶的重点群体,加快落实制度性保障举措,确保年底前高质量完成脱贫巩固目标任务。把防止返贫摆上更加突出位置,研究解决边缘群体面临"政策悬崖"的问题,通过实施乡村振兴战略巩固脱贫攻坚成果。加大扶贫领域腐败问题和作风问题查处力度,充分发挥"阳光扶贫+"监管平台作用,为脱贫减贫保驾护航。积极探索"建设扶贫产业园带动低收入户致富"等巩固脱贫成效长效机制,努力形成一批可复制、可推广的制度性成果,为2020年后政策转型提供经验,为巩固脱贫成果打好基础。

二是强化改革创新,着力推进现代农业提档升级。深化落实"藏粮于地、藏粮于技"战略,加强农业科技服务体系建设,持续开展高标准农田建设,不断巩固提升农业综合生产能力。加快国家农业可持续发展试验示范区暨农业绿色发展先行区建设,确保年底前高质量通过国家农业农村部等八部委考核验收。调整优化农业产业结构,重点发展紧缺和绿色优质农产品生产,做大做强现代农产品加工业,大力培育农村新产业新业态,健全完善"1+4+N"具有徐州特色的农业品牌体系。积极推广睢宁"11841"新型农业经营体系做法,强化对家庭农场指导服务,规范提升农民专业合作社和家庭农场,壮大新型职业农民规模,切实把小农户带入现代农业产业链、价值链。

三是强化要素供给,加快建设美丽宜居乡村。以"十大提升工程"为抓手,年底前不折不扣完成农村人居环境整治三年行动方案确定的各项目标任务。着眼长远,科学编制农村人居环境整治"十四五"规划,提前做好新一轮农村人居环境整治工作。制定打造连片美丽乡村建设示范带方案,联动开展省、市特色田园乡村和省级美丽宜居村庄试点创建,打造一批山清水秀、天蓝地绿、村美人和的特色示范乡村。大力推进"四好农村

徐州市高质量推进高标准农田建设走在全省前列

路"、村内道路等工程建设，持续推动医疗、教育、基层设施建设城乡均等化。

四是强化政策创设，切实增强农业农村发展活力。加快农村集体产权制度改革，将集体资产股权量化到人、固化到户，切实保障农民群众集体收益分配权。完善农村承包土地"三权分置"制度，稳慎推进农村宅基地制度改革，积极开展农村集体经营性建设用地入市试点。拓宽农村金融融资渠道，推进政策性农业保险增品、提标、扩面，接续推进农业农村领域国家和省级改革试点任务。深入实施"三乡工程""万企联万村共走振兴路"行动，为乡村注入新的发展活力。

五是强化党建引领，持续保持农村社会和谐稳定。深入推进"党建+"工程，持续整顿软弱涣散党组织，选优配强党组织带头人，发挥好党员先锋模范作用。积极构建"网络化服务＋网格化管理"的现代乡村治理体系，加快完善农村治安防控体系，深入开展扫黑除恶专项斗争，切实提升老百姓安全感。深入推广"马庄经验"，积极推动新时代文明实践中心、所、站建设，大力开展文明村镇、星级文明户等创建活动，全面提升农村社会文明素质和农民精神风貌。

六是强化组织保障，全面落实五级书记抓乡村振兴责任。在领导体制上，始终坚持"党管农村"的要求。在组织推进上，始终坚持"三农"工作"重中之重"的地位不动摇，强化重抓"三农"工作导向。在政策支撑上，始终坚持"四个优先"的导向，做到干部配备上优先考虑、要素配置上优先满足、资金投入上优先保障、公共服务上优先安排。在探索实践上，始终坚持"走在前列"的工作追求，深化改革、探索创新，创造更多乡村振兴的徐州经验、徐州典型，做思路创新和实践突破的先行者。

（全市"思想再解放、发展高质量"读书调研活动调研报告，2020 年 11 月 10 日）

第二节 怎么看待当前农业农村发展形势

习近平总书记多次强调，我们面对的是百年未有之大变局。党的十九大报告指出，世界正处于大发展大变革大调整时期。党的二十大报告也指出，我国发展进入战略机遇和风险挑战并存、不确定难预料因素增多的时期。同时，我国发展面临新的发展机遇。新冠疫情来势汹汹，对各国都是一次考验。可以说，这次大考，考出了我国国家制度和国家治理体系的强大威力，也让我们对如何应对当今世界百年未有之大变局有了更深刻的认识。对"三农"工作来讲，影响至少体现为三个层次。

一、疫情之下"三农"的重中之重地位更加凸显

2020 年 4 月，习近平总书记在中央政治局会议上要求，要在加大"六稳"（稳就业、稳金融、稳外贸、稳外资、稳投资、稳预期）工作力度的同时，全面落实好"六保"任务。首次提出"六保"，其中一保即保粮食能源安全，对农业生产提出了明确要求，其他五保即"保居民就业、保基本民生、保市场主体、保产业链供应链稳定、保基层运转"，也与农业农村密切相关。可以说，稳住农业生产，就稳住了粮食安全、就稳住了物价稳定的基础；稳住农民工外出务工或就地就近就业，就稳住了就业稳定的大头，就巩固了脱贫攻坚成果，就保住了基本民生；稳住农村社会，就稳住了社会稳定的基本面。

新冠疫情作为全球性公共卫生危机，深刻揭示了农业、农村、农民在国家安全与社会稳定中的基石作用。疫情对经济社会运行的冲击，进一步凸显了我国"三农"工作的战略价值，其"重中之重"地位在特殊时期被赋予了更深刻的内涵。

粮食安全： 疫情冲击下国家安全的"压舱石"。疫情导致全球供应链受阻，部分国家限制粮食出口，使粮食安全问题成为国际焦点。中国作为

徐州：粮食安全有保障

人口大国，疫情期间始终保持粮食市场稳定，这得益于农业基础地位的长期坚持。据统计，2020年疫情最严峻时期，我国粮食总产量仍达13390亿斤，比上年增加113亿斤，增长0.9%，粮食产量连续6年保持在1.3万亿斤以上，实现"十七连丰"。这印证了习近平总书记强调的"各级党委要把'三农'工作摆到重中之重的位置"的战略远见。

农村社会：危机应对中的"稳定器"与缓冲带。农村在疫情中发挥了"社会稳定器"功能。疫情初期近2000万农民工返乡未引发社会动荡，正是农村作为社会"蓄水池"特殊功能的生动体现。这期间农村土地和家庭保障体系为返乡农民工提供了基本生活需求，有效避免了社会矛盾；农村的自给自足特性，缓解了城市物流中断带来的物资短缺压力；农村基层组织在防疫中展现出高效动员能力，通过网格化管理、党员带头等方式筑牢了基层防线。

经济韧性："三农"对"双循环"的底层支撑。疫情暴露了全球产业链的脆弱性，而农业农村则成为扩大内需、畅通国内大循环的重要领域，客观上加速了我国农业现代化进程。传统农业对劳动力密集度的依赖与防疫要求的矛盾，推动智慧农业、无人农场等新技术加速落地；农业现代化与乡村产业的深度融合，为经济转型提供了新动能。农村电商、直播带货等新业态的爆发式增长,重构了农产品流通体系,既保障了城市供应,又有效增加了农民收入。2020年农村电商规模同比增长25%,农村网络零售额增长8.9%。

政治保障:制度优势的集中彰显。党中央将粮食安全纳入"六保"任务,建立党政同责考核机制,确保政策执行准确到位不走样。这种"讲政治"的治理理念,既传承了党百年来的"三农"工作传统,又创新性地将脱贫攻坚与乡村振兴有效衔接,防止因疫返贫。2020年脱贫攻坚战取得全面胜利,贫困地区农村居民收入增速继续高于全国平均水平,正是制度优势转化为治理效能的实证。

在"两个大局"交织的背景下,强化"三农"重中之重的地位,不仅是应对危机的权宜之计,更是构建新发展格局的长远之策。

二、变局之中"三农"的稳产保供作用更加重要

保障重要农产品有效供给,始终是"三农"工作的头等大事。习近平总书记多次强调,中国人的饭碗任何时候都要牢牢端在自己手上,饭碗里主要装中国粮。手中有粮,心中才能不慌。大家知道,维系国家生存与安全的三大支柱:一是粮食,二是军力,三是能源,其中粮食居首位。粮食危机影响,超出粮食问题本身,会引起社会动荡和政治危机。14亿人口,天天吃饭,如果中国粮荒,世界上没有哪个国家能填饱中国人的肚子。打个比方,今天中午开饭了,你给我两个馒头正好,少了吃不饱,给我第三个馒头我不要了,但是下顿不给行吗?穿衣服,今年收入高了多买几件,收入少了少买几件也能过去,但粮食不行,没钱你也得买粮,但你有钱会买三年的粮食存下来吗?不可能!这就是粮食的特殊性。而且粮食真要短缺的话,远水解不了近渴。

在疫情冲击导致全球粮食供应链断裂、国际贸易受阻的背景下,中国农业系统展现出超强韧性,2020—2022年粮食总产量连续突破1.3万亿斤,蔬菜自给率保持100%,生猪产能恢复至正常年份的110%。这种稳产保供能力,既是历史积累的成果,更是应对未来挑战的底气。

全球供应链震荡下的粮食安全屏障。疫情初期,全球30多个国家实施粮食出口限制,国际粮价指数较疫情前上涨40%。中国通过强化"藏

粮于地、藏粮于技"战略筑牢防线,2020 年春耕期间,中央紧急调拨 200
万吨化肥储备,建立农资"绿色通道",保障 3.5 亿亩冬小麦按时播种;
农业农村部组织 1.3 万家农机合作社开展代耕代种,化解因封控导致的劳
动力短缺问题。这种应急响应使夏粮产量逆势增长 0.9%,更为关键的是,
我国已成功将粮食自给率稳定在 98% 以上,凸显战略储备的"压舱石"
作用。

应急保供体系的极限检验。疫情防控带来的交通管制,使农产品流
通遭遇"断链"危机。武汉封城期间,农业农村部建立"农产品保供专
班",72 小时内打通跨省调运通道,日供蔬菜从 700 吨跃升至 7000 吨。
上海疫情期间创新的"集采集配"模式,通过数字化平台对接 1500 个社
区团购终端,实现日均配送生鲜包 300 万份。这些实践倒逼基础设施升级,
2020—2022 年全国新建冷链物流基地 41 个,农产品冷链流通率从 19%
提升至 25%,流通损耗率下降 5 个百分点。

政策创新的战略突破。疫情成为农业政策改革的催化剂。中央紧急
创设三大机制:农资保供机制,建立化肥"产供储销"全链条监测,2020
年春耕农资到位率较常年提前 5 天;应急生产机制,在 28 个省份试点推
广"代耕代管"服务,通过无人机植保完成 1.2 亿亩病虫害防治;数字赋
能机制,加速建设 100 个数字农业试点县,2022 年农业生产信息化率突
破 25%。这些非常规举措不仅化解了危机,更推动了制度创新:农产品合
格证制度全面实施,实现跨区域质量追溯;生猪养殖用地审批权下放,产
能恢复周期从过去 3 年缩短至 1 年半。

新冠疫情这场世纪大考,将农业稳产保供的地位从基础性保障升维为
国家安全的核心要素。实践启示我们,农业现代化不仅要追求效率提升,
更要提升抗风险能力。

三、新征程上"三农"的城乡融合趋势更加突出

这次疫情中,最需要我们反思的问题之一,就是要重新认识乡村的价
值,特别是稳定就业、稳定社会、稳定大局的政治功能。加快构建以国
内大循环为主体、国内国际双循环相互促进的新发展格局,乡村可以说
大有可为,乡村将成为扩大有效投资的主战场。当前农业农村发展进入

了新的阶段，农业内部、农村三产、城乡之间正在加速融合，基础设施和公共服务正在更多地向农村延伸，"人钱地"等城乡要素合理流动机制加快形成。农业将成为有奔头的产业，农民将成为有吸引力的职业，不远的将来乡村将成为城市人向往的美丽幸福家园。

在"双循环"新发展格局下，城乡要素流动呈现出前所未有的活跃态势。2023年中央一号文件明确提出"畅通城乡要素流动"的战略部署，标志着我国城乡融合发展进入提质增效新阶段。

要素流动从"单向溢出"转向"双向增值"。城乡人才、资本、技术突破传统藩篱，形成价值共创模式。2021年农村地区新增返乡入乡创业人员超过1120万人，同比增长19.4%，这些带着城市经验和技术积累的"城归"群体，正在重构乡村产业格局。徐州市实施以人才下乡、能人返乡、资本兴乡为主要内容的"三乡工程"，在推动城乡互补、工农互促、三产融合、共同富裕等方面做了富有成效的探索，有力推动了乡村产业全面升级，促进了农村经济的活跃。

空间功能从"生产导向"升级为"场景赋能"。乡村空间通过"生产＋文化＋生态"多维开发焕发新价值。手机变成新农具，数据变成新农资"的现象重塑着乡村经济形态。成都明月村将竹林茶园转化为艺术工坊，衍生出设计考察、研学教育等业态，亩均产值超传统种植10倍。废弃农房通过改造植入非遗体验、康养民宿等功能，莫干山"稻田冥想"课程预订量激增300%，显示生态空间正向情感疗愈场景进化。文化基因解码工程更催生沉浸式体验经济，山西司徒小镇依托晋商文化打造主题民宿集群，带动周边农户收入年增25%。

治理模式从"行政主导"演化为"多元共治"。数字化与协同化重塑乡村治理逻辑。长三角"田园五镇"联盟构建跨省域技术共享平台，沪浙共建蘑菇学院实现产业链协同；安吉"乡村大脑"整合40余个数字化场景，游客扫码可溯源农产品、查验民宿安全等级。生态价值转化机制创新成为新亮点，丽水市竹林碳汇交易额突破2000万元，农户凭林权证获得分红，推动"绿水青山"的市场化变现。

站在新发展阶段的历史坐标上，城乡融合已超越简单的资源调配层面，演进为涉及经济、社会、文化、生态等多维度的系统性变革。当要素配置从单向流动转向双向互动，当数字技术从工具应用升维为价值创造，当制度创新从局部突破走向系统重构，新征程上中国正在书写城乡关系现代化的新篇章。

新冠疫情发生以后，党中央、国务院对抓好农村疫情防控、做好"三农"工作作出一系列重要部署，密集出台一系列政策举措。我市各地各部门迅速行动，坚持疫情防控和"三农"重点工作两手抓、两不误、两促进，努力将疫情对农业农村的影响降到最低程度。第一，认真抓好农村疫情防控。徐州市委、市政府成立农村疫情防控组，组织发动农村党员干部和广大群众开展群防群控，逐村逐户落实防控措施。全市农村疫情防控有条不紊，取得了阶段性成效。第二，抓好农业农村复工复产。严格落实"绿色通道"制度，及时受理并协调解决群众反映的"菜篮子"产品生产、运输、流通、销售等环节突出问题。将饲料、养殖、屠宰加工和水产品加工业骨干企业纳入疫情防控重点保障企业名单。第三，抓好农产品稳产保供。"菜篮子"产品产销循环逐步畅通，主要农产品供求形势总体平稳。同时，全力组织好农业生产，动员基层、农民在做好疫情防控的前提下抢抓农时、下田生产，做好农资供应和农机调度，分区域、分作物开展技术指导服务。总的来讲，近几年农业生产有序进行，农资供应多措保障，粮果菜种植面积总体稳定，生猪生产迅速恢复、稳定发展，为粮食生产连年丰收和农产品稳产保供奠定了良好基础。

具体到新冠疫情对我市"三农"工作的影响，这几年，我们一直在分析研判，对"三农"战略任务、重点工作的推进落实坚定不移，同时也根据疫情的发展变化，对相关工作思路和服务路径做了适当的调整。我们认为，总体来讲，是危机并举、机大于危。短期看，各地多发、点发的疫情，给我市农村经济社会发展带来了一定的冲击，比如一定程度上导致农产品和生产资料运输受阻、产销衔接不畅、农业生产资料价格上涨、经营主体出现困难、农民增收乏力等现象。但长期看，我市"三农"平稳向好的局势没有改变，乡村加快全面振兴的态势没有改变，疫情进一步突出"三农"的地位和作用，有利于推动农业产业结构转型升级，加速农村新产业新业态发展，提升乡村治理体系和治理能力，也会推动更多人、更多资本到乡村去。

■资料链接

防控复工两手抓 "动静结合"渡难关

近日，徐州市各地各单位认真贯彻落实党中央和省、市委决策部署，把疫情防控工作作为当前头等大事、最重要的工作来抓，按照坚定信心、同舟共济、科学防治、精准施策的要求做好各项防控工作。同时，统筹抓好改革发展稳定各项工作，推动经济平稳运行，加大民生保障力度，维护社会和谐稳定。

连日来，徐州各地有条件的企业单位陆续复工，涉及工业、商业、服务业和农业等。

市农业农村局：防疫保安全 春耕信心足

市委农办主任、市农业农村局局长、市农村疫情防控组组长杨亚伟接受采访时介绍说，针对疫情防控和春节保供的双重压力，市农业农村局积极应对，围绕农村疫情防控，采取分片包挂、网格监管、每日会办、稳产保供、群防群治等举措，真抓实干破解难题，保障农业农村经济正常运行。

至2月16日，主要农产品价格保持稳定，物流不畅问题得到解决。当前农业农村经济运行稳定可控，影响比其他行业要小。

疫情以来，市农业农村局着重抓好生猪生产能力恢复工作，对存在的问题和困难推出了破解的措施和办法，出台稳生产促转型实施意见，明确相关政策，分解落实各县（市、区）生猪出栏量及猪肉自给率的目标任务。

加强蔬菜、生猪及其他重要农产品供应调度，全力做好保供稳价工作，加强家畜、家禽防疫检疫工作，做好非洲猪瘟等重大动物疫情排查工作,规范开展检疫操作,保障上市产品质量安全。

协调相关部门严格执行"绿色通道"制度,严禁擅自设卡拦截、断路阻碍交通等违法行为,不得阻断进出村道路,切实保障"菜篮子"产品和农业生产资料正常流通秩序。协调饲料生产及屠宰企业在具备生产安全的必要条件下尽快复工。

与商务局对接,将全市 240 家保供基地经营信息推送给我市大型批发市场和商超;帮助 475 家年存栏 1 万只以上省级规模蛋禽养殖场解决鸡蛋销售问题。

截至目前,全市发放蔬菜通行证 1094 个、畜禽及其产品、饲料及原粮车辆运输证 1457 个;批准 31 家饲料企业、23 家肉禽屠宰企业复工,有效缓解了运输受阻、饲料保障和畜禽销路等突出问题,确保防疫和保供一起抓两不误。

指导农民因时因地抓好田间管理,做好低温雾霾等极端天气防范应对。

指导养殖户根据市场行情及时调整生产计划。

组织专家在线答疑、视频指导、热线服务,开展远程技术指导 765 场次。

杨亚伟说,下一步,全市农业农村部门要一手抓疫情防控,一手抓农业生产,突出农村疫情防控、菜篮子保供、春耕备耕和环境整治四项重点,夯实农业丰产基础,稳住"三农"基本盘。通过抓好防控,守护好农民兄弟身体健康,在农村疫情防控上,以防扩散防新的输入为重点,进一步强化网格化管理,切实提高居家隔离和集中隔离质量。同时继续抓好蔬菜、畜禽的生产管理,结

徐州:疫情防控不松劲,农业生产不误时

构调整和采收上市，积极扶持农业生产企业复产复工，确保农产品和农业生产资料稳产稳供。抓住农时，有序推进春耕备耕开展，重点抓好小麦田间管理，做好农资生产准备，备足种子、种苗、肥料等生产资料，强化技术服务，组织专家在线答疑，把技术送到千家万户、田间地头。抓好农村人居环境质量提高，把抓好农村疫情防控与加速农村厕所建设结合起来、与建立健全长效机制结合起来、与培养农民良好习惯结合起来，减少各类患病传播的风险。

（公众号"徐州发布"，2020 年 2 月 17 日）

第三节 徐州市乡村振兴工作的现状与短板

徐州是江苏农业大市、国家重要的商品粮基地和蔬菜主产区，素有"淮海粮仓"之誉。数据显示，徐州是全国 21 个粮食产量超百亿斤的地级市，以占全省 1/8 的耕地产出占全省 1/7 的粮食、1/3 的蔬菜、1/4 的水果、1/5 的生猪，徐州的大蒜、牛蒡、银杏、肉禽、板材等一批产业在国内、省内领先。徐州农产品种类齐全，"国"字号产品招牌众多，多项农业经济指标位居江苏省前列。

粮食安全是"国之大者"。2022 年，各地各有关部门战"三夏"、保秋收，促弱苗、防虫害，一系列硬措施精准到位，粮食生产再获丰收，农业供给侧结构性改革深入推进，加快从农业大市向农业强市迈进。

农业强，手中有"粮"，心中不慌。粮食产能关系着百姓的"口粮"和"饭碗"，耕地则是国家粮食安全的基石。

近年来，徐州粮食总产量连年稳定在百亿斤以上，根据耕种面积的变化略有浮动，总体呈上升趋势。2021 年 12 月，徐州市农业农村局被农业农村部授予"全国粮食生产先进集体"称号。

2022 年，我市农业总产值达到 1361.2 亿元、位居全省第二，农业增加值达到 823.6 亿元、增长 4.2%，高质高效提升农业现代化水平又有了新的进步，为全市经济稳增长作出了贡献。

农业绿色转型步伐加快。绿色优质农产品占比达到 70.8%，高于全省平均水平 3.8 个百分点，农业绿色发展指数达到 83.06、在 130 个国家农业绿色发展先行区中位居第 17 位。

2022 年，全市认真落实粮食安全党政同责，压实"米袋子"省长负责制下的市县长分级负责制，以"三稳三提"为统领，围绕粮食生产"三大"目标，采取切实有效措施，全力克服新冠疫情散发、高温热害等自然灾害影响，切实抓好粮食生产和在田作物管理，夏粮单产稳居全省第一，全年粮食种植面积和总产连续 4 年稳居全省第二。全市粮食种植面积 1153.92 万亩、同比增长 2.67 万亩，粮食总产 50.24 亿公斤、增长 0.06 亿公斤、连续 4 年稳定在 50 亿公斤以上，其中夏粮种植面积 530.4 万亩、增长 0.15 万亩，平均亩产 401.9 公斤、增长 1.41 公斤，总产 21.32 亿公斤、增长 0.09 亿公斤，均创历史新高；秋粮种植面积 623.52 万亩、增长 2.52 万亩，平均亩产 463.83 公斤、总产 28.92 亿公斤，同比基本持平。粮食生产实现"十九连丰"。

全市农业基础设施建设不断加强。高标准农田建设扎实推进，新增"吨粮田"69.4 万亩，4 个项目入选全省首批高标准农田示范项目名单，高标准农田占耕地面积的八成。持续强化农业科技装备支撑，农业机械总动力全省第一，全市农作物耕种收综合机械化率达到 86%，超过省定目标，粮食生产全程机械化示范县建设全覆盖，徐州市成为全国 19 个设区市（自治州）整建制率先基本实现主要农作物生产全程机械化地区之一。优质高产稻麦品种覆盖率 98% 以上，粮食优质专用化比例达 85% 以上。水稻智能化集中育秧、毯（钵）苗机插等绿色高效技术及绿色投入品得到普及应用。

2022 年，国家调高小麦最低收购价 2 分，加之新麦籽粒饱满、容重高、质量好，市场需求旺盛，收购均价稳定在每斤 1.5 元左右，比上年同期高约 0.3 元，是近年来最好的市场行情。中晚籼稻、粳稻最低收购价均上涨

1分，有效稳定市场价格、促进稻农增收。当年，我市分3次发放种粮农民一次性补贴资金，种粮农户每亩增收40~50元，主粮作物保险受益面进一步提高，小麦承保499.2万亩，水稻承保177.5万亩，玉米承保279万亩，保险覆盖率80%以上，15.4万亩大豆玉米复合种植全部纳入农业保险补贴政策范围。

全市创建部级整建制粮食绿色高质高效创建行动示范县2个，创建省级水稻绿色高质高效示范片50个、面积11.23万亩，平均单产651.79公斤，同比增长2.1公斤；全市83个镇、848个家庭农场(合作社)、2500个大户，大力推广大豆玉米带状复合种植15.4万亩,超额完成省定15万亩任务。集中打造了18个千亩示范方、30个百亩攻关田，平均单产大豆134.4公斤、玉米512.76公斤，带动全市带状复合种植均衡增产3%以上，60%种植大户当季收益1070.75元/亩，实现"大豆玉米手牵手，农民增收一季豆"的目标。

全市小麦亩产超700公斤的高产典型纪录再次刷新。睢宁县小麦示范展示基地亩产778.9公斤，凌城镇小麦示范片亩产755.3公斤；新沂市新店镇马庄村水稻示范片实收亩产825.9公斤；丰县首羡镇、邳州市八义集镇玉米高产示范片实收实测亩产分别为714.8公斤、736公斤；睢宁县双沟镇大豆玉米复合种植示范片玉米平均亩产675公斤、大豆平均亩产155公斤。

蔬菜播种面积615万亩，实现总产2050万吨，面积和产量稳居全省第一。

果树种植面积153万亩，果品产量132吨，总产值126亿元，果品种植面积、产量、效益均居全省第一。

畜牧业增长较为稳定，畜产品总量居全省前列，肉鸡、肉鸭饲养量稳定在2.25亿羽，增长1.4%，其中猪肉产量33.47万吨，较上年略有增加；羊肉产量1.60万吨，增长2.7%；禽肉产量29.01万吨，增长3.1%。

生猪出栏416.12万头，增长1.2%；生猪存栏271.33万头，其中能繁母猪存栏24.06万头,均位列全省第二；拥有4个全国生猪调出大县(邳州、睢宁、新沂、铜山)。

水产养殖面积 24.5 万亩,水产品总产量 16.39 万吨,其中名特优水产品养殖面积占比达 80.8%。设施渔业亮点突出,观赏鱼养殖面积和效益位居全省第一、全国第三。

立足徐州农业发展基础和优势,我市提出重点建设绿色蔬菜、优质稻麦、高效水果、规模生猪、生态肉禽五大主导产业。食品及农副产品加工特色创新产业集群产值达 872.6 亿元、增长 4.3%。

特色产业集聚发展。绿色蔬菜产业链入选省级特色产业链推介名录,是全省 10 条省级特色产业链中唯一产值超千亿元的产业链。全国乡村特色产业超十亿元镇 3 个,全国乡村特色产业超亿元村 4 个。

2022 年,7 家市级农业产业化重点龙头企业晋升为省级农业产业化重点龙头企业。截至 2023 年 6 月,全市共有省级龙头企业 90 家、占全省 10.4%,国家级龙头企业 9 家、占全省 9.1%。

在这里,我要特别介绍一下生猪生产的情况。

2020 年以来,受新冠疫情影响,全国范围内生猪生产急转直下,对此,中央极为重视,要求各地把生猪生产作为一项政治任务对待,抓好市场保供,确保小康社会实现之时,猪肉作为重要农产品不能短缺。市委、市政府高度重视生猪稳产保供工作,从做好"六稳""六保"的全局高度,打出恢复生猪生产"组合拳",加快推动各项政策措施落地见效,确保如期完成恢复生产目标任务。围绕省政府下达的目标任务,我市自加压力,把任务落实到 7 个县(市、区)、119 个乡镇、7640 个规模养猪场,列出路线图、时间表,并将恢复生猪生产目标列入高质量发展考核。市政府建立稳定生猪生产保障市场供应工作联席会议制度,统筹协调解决重大政策问题,市农业农村局主动跟进,协调、服务并做好招商的宣传推介;各县(市、区)主动对接国内大型生猪养殖龙头企业,牧原、温氏、新希望、正邦、立华等一批大型企业均落户发展。2020 全市共开工新建、改扩建生猪规模养殖项目 26 个,当年建成 21 个,其中 17 个已投产。同时坚持抓大不放小,在摸清全市空栏规模场数量的基础上,协调龙头企业利用"公司 + 农户""托管"等模式对接养殖户开展补栏复养,并保障苗源供应,

生猪生产迅速恢复

深挖现有养殖潜能做到应养尽养。在全面落实省生猪"新九条"的基础上，市财政安排600万元用于恢复生猪生产补助奖励，并要求各地各部门加强协调配合，推动资金、土地、信贷、环保等政策落地落细、到场到户。2019年以来，全市共保障生猪养殖用地16750亩，全市银行业支持生猪生产贷款8401户、13.52亿元，金额同比增长44.86%。对于新报环评的生猪养殖项目全面落实环评告知承诺制审批，大幅压减办理时间。在各项扶持政策的推动下，养殖户生产信心逐步恢复。

2020年，我市实现生猪存栏263万头，完成省定年度目标任务200万头的131.6%；出栏346万头，完成省定年度目标任务304万头的113.9%，均超额完成省定目标任务。此外，按照省里意见，完成域外保供苏南生猪生产任务64.4万头，为市财政获得域外保供生态补偿金1.2亿元，为全省生猪恢复生产作出了重要贡献，受到省农业农村厅嘉奖，并受到农业农村部来信表扬。2021年市财政将域外保供生态补偿金下拨至各县(市、区)，用于补贴生猪生产、粪污资源化利用、防疫检疫能力提升等工作。2021年我市生猪产能持续恢复，生猪出栏411.35万头、增长18.8%，位居全省第二，生猪存栏273.06万头、增长3.7%，其中能繁母猪存栏24.65万头；规模养殖场保有量稳定在1300家以上，为全省稳产保供提供了有力支撑。2022年我市生猪生产稳定发展，生猪出栏、存栏量仍居全省第二。前面已做介绍，在此不再赘述。

关于果品生产，这里多说几句。

果品生产以丰县为主要代表，其他各县(市、区)各有特色。

丰县是江苏省最大的果品生产基地，多年来果树种植面积稳定在45万亩，以红富士苹果、白酥梨、桃和葡萄为主，年产果品65万吨左右，全产业链产值超80亿元，是全国水果生产十强县之一。果业是丰县的富民产业、江苏省的品牌农业。市委、市政府高度重视丰县果业的发展，为加快丰县果业转型升级，促进果业振兴，2019年市委、市政府出台了《关于支持丰县果业振兴的意见》（徐委发〔2019〕33号），以资金、政策支持丰县果业发展。根据徐委发〔2019〕33号文件精神，市财政从2019年起连续5年每年安排果业发展专项资金2000万元，丰县按1∶4进行配套，设立丰县果业发展专项资金，同时自2023年起连续5年，每年安排200万元，专项用于新型科研机构建设。至2022年年底，市财政已下达资金4次，累计8400万元。

在市委、市政府的关心支持和市农业农村局等相关部门的指导下，丰县紧紧围绕"四大提升行动计划"，实施"八大工程"，加快果业振兴步伐。2020年，以果业为主导产业获批创建省级现代农业产业示范园，丰县果树综合试验示范基地获批国家现代农业科技示范展示基地。2021年，丰县被评为江苏省特色农产品优势区、丰县苹果产业被评为江苏省县域优势特色产业。"丰县苹果"被亚洲果蔬产业博览会组委会评为"2021年度受市场欢迎果品区域公用品牌100强"。2023年年初，丰县苹果、丰县梨入选中国地理学会"古黄河泛区生境保护与可持续发展"案例产品。

在"果业振兴"政策推动下，通过市县加大资金投入，推广扩种新品种，强化科技投入示范带动，丰县大沙河苹果品牌声誉持续提升。

新沂的水蜜桃品相品质都有口皆碑，已形成"南有无锡阳山，北有徐州新沂"的良好声

丰县红富士苹果喜获丰收

新沂水蜜桃丰产上市

誉。近年来，新沂市持续强化品牌培育，新沂水蜜桃区域公共品牌已列入江苏省区域公共品牌名录，获得注册国家地理标志农产品证明商标、国家地理标志农产品保护认证。至 2023 年 6 月，新沂市共有 3000 农户从事水蜜桃产业，种植面积达 8 万亩，年产水蜜桃 10 万余吨，每亩年纯收入超万元，实现年总产值 10 余亿元。另外，新沂"棋盘蓝莓"也深受好评。还有睢宁"魏集西瓜"、睢宁三水梨、贾汪大洞山石榴、"耿集草莓"，沛县"沛公西瓜"、沛县冬桃，铜山"刘集葡萄""棠张桑果"，邳州银杏、邳州板栗，经开区"正本草莓""正本葡萄"等，都形成了自身的特色品牌。

位于铜山区房村镇省级现代农业梨产业园区内的徐州宫品果品专业合作社，这些年来，在果业的发展特别是优质梨的培育、生产方面，积极创新，成果颇多，在社会上赢得了良好口碑。

徐州宫品果品专业合作社成立于 2006 年 4 月 28 日，2010 年被省农业委员会认定为省级示范社，2016 年被农业部认定为国家级合作社示范社，2021 年入选为首批国家级生态农场。

该合作社多年来一直十分重视果品优新品种引进、种植、筛选、生产以及苗木培育、产品加工、示范，为社员提供产前、产中、产后服务等工作。先后从国内外引进名、特、优梨品种 98 份、桃新品种 77 份、苹果新品种 16 份、葡萄新品种 12 份、杏 6 份、李子 8 份、石榴 6 份、核桃 5 份、山楂 6 份等，建设梨品种资源圃 380 亩、现代高效标准园 260 亩，其中新建连栋大棚栽植矮化梨新品种 70 余亩。产业化育苗基地共 300 亩，每年可向全国各地的广大果农提供精品梨苗 300 万株左右。

经过多年的付出与耕耘，该合作社获得了诸多成绩：在2016年江苏省优质果评比中，该合作社送选参评的"黄冠梨""苏翠一号""圆黄梨""翠冠喜"得金奖，"大果水晶"得银奖；在2018年全国早熟梨评比中，选送的"苏翠一号"荣获全国一等奖；在2019年江苏省优质果评比中，选送的"苏翠一号"荣获金奖，"黄冠梨"荣获世界园艺博览会铜奖；在2020年江苏省早熟梨评比中，选送的"苏翠一号""黄冠""翠玉"荣获金奖；在2020年江苏省中熟梨评比中，选送的"黄冠""秋月""蜜露"荣获1金2银奖。

徐州市农业农村局把科技服务送到田间地头。果树专家朱守卫（左一）在为果农讲解果树病虫害绿色防控技术

该合作社理事长张浩思路开阔、创新精神强，是深受果农欢迎的果树技术专家。他表示，合作社将不断开拓市场，发挥优势，真诚为果农服务，为加快乡村振兴，促进农业增效、农民增收继续努力。

近几年，徐州茶产业有了长足的发展，尤以马陵山茶为代表。

春茶吐翠采摘忙。进入四月，马陵山如诗如画、绿意盎然。在马陵山的数千亩茶园里，一缕缕嫩绿的茶芽冒出枝头，标志着春茶进入了开采

吕梁山茶园

期。几场春雨洗涤过后，片片茶园更显翠色欲滴，蛰伏了一个冬季的春茶，正迫不及待地吐露着新芽。走进园内，满园的新茶已露出"尖尖角"，远远望去仿佛披上了一层嫩绿的新衣，也给马陵山的茶产业带来了别样"春天"。茶农们背着茶篓，穿梭于一垄垄茶叶绿海中，采摘第一缕鲜芽，茶园里处处呈现出一派繁忙的春茶采摘景象。

一派生机盎然的景色背后，是马陵山茶场的不断创新与改变。多年来，马陵山茶不断将新技术与传统农业深度融合，将标准化、生态化作为方向，在改变中发展，在融合中创新。如今，马陵山茶场在董事长张迪海的带领下，经过近20年的艰苦努力，马陵山茶已实现种植面积3000余亩，建成了"条条绿带绕山腰"的美景，在茶旅融合、绿色发展的道路上，经过积极探索，取得了可喜的成果。

2014年以来，马陵山茶在江苏省和全国屡获大奖：

江苏省第十六届"陆羽杯"名茶评比特等奖；

江苏省第十七届"陆羽杯"名茶评比一等奖；

江苏首届名茶博览会金奖；

第十届"中茶杯"全国名茶评比一等奖；

第十六届全国绿博会金奖；

第三届、第四届"国饮杯"全国茶叶评比特等奖；

第五届"国饮杯"全国茶叶评比金奖。

其中，"国饮杯"是我国档次最高、最具权威的茶叶评比活动之一，徐州茶拿到了金奖，这是最令张迪海引以为傲的。

在 2020 年 7 月 18 日江苏省茶产业高质量发展研讨会上，马陵山茶文化博览园荣获"十大生态茶园"称号。

小茶叶形成大产业，美了环境，富了百姓。近年来，马陵山茶场通过建基地、创品牌、拓市场等手段，基本形成了集种植、加工、销售、茶文旅等一体化茶叶产业发展格局。截至 2022 年，茶园采摘面积 3000 亩，茶叶年产量 5.12 吨，年产值 620 万元。这片小小的茶叶，真正激活了一方山水。张海迪和他的马陵山茶场功不可没。

2018 年 11 月，张迪海经过多次考察论证，又在铜山区吕梁山下成立了江苏圣人泉茶产业发展有限公司，以茶产业茶文化发展为核心，通过一二三产业高度融合形成带动，开发了吕梁山茶园。茶园占地面积 2000 多亩，主要种植徐茶 1 号、中茶 108、圣泉白芽、黄观音等 6 个品种，近几年年产茶叶 5 吨，年产值 1000 万元。"淡墨染青山，烟雨入画卷。"而今，漫步在秀美的吕梁山茶园，目光所及，山峦叠翠，茶园葱茂，芳香回溢。近 20 年的努力和奋斗，张迪海填补了徐州茶产业的空白，更为富民强村作出了贡献。

牛蒡作为一种特种蔬菜，目前已实现规模化、产业化发展，成为一种富民产业。就徐州而言，种植区域主要在丰县、沛县。这儿，重点介绍一下丰县牛蒡产业发展的情况。

备受消费者欢迎的丰县牛蒡酥、茶、酱作为畅销品，是"生态美食品"和"健康好味道"的完美结合。随着全国新零售市场的不断拓展，含牛蒡成分的汤、饮、餐、棒、膏、酒、妆等系列产品陆续问世，远销日本、韩国、马来西亚、新加坡等 10 余个国家，为丰县牛蒡产业高质量发展和加快农业现代化注入新动能、增添新活力。普普通通的牛蒡让乡村振兴"牛气十足"，丰县用这个不起眼的农作物谱写出了崭新农业"致富经"。

丰县万亩牛蒡基地示范方

素有"蔬菜之王"称号的牛蒡具有较高食药用价值。丰县四季分明、光照充足，黄泛冲积平原形成的沙质土壤，为牛蒡等根茎类农作物生长及品质改善提供了有利环境，经过30多年的推广，牛蒡种植面积发展到5万余亩，年产12万吨、产值30余亿元，出口占全国一半以上，丰县成为全国最大的牛蒡标准化生产基地和深加工基地。

一根小小的牛蒡，作出了响亮的品牌。近年来，丰县高标准规划建设牛蒡产业园，打造了6500亩现代化牛蒡种植示范区；在全国率先实现牛蒡全程机械化生产，拥有牛蒡高产栽培等22项专利；与徐州生物工程学院合作，建设丰县牛蒡种质资源库及繁育基地，抢占牛蒡种业制高点；借助网络直播和销售平台，成功举办丰县牛蒡LOGO设计大赛、县长直播带货、央视财经栏目《走村直播看脱贫》首站走进齐阁村等活动。

丰县用牛蒡叩响了致富的大门。牛蒡产业的飞速发展惠及当地种植户，传统农耕文化与现代栽培技术完美融合，每亩平均净收益实现了从几百元到一万多元的蝶变。同时，该县通过成立牛蒡专业合作社，实行统一供种、统一生产标准、统一技术指导、统一销售、利润二次分配的合作发展模式，形成了产销一条龙的产业化经营格局，带动农民增收致富，并通过土地流转、产品研发、基地建设、产品展销等方式进一步提高牛蒡产品附加值，带动了4.47万户和10.69万名建档立卡低收入人口的脱贫致富。此外，丰县还设立2000万元扶持资金支持新型经营主体发展牛蒡产业，兜住群众种植收入底线。

而今，丰县牛蒡产业实现了从家庭式到规模化、产业化，从单户人工种植到全程机械化的专业合作社现代化种植模式转变。以丰县范楼镇齐阁村为核心的牛蒡产业园正在发展壮大。该园主要包括"一中心、三基地"，即新产品科技研发中心，牛蒡标准化种植基地、农产品深加工基地和冷链物流基地。产业园通过产品研发和展销，让牛蒡的经济价值和文化价值不断深化，牛蒡产品的附加值进一步提高，集产供销于一体的完整产业链渐成品牌，从而实现了一二三产业的融合发展，打造出名副其实的富民大产业。

近年来，我市奶业和乳制品发展以绿健乳业、君乐宝乳业和卫岗乳品为代表，呈现出良好发展态势。

徐州绿健乳业有限责任公司是中国乳制品工业协会常务理事单位，江苏省奶业协会副理事长单位，江苏省农业产业化重点龙头企业。公司下辖乳品饮料有限公司、绿健餐饮企业管理有限公司、绿健澳大利亚投资公司等，液体奶产品达十大系列 50 余个品种。

近年来,公司先后被授予"中国乳制品行业企业""中国奶业企业""全国乳品加工企业""全国农产品加工业示范企业""中国奶业具影响力品牌企业"等荣誉称号。时任公司董事长陈正晖被评为"中国乳业十大受尊重企业家""中国乳制品行业杰出企业家"。2018 年 1 月 4 日，在第二届徐州"年度经济人物"和"十佳优秀企业家"颁奖典礼上,陈正晖获授"十佳优秀企业家"称号。

绿健乳业充分发挥龙头作用，以奶业生产带动奶牛饲养，以奶牛饲养带动饲草料生产，形成良性农业产业链，有力地带动了数万产业农民致富，并促进了城区 8000 余人就业。

2023 年，正值绿健乳业历史的百年。重温百年历史征程，绿健乳业新的管理团队团结一心，更加坚定对品质与初心的坚守，以"打造优质乳品、引领健康生活"为使命，以"做中国乳业鲜奶市场的王牌"为愿景，实现"诚信奉献创新共赢"的价值观，让更多徐州人民感受到美味和健康的快乐。

江苏君乐宝乳业有限公司是农业产业化国家重点龙头企业，现已发展成为日生产能力 1200 吨、一二三产业融合发展的现代化奶业公司。

多年来,公司积极发展规模化养殖、种植业,牵头 4 家企业、4 家合作社、

10 家家庭农场，成立了乳制品产业化联合体，稳定了产销合作关系，形成"企业发展＋农民致富＋经济效益＋社会效益"的良性经营模式。带动了丰县奶牛养殖业、种植业、包装业、饲料业、运输业等相关产业的大发展。公司认真践行社会责任，积极参与"万企联万村"活动，助力当地村强民富。坚持环保先行，建设污水处理站，发展绿色生态健康养殖，实现了生态循环发展的经济产业链。

2023 年 1 月 19 日，徐州市委、市政府举行 2022 年度全市经济风云人物颁奖典礼，表彰 2022 年度"经济风云人物""高质量发展领军企业家"等，其中，江苏君乐宝乳业有限公司总经理杨悦入选"高质量发展领军企业家"，受到表彰。

2023 年春节假期刚过，江苏君乐宝乳业有限公司生产车间里，工人们以饱满的状态在流水线上忙碌着，满载奶品的物流车辆陆续驶出发往全国各地。公司负责人表示，公司计划于 2023 年实现销售收入 13.5 亿元，产量 18.4 万吨，在新的一年继续提升产品质量，不断开辟奶源新市场，为消费者提供安心又舒心的奶制品，满足人民对健康和生活品质的追求。

徐州卫岗乳品有限公司（简称"徐州卫岗"）是国家农业产业化重点龙头企业——南京奶业（集团）有限公司子公司，于 2000 年在新沂投资兴建，是南京卫岗乳业进一步拓展苏北市场、带动苏北农业产业结构调整的重要产业基地，是国家"十五""十一五""十二五"重大奶业科技专项的重要科技成果推广基地。徐州卫岗总投资 4 亿元，占地 100 亩，建筑面积 2 万平方米，现实现年产能 12 万吨，年产量 8 万吨，年缴利税过千万元，带动当地就业 300 余人。徐州卫岗作为常温奶生产基地，引进行业先进设备和工艺，产品覆盖纯牛奶、调制乳、乳饮料等种类。经过 20 多年的快速发展，徐州卫岗现已形成日臻完善的乳业产业链、稳步拓展的市场链，已成长为中国学生饮用奶定点生产企业、徐州市农业产业化重点龙头企业，通过 ISO 9001、HACCP 等食品安全、质量管理体系认证，产品销售辐射江苏、安徽、山东、浙江等华东市场及北上广市场。

在"二次创业"中，徐州卫岗致力于提升产能、丰富品相，与瑞幸、星巴克达成合作，新增3条生产线，同时，着力提高冷链仓储与运输能力，全面提升企业发展水平。

美丽的观赏鱼——锦鲤

前面，我们提到观赏鱼，我市渔业的份额在全省来讲是比较小的，但特色鲜明，特别是观赏鱼发展很有特色，尤以贾汪为代表。贾汪在茱萸山街道许阳村建设了锦鲤文化产业园，打造锦鲤特色小镇，推动了乡村旅游，促进了农民增收。江苏省组织的全国锦鲤大赛，2019、2020年已在贾汪先后举办两次，后来因新冠疫情影响暂时停办了。观赏鱼首推锦鲤，这个品种非常好，个大又漂亮，尤其是鱼背彩色的花纹非常漂亮！锦鲤是在鱼池中生长的，所以看的时候都是俯视形式的，看的主要是鱼的脊背彩色花纹图形。鱼缸中生长的观赏鱼，美在鱼肚子的彩色花纹，这种观赏鱼主要以中华彩鲤为代表。

多年来，徐州市农业农村部门高度重视观赏鱼特色产业的发展，对内加强技术指导和服务协调，推动观赏鱼产业健康发展；对上积极争取部省支持，推动政策落实、项目落地和相关活动开展；对外强化宣传和舆论引导，努力营造加快观赏鱼发展的良好氛围。

徐州市观赏鱼产业的发展最早始于20世纪70年代，观赏鱼爱好者从庭院养殖开始，至20世纪90年代进入快速发展期，呈现出养殖基地园区化、养殖方式多元化、生产过程标准化、经营模式产业化及品牌效益国际化等多重特点。至2023年6月，全市观赏鱼养殖面积发展到7000余亩，养殖规模位列全省第一，实现年产值超2亿元。

2018年6月22日，第二届中日观赏鱼(锦鲤)产业发展国际论坛在徐州海天大酒店举办，同时成立江苏省观赏鱼产业技术联盟，共200余人参会。江苏省海洋与渔业局、江苏省水产学会、徐州市农业委员会、徐州市科学技术协会、徐州市水产学会负责同志出席会议并致辞。日本爱鳞会原会长马上宗显先生就锦鲤品级鉴赏及造池设计，中国渔业协会锦鲤分会会长郑敏学先生就中国彩鲤现状和发展前景，江苏省淡水水产研究所主任李潇轩先生就进境水生动物检验检疫隔离场建设分别做了精彩的讲演和授课。

2019年9月18—20日，江苏省首届全国锦鲤大赛暨观赏鱼博览会在贾汪区督公湖畔隆重举办。本次活动由江苏省水产学会、徐州市农业农村局、贾汪区人民政府共同主办，市水产学会、贾汪区茱萸山街道办事处、大洞山风景区管理处、江苏龙门鲤文化发展有限公司具体承办。

来自苏州、南京、无锡以及山东、广东、浙江等省内外80多家锦鲤企业、近千条锦鲤参加比赛。参赛品种涉及大正、昭和、红白、白血、丹顶等国内外多个名贵品种，经过紧张有序的评审，评审团从参赛锦鲤的体形、花纹、游姿等不同方面评出了不同类别的冠亚季军，其中来自临沂浩天锦鲤渔场的红白锦鲤夺得全场总合冠军，苏州苏信观赏鱼公司的两条大正三色锦鲤分别荣获全场总合亚军和全场总合季军，现场同时评选出其他8个不同的奖项。

金秋十月，丹桂飘香。2020年10月18日上午，江苏省首届锦鲤文化节暨鼎能杯第二届全国锦鲤大赛在贾汪区督公湖畔正式开幕。此次活

江苏省首届锦鲤文化节启动仪式

动以"传承千年锦鲤文化,树立锦鲤发源标杆"为主题,由中国水产学会、江苏省农业农村厅、江苏省文化和旅游厅、江苏省供销合作总社指导,由江苏省水产学会、徐州市农业农村局、徐州市文化广电和旅游局、徐州市供销合作总社、中共贾汪区委、贾汪区人民政府主办。

来自香港、广东、浙江等全国各地的100余家渔场、1000多尾锦鲤参加比赛和展示。经过24位国际知名裁判集体公开评审,按照15个部别决出奖项166个。其中大鱼组65部以上(80部、超80部)全场总合冠军奖被一条体长98厘米的大正三色锦鲤斩获,获奖者为济南市多摩龙渔场。活动期间,还举行了"锦鲤发源地论证会"、"中国锦鲤产业研讨会"、贾汪旅游吉祥物"锦鲤真真、旺旺"发布仪式,以及文旅产品、名特优农产品展销和美食节等活动。

活动期间,近20位专家学者对贾汪区白集汉墓"九鱼图"汉画像石等进行了实地考察,对相关历史文献进行认真考据论证。

近年来,贾汪区高度重视锦鲤产业发展,将其列为农旅融合战略的重要板块和"三乡工程"典型项目,从能人培育、人才引进、产业扶持、文化发掘、品牌建设、基地提升等方面给予大力支持。

至2023年6月,贾汪区锦鲤养殖面积1800亩,年产值5000余万元,带动徐州各县市5000余亩养殖面积,带动600余家养殖户、4000多户农民增收致富,推动了徐州市4个花鸟鱼虫市场及水族产业的提档升级。

说到观赏鱼产业发展,这里就要说一说贾汪区创业青年典型、江苏龙门鲤文化发展有限公司董事长刘电的创业之路。刘电为观赏鱼产业发展倾注了心血,作出了贡献。

2004年,刘电开始引进锦鲤种鱼养殖,在失败中坚持前行,逐步掌握了锦鲤养殖、繁殖技术,终于在2009年成功繁殖了一批优质锦鲤。

2016年,刘电培育出通体如火的全红锦鲤,锦鲤界有了"中国红"。2019年,刘电又培育出300多组优质锦鲤种鱼,其中属于贾汪自己的"真旺系"血统有60多组,这在全国属于稀缺资源。

随着养殖技术提升,规模不断扩大,为壮大锦鲤产业、发展锦鲤文化,刘电成立了江苏龙门鲤文化发展有限公司,至2023年6月,锦鲤养殖面积已达 1500 多亩，年繁育苗种 4000 万尾、产值 3500 万元，养殖规模居江苏省和淮海经济区之首。

2019 年，江苏龙门鲤文化发展有限公司投资 800 余万元，与茱萸山街道许阳村采取合作供养模式，共建全国首例锦鲤文化小镇。由公司提供种苗，合作社提供技术指导，广大农户利用房前屋后闲置土地建设鱼池养殖锦鲤，最后再由公司统一回收。从此，一个靠着养殖锦鲤奔向小康生活的特色田园乡村开始旧貌换新颜，处处新景象，不仅自家门前有了亮丽的风景线，锦鲤产业也成为村民打开致富大门的一把"金钥匙"。

徐州是江苏乡村大市，耕地面积 913 万亩，全省第二；乡村人口 675 万，全省第一；农业从业人员全省第一，比苏南 5 市总和还多；家庭农场 2.2 万个，登记注册的农民专业合作社 5509 家，均居全省前列。正是由于徐州乡村众多，各地创新创优，我市在农村人居环境整治、扶贫开发、农房改善、乡村治理等方面，创造出很多"徐州经验""徐州模式"。

建设宜居宜业和美乡村是乡村振兴的重要内容之一，寄托着亿万农民对美好家园、美好生活的期盼。近年来，徐州不断加大乡村建设力度，农村基础设施提档升级，基本公共服务提标扩面，一个个乡村成了广大农民乐享现代生活的幸福家园。如今，乡村除了独具特色的外在美，还有发展中的美、奋进中的美，展现出一派生机勃发的景象。

这些年，徐州在全省率先开展乡村公共空间治理，大力推进农村人居环境整治，加快改善农民住房条件，成功举办全国全面建成小康社会补短板暨农村人居环境整治工作推进现场会，建成省级特色田园乡村 56 个，美丽宜居乡村规划发展类村庄占比超过了 93%，乡村繁荣发展的生动实践正逐步走深走实。

沿黄河故道布局，吾爱山谷、茶旅小镇、吕梁水街等农文旅融合项目串珠成链、连片成景……近年来，铜山区乡村建设深入推进，沿新环城路布局五环路都市农业融合发展展示带，沿黄河故道发展城市生态休闲功能带，省市特色田园乡村达 16 个、美丽宜居乡村达 280 个。

过去几年，睢宁县在乡村基础设施建设上不断发力，农村生产生活

徐州开展农村人居环境整治，乡村有了新模样

更加便利。行政村公交通达率达 100%，县镇村农村物流服务点覆盖率达 100%，全县"户户通"道路占比 91%，无害化户厕普及率达 98%，行政村主要道路和公共场所亮化率达 100%，农村生活垃圾保洁作业体系覆盖率、集中收运率、无害化处理率均达 100%。

按照"整治达标村全覆盖、25% 的美丽宜居乡村、5% 的特色田园乡村"的目标要求，新沂市统筹乡村基础设施和公共服务布局，加速推进 44 个农民集中居住区项目建设，全力改善 1.5 万户住房条件，新建社区全部达到"五通十有"标准。

2022 年，徐州以建设黄河故道生态富民廊道示范带、五环路都市农业示范带为契机，统筹抓好特色田园乡村和生态宜居美丽乡村建设。

示范建设全面铺开。新增省级特色田园乡村 13 个、省级生态宜居美丽示范镇村 65 个，铜山区获批创建首批全国乡村振兴示范县。

环境整治扎实推进。深化拓展乡村公共空间治理内涵外延，新回收各类集体资源资产 10 万亩，高质量完成省定 13.4 万座农村户厕新建改造任务，农村公厕自然村覆盖率达到 95%，行政村生活污水治理率达到 40%，新增省级绿美村庄 90 个，4 个村庄入选中国传统村落。

基础设施持续改善。启动实施新一轮农村住房条件改善专项行动，新改善农村住房 2.8 万户，总量位居全省第一。持续提升农村公路和村组道路建设水平。新建村内"户户通"道路完成年度任务的 150%，建成村内道路 2253 公里，农村居民临近通达率超过 95%。

基层党建稳步提质。启动实施党建强基提升工程，农村专业合作社、农业企业生产经营主体的党组织组建率和党的工作覆盖率动态保持100%。全市累计整顿软弱涣散党组织 660 个、设立"党员中心户"1.5 万余个，建立综合网格党支部 3587 个，农民群众安全感提高到 98.4%。

乡村治理有序推进。健全完善党组织领导的自治、法治、德治、智治相结合的乡村治理体系。有序推进"清单制""积分制"在乡村治理中的应用。深入推广马庄经验，深化拓展新时代文明实践中心建设，新时代文明实践阵地实现县镇村全覆盖，县级以上文明村占比达到 71.6%。实施农村"法律明白人"培育工程，开展移风易俗重点领域突出问题专项整治，确保农村地区和谐稳定。培养打造移风易俗示范点 12 个，村规民约和红白理事会实现村级全覆盖，省级和谐社区达标率提高 92.3%，1 县、1 镇、6 村获评全国乡村治理试点示范单位。江苏省加强乡村治理提升乡村文明水平现场推进会于 2019 年 12 月 11 日在徐州召开。

农村改革不断深化。以纵深实施"三乡工程"为抓手，加大人才振兴政策供给力度，确保了每年新引进各类人才不少于 5000 人。充分发挥财政资金的引导作用，用足用好乡村振兴基金，拓宽金融支农渠道，发挥农业保险兜底作用，推动更多资本流向农业农村。统筹抓好国家和省级改革试点，积极探索"三块地"改革，激发农村内在活力。全市农村集体产权制度改革稳步推进。在全省率先开展集体经营性建设用地入市。铜山区获批"全国农村改革试验区"称号，沛县农业农村局荣获"全国农村集体产权制度改革工作先进集体"称号。

强化服务做好保障。徐州市农业农村局充分发挥党建引领作用，认真贯彻落实习近平总书记关于"三农"工作重要论述，始终坚持"三农"工作重中之重地位，始终坚持农民主体地位，切实转变机关作风，强化为农服务意识，积极推进党建与"三农"业务深度融合，旗帜鲜明讲政治，持续深化"三个表率"模范机关建设，清单化拧紧"链子"，压紧压实机关党建三级责任体系，以"书记项目"推进"三农"重点工作，以"支部项目"推进部门重点工作，以"双联双促"推进乡村难点工作，以党员志愿服务队推进为农服务工作，让市农业农村局工作和全系统党员干部更多贴近农村基层和农民群众，让党旗在乡村振兴一线高高飘扬。局党委组织实施"党建引领促振兴，厕所革命惠民生"书记项目，高质量完成年度 13 万座农村户厕新建改造任务，新建农村卫生公厕 936 座；支持基层党组织每年打造 15 个"一支一项"先锋工程，高质量完成"巩固脱贫攻坚成果"等一批重点项目；坚持"双联双促"，与服务领域党组织广泛开展结对共建，机关三支部推动与市金融部门设立了"彭城农数贷"，为全市新型农业经营主体发放贷款 9719 笔 17.32 亿元，缓解农民融资难、融资贵问题；老干部二支部坚持政治理论学习与乡村振兴实践紧密结合，积极推动码垛沼气新技术研发、推广，受到广大农民群众的好评。创新为农解难题举措，市农业综合行政执法支队党总支创新建立全省第一家农业法律维权诉前调解工作室，成功调解 120 余例，挽回直接经济损失 450 万元；开展为农送温暖活动，成立政策惠农、科技助农、砺剑护农等 12 个党员志愿服务队，把政策、技术、信息等送到田间地头，把温暖送到农民群众的心坎上。2019 年 12 月，徐州市农业农村局荣获"全国农业农村系统先进集体"称号。

乡村振兴的经验做法，我在后面还要进一步解读，这里重点谈谈徐州乡村振兴的短板差距。

从农业发展上看，我市农业大而不强问题仍比较突出。所谓"大"，是指我市耕地面积大、品种数量多、农业体量大。所谓"不强"，是指规模分散、竞争力弱、效益不高。从农村发展上看，不平衡、不协调、不可持续问题仍比较突出。这主要体现在 5 个方面。

一是农业结构性矛盾仍较突出。当前面临自然灾害、高产基础上稳产增效难度加大等挑战，保障粮食、生猪等重要农产品产能和有效供给压力大。徐州粮食总产在 100 亿斤以上，其中稻麦两大作物占比 85% 以上，谷物生产供大于求，而玉米等饲料用粮存在不足。乡村产业基础弱、集聚性不高，市场竞争力亟待提升。

二是农业生产方式不够持续。水、地等资源约束趋紧，农业生态环境保护压力加大，农业抗灾能力与生产要求能力不相适应。农业科技创新能力和成果转化有待提升，农业生产技术水平有待提高；农业龙头企业研发水平不高，创新能力不强，市场开拓能力欠缺，以致部分农产品缺乏市场竞争力。

三是新型农业经营主体辐射带动小农户的能力不足。农业适度规模经营在农业供给侧结构性改革中的引领作用还不够强，近些年虽然徐州农业适度规模经营有了长足的发展，但亩均产出效益仍然偏低。新型农业经营主体和小农户间相互合作层次不高，利益联结构制不够紧密，不少农业龙头企业与基地、农户之间关联度较低。农业分散化种养殖方式仍较为普遍存在，使质量安全监管工作难以全部到位，动物疫情疫病防控方面，压力巨大。特别是在前两年"非洲猪瘟"疫情防控形势下，监管压力是非常大的。

四是农村发展动能不够强劲。城乡资源要素配置不合理、流动不顺畅，土地、资金、技术、劳动力、信息数据、管理等资源要素制约比较明显，城乡基础设施和公共服务仍需加大投入。2022年年底，全市农村生活污水治理率为40%，位居苏北第一，自身实现跨越，但仍低于全省42%的平均水平，远低于浙江的89.2%。农村集体经济自身"造血"能力仍比较弱，发展潜力不足，农村基层服务能力也有待提升。

五是农民生活品质有待提升。现在，从广大农村来看，农民吃饱肚子已没有问题，但仍有许多现实问题影响了农民生活品质的提升。比如，近几年受新冠疫情和宏观经济形势等因素影响，农民增收渠道收窄，增速乏力；农村公共文体活动设施不足，文化惠民工程和农民的锲合度较弱，休闲娱乐活动相对单一，农民精神生活尚未能匹配物质生活水平增长；农民群众对健康知识等了解不够，农村地区高血压等慢性病发病率较高。

综上所述，在徐州乡村振兴全新站位中，我们要牢牢把握农业农村地位、优势、短板和富民的根本要求，认清时与势，分析长与短，突出质与量，抓好转与升，精准谋划我市乡村振兴的主攻方向与实现路径。

■资料链接

当好高质量实施乡村振兴战略的开拓者和实干家

杨亚伟

实施乡村振兴战略,是新时代"三农"工作的总抓手。目前,徐州农村人口高达 675 万,必须始终坚持把 675 万农民放在心中最高位置,始终坚持全心全意为 675 万农民服务的根本宗旨,始终坚持以 675 万农民为中心的发展思想,把 675 万农民拥护不拥护、赞成不赞成、高兴不高兴、答应不答应,作为衡量工作得失、成败和利弊的根本标准。2018—2020 年,徐州将围绕新时代高质量实施乡村振兴战略这一伟大事业,聚力打造"三区一高"重点任务,即"建设国家农业绿色发展试点先行区、全省乡村产业振兴样板区、淮海经济区农业科技创新推广核心区,高质量实施乡村振兴战略",凝聚智慧和力量,当好徐州高质量实施乡村振兴战略的开拓者和实干家,全面提升 675 万农民的满意感和幸福感。

一、徐州农耕文明悠久厚重,具备高质量实施乡村振兴战略的基础和条件

徐州地处黄淮海国家农业可持续规划优先发展区域,气候四季分明、光热条件俱佳,具有典型的南北气候过渡性,适宜多种农作物生长。"彭城收,养九州",徐州自古以来就是中华粮仓,是江苏省的农业大市,是全国重要的农副产品生产基地。2017 年,徐州农业总产值、增加值均居全省第一。近年来,徐州紧紧围绕"聚焦富民求突破,努力实现新提升"总要求,牢固确立"绿色农业创新、品牌农业创新、智慧农业创新,建设农业强市"的"三创一强"总定位,分阶段、分年度确定重点任务,乘势而上发挥优势,迎难而进破解难题,狠抓关键创新实践,形成了一批在全省乃至全国具有一定借鉴意义和推广价值的成功经验。

(一)绿色发展导向日趋鲜明。徐州 2012 年被评为国家森林城市,在全国创造出了"石头缝里种出森林"的奇迹，森林覆盖率一直稳定在30.1%以上，稳居全省第一。2017年年底，作为地级市，徐州正式获批为国家农业可持续发展试验示范区暨农业绿色发展试点先行区，成为全国省、市、县三级首批共40家之一（其中省级为浙江省1家，地级市共有8家）。秸秆综合利用走在全国前列，今年上半年，农业农村部在徐州市成功举办"小麦秸秆综合利用现场观摩暨技术对接活动"。

（二）"483"现代农业产业体系基本形成。以粮食、蔬菜、林果、畜牧4大主导产业，大蒜、食用菌、花卉、银杏、牛蒡、奶牛、山羊、观赏鱼8大特色产业，农产品加工、休闲农业、智能农业3大融合产业为主要内容，"米袋子""菜篮子""果盘子"质优量丰。粮食生产总量全省第二，基本稳定在"千万亩耕地百亿斤粮"；高效设施农业面积全省第一，林果产业产值和收益均为全省第一；畜禽产品总量居全省前列；徐州金鱼唱响全国，观赏鱼养殖面积和效益位居全省第一。去年以来，坚持典型引领、示范带动，全力推进徐州—上海蔬菜外延基地建设，积极拓宽与上海市商务委、果品协会合作路径，12家上海蔬菜外延基地在徐州先后挂牌，30多个徐州特色农产品直销窗口在上海顺利设立，今年上半年入沪蔬菜交易量近48万吨，徐州农村的"菜园子"，连上了上海市民的"菜篮子"，鼓起了徐州农民的"钱袋子"。

（三）农产品质量稳中有升。目前，徐州通过无公害农产品产地认定面积25.5万亩，"三品"数量累计达到4200个，产量占食用农产品产量的28.8%。共有国家级农业产业化龙头企业6家、省级65家，2017年规模以上农产品加工业产值3800亿元。维维食品、黎明食品、忠意食品3家企业入围全省农产品加工业20强，其中维维集团入围全国农业产业化龙头企业20强。坚持"产出来"和"管出来"两手抓、两手硬，徐州市连续多年没有发生区域性农产品质量安全事故，有力保障了广大人民群众舌尖上的安全。

（四）一二三产融合进一步加快。目前，徐州共有国家农业产业化示范基地2个、国家现代农业示范区2个、省级农产品加工集中区7个、省级现代农业产业园9个，省级以上农业园区数量全省第一。创建省级农产品出口示范基地 22 个、省级以上农产品出口示范区 7 个,农产品出口额连续七年稳定在 3 亿美元以上,2017 年达 4.4 亿美元,大蒜产业成为全省农产品出口第一大产业。

(五)农业产业富民全面实施。建立健全"四挂钩一清单"机制、三级联动机制、组织协调机制、督查通报机制,与"百千万"大走访、驻村入户调研、结对帮扶、挂钩扶贫等紧密结合,针对新型经营主体亟需解决的问题,及时提供技术、项目、人才支持和咨询服务,帮助千家万户的传统小农户实现了和信息、市场的有效对接。

(六)科技支农力量逐步增强。目前,徐州 6 家"江苏省现代农业科技综合示范基地"、14 家"全省农业产业技术体系推广示范基地"建设扎实推进,取得显著的阶段性成果。今年 3 月底,牵头组建"淮海经济区农业科技创新与转化联盟"。"五有"乡镇农技服务中心、畜牧兽医站建设实现新突破。市、县两级政府共聘请 37 名院士、首席专家为农业顾问。每县 1 名农业科技特派员全部正式任职。全面实施基层农技人员两年轮训工程、新型职业农民整市推进工程以及信息进村入户工程,"互联网 + 农业"加快推进。

二、高质量实施乡村振兴战略,首先要认识农业农村发展的"不平衡""不充分"

孕育在农耕文明基础之上的徐州发展到今天,经济社会发展已经进入新时代。然而,占人口以及地域面积绝大多数的农村,存在着明显的发展"不充分",城市和广大农村地区发展的"不平衡",成为徐州现代化进程中一个巨大的"短板"。

(一)振兴徐州乡村的最大瓶颈,在于人才匮乏。目前,居住生活在徐州乡村的主体,基本属于老人和儿童。在许多地方、许多产业,直接从事农业生产经营的劳动力,年龄大多在 55~75 岁之间、文化程度大多初中以下甚或是文盲。10 年之后,当下这批 55~75 岁农民无力耕作的时候,谁来农村种田、乡村由谁来治理,现在必须思考和破解。

(二)当前徐州乡村的产业结构,依然不够合理。这不仅仅体现在一二三产的结构上,也体现在一产内部的种养结构和产品结构上。不少的乡村，依然是传统粮食种植业占主导。一方面，普通"大路货"农产品供过于求，谷贱伤农的现象仍时有发生；另一方面，绿色、优质、品牌农产品和个性化、功能性农产品却严重短缺，无法满足广大消费者日益增长的吃出健康、吃出快乐以及药食同源、养生保健的迫切需求。

（三）徐州农业产业链依然不够长，品牌影响力依然不够强。徐州的农产品加工企业虽然数量较多，也先后涌现出一些中国驰名商标，以及近 20 个农业品牌，但规模大、知名度高、美誉度广的国家级龙头企业依然偏少，大型农业企业品牌、产品品牌依然不多，徐州市级层面的农业区域公用品牌尚未正式形成，特别是种养加一条龙、产供销一体化的结合不够紧密，农业依然没有实现立体化、深层次、全领域的"接二连三"，生产基地、加工基地、市场物流和休闲观光尚没有形成一个有机的整体，农业产业对乡村振兴的拉动力、辐射力、影响力依然不够强劲。

（四）徐州农业的科技支撑力，依然亟待大幅提升。现有基层农技人员数量少、学历低、年龄大、积极性不高，不少地方的基层农技推广服务是线断、人散，与新时代乡村科技推广应当承担的责任和义务严重不相适应。特别是江苏的市、县财政体制改革，市级农委对县级农委的统筹难度在不断加大。目前，徐州农技推广服务网络尚需健全，农技推广服务力量尚需壮大，工作运行机制尚需完善，服务平台载体尚需构建，特别是在推动产学研结合、加强与国内外高校科研院所对接交流、加大科技创新力度、集成推广一批先进适用成果等方面破题不深不多。

（五）徐州纵深推进农业绿色发展，还有很多难题待破解。按照农业农村部统一部署和安排，创建国家农业绿色发展先行区，必须要重点突破六大难题，即"减量使用化肥、农药，减量使用以抗生素为代表的兽药和渔药，资源化利用畜禽粪污、秸秆、农膜等农业废弃物，提升耕地质量，高效利用水资源，提升农产品质量"，组织开展五大行动，即"农业资源环境生态监测行动、建立健全重要农业资源台账行动、农业绿色发展全民参与行动、健全完善绿色农业法规政策行动、农业发展空间和生产力布局优化行动"。近年来，虽然徐州农业发展的绿色导向日趋鲜明，化肥、农药逐步实现减量使用，农业废弃物综合利用水平稳步提升，重要农业资源台账制度初步建立,但是对照农业可持续、绿色发展的刚性约束和规定性指标,徐州在许多方面还是刚刚起步,持续纵深推进农业绿色发展,在常态化、长效化、精准化以及可操作、可考核的体制机制建立健全上,亟需破解的难题还很多,迫切需要进一步强化系统思维,做好设区市层面的整体设计、细化实化一系列政策举措。

(六)依靠农业实现徐州传统小农户增收致富,难度逐步加大。习近平总书记指出:"农业农村工作,说一千、道一万,增加农民收入是关键。"据第三次全国农业普查,到 2016 年年底,全国小农户数量占农业经营户的 98.1%,小农户农业从业人员占农业从业人员总数的 90%,小农户经营耕地面积占总耕地面积的 70% 之多,小农户三大谷物种植面积占全国谷物总播种面积的 80%。目前,江苏户均耕地 3.8 亩,徐州基本处于江苏平均水平。徐州传统小农户收入主要还是靠农业,而农产品生产中的自然风险和市场风险非政府和人力所能控制,也不是各种产业规划所能预测。在目前农产品市场不仅是完全竞争,而且还面对国际市场压力的情况下,今年以来徐州蔬菜、大蒜、果品等主要果蔬品种价格下降幅度较大,农业产业富民任务艰巨。

三、徐州高质量实施乡村振兴战略,必须正视现实、直面矛盾,攻坚克难、善作善成

习近平总书记指出:"时代是出卷人,我们是答卷人,人民是阅卷人。"一个时代,有一个时代的问题和任务;一个领域,有一个领域的问题和任务。好的问题,往往就是好的答案。为推进乡村振兴,今年以来徐州市委、市政府出台了《关于大力实施乡村振兴战略 加快推进农业农村现代化的意见》《关于加快建设国家农业可持续发展试验示范区 推进农业绿色发展的意见》《加快农业产业集群建设 提升全市农业市场化水平实施方案》《健全农业科技推广服务体系 提高科技强农富农水平实施方案》,这在徐州农业农村工作历史上尚属首次。贯彻中央和省委、省政府以及市委、市政府的部署要求,高质量实施乡村振兴战略,必须强化问题导向,正视现实、直面矛盾,始终坚持用"放大镜""显微镜""透视镜"深度扫描各项工作,然后靶向治疗、精准施策,攻坚克难、善作善成。下一步,要突出抓好以下七个方面。

(一)坚持质量兴农。以农业质量年建设、农产品质量安全县创建为总抓手,积极参与创建全国质量强市示范城市活动,助推打造"品质徐州",加快引导徐州农业优质化。一是严格按照标准组织农业生产。目前,国家共制定发布农业国家标准和行业标准 12695 项,其中国家标准 6678 项。要全面推进标准化生产,建立生产记录台账,重点落实好农兽药使用间隔期、休药期等规定,加快绿色新技术的推广应用。二是深化提升农产品质量安全风险监测。牢固树立问题导向和底线思维,坚持发现问题是业绩、解决问题是政绩的工作理念,加大抽检力度,扩大监测参数,对问题产品采取零容忍态度。三是进一步强化农产品质量安全执法监管。建立生鲜乳、兽药、农药质量"黑名单"制度。始终保持高压严打态势,抓紧抓好农药、"瘦肉精"、生鲜乳、兽用抗菌药、水产品、生猪屠宰、农资打假等专项整治行动。推进县域综合执法基本实现全覆盖,重点在严防、严控、严查、严检、严打五个"严"上下功夫,加强行刑衔接,重拳出击、重典治乱。认真组织落实市政府《关于加强牛羊家禽屠宰监管工作的意见》。四是进一步强化农产品质量安全追溯管理。建立健全数据交换与信息共享机制,推动与国家追溯平台有效对接和融合,争取早日把徐州追溯平台建成上下联通、内外联动的智慧化综合监管信息平台。率先将规模生产经营企业纳入追溯管理,调动生产经营主体纳入追溯平台的积极性。探索建立食用农产品合格证制度,加快建立合格证与市场准入的有效衔接。

(二)坚持绿色兴农。组织实施《徐州市农业绿色发展先行先试工作方案(2018—2020)》,妥善处理好"绿色"和"发展"的关系,以徐州粮食绿色生产工程、设施蔬菜提档工程、林果业生态转型工程、畜牧业和渔业生态养殖工程、现代农业园区建设工程、耕地保护修复工程、乡村生态文明建设工程、农业基础设施提升工程、农业防灾减灾体系建设工程、农产品质量安全体系构建工程等"十大工程"为总抓手,到 2020 年,把徐州建设成为淮海经济区农业绿色发展示范区。一是产业布局更加合理。徐州市农业发展区域进一步细划为优化发展区、适度发展区、保护发展区,明确区域发展重点。完成养殖业发展规划修编,科学划定畜牧业和渔业适养区、限养区、禁养区以及粮食生产功能区、重要农产品生产保护区,进一步优化徐州"483"现代农业产业体系的空间布局和生产力分配。二是资源利用更加高效。全面建立耕地质量监测和等级评价制度,推进高标准农田建设,多形式实施休耕轮作。严格推行农业灌溉用水总量控制、定额管理,强化农业取水许可。强化督查监管力度,大力提升畜禽粪污、秸秆、农膜、尾菜等农业废弃物的资源化利用水平,不断强化农业绿色发展的全民参与意识。三是监管制度更加健全。进一步强化农业资源环境生态监测,建立重要农业资源台账,健全绿色农业政策法规。建立健全工业、城镇污染向农业农村转移的防控机制。以县(市、区)为单位,建立农业产业准入负面清单制度,因地制宜制定禁止和限制发展产业目录,强化准入管理和底线约束,分类推进重点地区的农业资源保护、农村严重污染地区治理。四是生态环境更加优美。建立低碳、低耗、循环、高效的种养、加工、流通体系,积极探索区域农业的循环利用机制。加快构建山水田林和谐共生的田园生态系统,实施严格的水生生态保护修复制度、林业和湿地养护制度,努力提高农村生活垃圾、生活污水处理率。

(三)坚持品牌强农。尽快出台实施《徐州农业品牌三年行动计划》,督促每个县(市、区)每年分别打造1~2个区域公用品牌和若干个企业自有品牌,着手探索徐州市级层面的区域公用品牌。持续组织开展好"工商企业家看徐州农业"活动,加强农业项目对接与合作。一是"两类"兼顾,即区域公用品牌、企业自有品牌,坚持以区域公用品牌为先导、企业自有品牌为主体,营造品牌建设的良好基础和浓厚氛围。二是"三品"并重,即品种、品质、品牌,坚持以"好品种"为基础,以"好品质"为依托,通过精心策划、包装、宣传、推介,最终打造出"好品牌"。三是"四力"齐发,即政府引导力、市场驱动力、行业协会组织力、企业和农户参与力,把区域公用品牌的申报、建设和维护作为一项重点任务,尽快建立健全农业品牌认证、推广、保护、使用等环节的机制体制。四是"五化"共进,即产业特色化、经营集群化、生产标准化、管理企业化、产品品牌化,将区域农产品特色确定为培育农业品牌的关键,通过农业生产区域的空间集聚,使同类或同一农业产业相互联系形成集聚效应。

（四）坚持科技支农。着力构建适应现代农业发展需要的农技推广服务体系，逐步提高农业科技成果转化、推广、应用效率，加快提升农业物质装备和技术水平。一是构建技术支撑体系。推动"淮海经济区农业科技创新与转化联盟"正常运转，加快科技成果转化。充分集聚科研力量，加快制种基地和良种繁育基地建设，全面实施新一轮农业品种更新换代行动计划，主要农作物良种普及率达到 95%，物联网农业、智慧农业等新业态发展步伐明显加快。二是构建服务网络体系。着手组建市级农技推广服务中心和现代农业可持续发展研究院。依托"益农信息社"，建立村级农技服务站点和信息员队伍。把"谁来振兴徐州乡村"作为当务之急，继续组织实施基层农技人员素质提升计划，确保每两年轮训一遍；继续组织实施新型职业农民培育整市推进工程，确保"十三五"末培育比例达到 50% 以上。三是构建人才保障体系。逐步配齐镇级农技推广服务中心编制内工作人员，进一步完善农技推广服务人员职称评定评聘制度。从今年起，各县（市、区）要按照每个镇每年 5 万元标准，增加经费专项用于镇农技推广服务体系建设。四是构建示范带动体系。继续扎实推进农业农村部基层农技体系改革与建设补助项目以及省农委挂县强农富民工程、科技入户工程，着手培养一批科技示范大户。高度重视并切实加强农业科技示范基地建设，充分发挥科技示范大户、三级示范基地的辐射带动作用，实现一个大户帮扶一个村庄、一个基地影响一个区域，全力打通科技服务"最后一公里"。

（五）坚持产业富民。尽快出台实施《徐州市农产品加工龙头企业发展扶持意见》《徐州市农业产业富民具体实施意见》，坚持新型经营主体和传统小农户两手抓、两手硬，确保富民路上一个也不落下。一是着力培育农业产业集群。紧紧围绕黄河故道现代农业产业、城郊都市型农业产业、一二三产业融合发展"三条示范带"，重点建设 19 个产业集群，促使徐州农业主导产业做大、特色产业做强，努力把徐州打造成淮海经济区特色优质农产品生产中心、农产品加工销售中心。从今年起，每个县（市、区）每年要培育年销售收入 10 亿元以上的农业龙头企业 1 家，招引总投资 0.5 亿元以上的农产品加工企业 1 家、0.3 亿元以上的农产品加工企业 2 家；

每个县(市、区)每年要培育年交易额不低于6亿元的农产品综合交易市场1个或年交易额不低于2亿元的农产品专业市场1个,不断拓展徐州农产品外贸区域范围,努力提升在国际市场上的份额。创新电商企业在农产品流通体系建设中的作用发挥机制,激励电商企业在徐州市优势特色农产品的生产区、加工区,建立产地仓。二是持续调整农业产业结构。突出"稳产能、调结构、转方式",牢固树立"大粮食观",努力提升畜牧业、渔业养殖收益。在保障粮食等重要农产品有效供给的前提下,减少低端无效农产品生产,引导规模生产经营主体大力发展以"两品一标"为代表的绿色优质农产品。坚持不懈地抓紧抓好徐州——上海蔬菜外延基地建设,努力发展订单农业,进一步优化农产品的存量资源配置、扩大优质农产品的增量供给。三是组织实施农村一二三产业融合行动。注重利用田园景观、自然生态、环境资源,紧密结合农林牧渔生产、农业经营活动、农村文化、农家生活,大力发展度假民宿以及休闲农场、林场、渔场、牧场,观光果园、花园、菜园,医养结合的养老田园、科普教育农园、开心农场、体验农业。每年培育创建一批特色小镇、一村一品村镇。组建一批农业产业化联合体,争创一批三产融合省级先导区。四是强力推进小农户与大市场的有效对接。大力发展农业生产性服务业,加快构建"农产品加工龙头企业+乡村农业合作社(家庭农场)+小农户"的生产经营新模式。

(六)坚持分类指导。乡村振兴不能千篇一律,不能搞"一刀切",始终坚持宜种则种、宜养则养,宜加工则加工、宜商贸则商贸,宜观光则观光、宜综合则综合,努力保持特色乡村固有的历史、文化、风俗、风貌,使徐州乡村通过振兴各具特色,让人们记得住乡愁。一是贫困村模式,主要任务是"脱贫",为数不少,这是徐州实施乡村振兴的"难点"之所在。必须坚决贯彻执行《中共中央国务院关于打赢脱贫攻坚战三年行动的指导意见》,认真履行自身职责,主动担负起农业产业脱贫的重任。二是马庄村模式,主要任务是"奔小康",这些村大多临城近郊,其实叫"社区"更合理,这是徐州实施乡村振兴的"亮点"之所在。三是其他村模式,主要任务是"致富",面广量大,这是徐州实施乡村振兴的"重点"之所在。

其中一部分乡村产业主要是种养融合，种植业为养殖业提供饲料，养殖业为种植业提供肥料，产业实现循环发展，这类地区将通过粮食生产功能区、主要农产品生产保护区和特色农产品优势区建设实现；另一部分乡村实现一二三产业融合发展，休闲体验、乡村旅游产业等蓬勃发展，农民持续快速增收主要靠新产业新业态培育实现。

（七）坚持乡村公共空间治理。迈入新时代，徐州站在了新一轮跨越发展的新起点上。徐州高质量实施乡村振兴战略，必须自觉摆脱"地级市思维"、破除传统的"苏北意识"。一是把公共空间治理与农村人居环境整治相结合，集中整治环境突出问题，花大力气解决农村脏乱差突出问题，加快建设生态宜居美丽乡村；二是把公共空间治理与农业产业发展相结合，大力回收集体机动地、被侵占土地，加强综合整治，着力拓展乡村生活和生态空间；三是把公共空间治理与农村产权制度改革相结合，持续增加村集体和农民收入，让农民获得更多收益；四是把公共空间治理与乡风文明建设相结合，加强农村公共文化阵地建设，大力提升农民群众精神风貌；五是把公共空间治理与农村基层组织建设相结合，补齐基层公权力缺位短板，严格依法行使公权力，进一步重塑村"两委"权威，不断夯实党在基层的执政基础。

（江苏省农业委员会《农业调查与研究》，2018 年第 13 期）

▼ 第二章

徐州市近年来实施乡村振兴战略的

实践和成效

实施乡村振兴战略，是以习近平同志为核心的党中央着眼党和国家事业全局、顺应亿万农民对美好生活的向往，对"三农"工作作出的重大决策部署，是决胜全面建成小康社会、全面建设社会主义现代化国家的重大历史任务，是新时代做好"三农"工作的总抓手。

通过学习，我们也清醒认识到，乡村振兴战略是一项系统工程，涵盖了农业、农村和农民的现代化，必须要有强大的理论体系、完善的政策体系和创新的顶层设计来支撑。

徐州市委、市政府认真贯彻落实习近平总书记重要指示精神，始终把实施乡村振兴战略摆在优先位置，着力建立健全城乡融合发展体制机制和政策体系，把农业农村优先发展落实到党的领导、规划引领、投入保障、督导考核和农民主体上。

第一节　徐州市乡村振兴的总体定位

"十三五"期间，徐州市委、市政府聚焦农业农村现代化总目标，组织制定了多个纲领性文件，形成了"一条主线、两个重点、六大动力、一件大事"的乡村振兴"1261"框架体系。"一条主线"：以市委、市政府《关于大力实施乡村振兴战略加快推进农业农村现代化的意见》统领乡村振兴全局。"两个重点"：突出农村人居环境整治行动和改善农民群众住房条件两项重点工作。"六大动力"：坚持政府为农民抓"两头"的思路（即一头抓科技和种子，一头抓品牌和市场，从中央一号文件来看，我们抓对了，而且取得了比较好的成效），着力从六个方面推进农业产业化，为乡村振兴注入动力。第一动力是加快建设国家农业可持续发展试验示范区；第二动力是加快农业产业集群建设；第三动力是健全农业科技推广服务体系；第四动力是加快粮食产业化；第五动力是大力发展农产品加工业；第六动力是强力创建农产品品牌。"一件大事"：抓好脱贫攻坚。

作为市农业农村主管部门,我们组织进行了徐州市乡村振兴理论体系研究和实践路径探索,力求在顶层设计上打造形成一套具有徐州特点的政策体系和推进机制。2017年3月,我到原市农业委员会工作,针对徐州农业实际,提出打造徐州农业"三创一强"的观点。2019年年初,市农业农村局组建,承担统筹实施乡村振兴工作任务,我们经过充分调研,进一步丰富完善了徐州乡村振兴的"三创一强"目标定位。

所谓徐州乡村振兴"三创一强",即绿色农业农村创新、品牌农业农村创新、智慧农业农村创新,加快建设农业强市。

绿色农业农村创新,就是建立农业绿色生产方式、农村绿色生态方式、农民绿色生活方式,形成供给保障有力、资源利用高效、产地环境良好、生态系统稳定、农民生活富裕、乡村田园优美的农业强市,使徐州成为淮海经济区绿色农业农村创新的领头羊。

品牌农业农村创新,就是推动农业由数量资源优势转化为市场品牌优势,提高乡村环境、脱贫攻坚、乡村治理质量水平,实现农业农村高质量发展的全面提升,使徐州成为淮海经济区品牌农业农村创新的先行区。

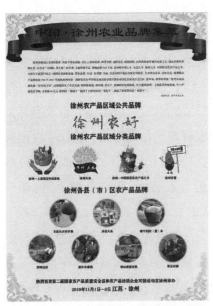

《中国·徐州农业品牌集萃》

(《人民日报》2019年11月1日)

智慧农业农村创新,就是打造一批物联网技术逐步覆盖的智能农业工厂和现代营销手段不断提升的电商农业链群、构建生产经营大数据应用的精准乡村系统,使徐州成为淮海经济区智慧农业农村创新的排头兵。

建设农业强市,就是围绕实施乡村振兴战略,以农业农村现代化为统领,以农业供给侧结构性改革为主线,实现产业兴旺、生态宜居、乡风文明、治理有效、生活富裕的目标,打造乡村振兴的徐州样板,确保全市乡村振兴走在全省前列。

"三创一强"定位之所以定在淮

海经济区做领头羊、成先行区、当排头兵，是因为徐州市定位建设淮海经济区中心城市，农业农村工作必须紧跟而上，在淮海经济区走在前、站在先，进而确保乡村振兴走在全省前列。

2018 年 3 月，徐州市发起并推动成立淮海经济区农业科技创新与转化联盟；同年 12 月，淮海经济区 10 个城市在徐州共同签署《淮海经济区协同发展战略合作框架议》；2019 年 12 月，在淮北签订了《淮海经济区农业科技创新与转化协同发展合作协议》。多年来，淮海经济区农业协作联动、协同发展、创新发展的共识得到广泛认叮。党的二十大报告中"促进区域协调发展"成为加快构建新发展格局、着力推动高质量发展重要方面之一，而多次的区域协同活动，也充分展示了徐州市统筹城乡发展、农业农村生态文明建设以及新农村建设、富美乡村建设的成果和经验。

"三创一强"是"1261"框架体系的主攻方向，也是推进我市乡村振兴的总体抓手。农业农村面临的挑战和矛盾是长期而深远的，必须通过变革激发新动能。我认为重点在三个方面：一是发展理念的变革。没有科学先进理念现代化，就没有农业农村现代化，也就不可能建成现代农业强市。二是发展方式的变革。变拼资源、拼消耗向绿色可持续发展，变初级低端产品向中高端品牌化发展，变靠天吃饭向智慧农业发展，变单一产业向集群融合发展，加快推进农业、农村和农民现代化。三是资源融合的变革。破解人、钱、地有效流动，必须深化农业农村改革，最大限度利用好政策，盘活农村集体资产、农村闲置用地，推动人才下乡、能人返乡、资本兴乡。

从"十三五"呈现出的"农业强、农村美、农民富"的乡村振兴美好画卷来看，"十三五"期间，徐州市委、市政府确定的乡村振兴总体定位是正确的、符合徐州实际且富有成效的。现在，让我们一起从 2021 年 12 月 27 日徐州市统计局发布的《徐州"一张表"绘制"三农"蓝图》"'十三五'回顾"部分中，领略我市"农业强、农村美、农民富"的美好景象吧。

"十三五"以来，徐州市农业农村建设取得了长足进步，形成了鲜明特色，"483"现代农产业体系(粮食、蔬菜、畜牧、林果 4 大主导产业，大蒜、银杏、牛蒡、花卉、食用菌、奶牛、山羊、观赏鱼 8 大特色产业，农产品加工、休闲观光农业、智能农业 3 大融合产业)不断健全完善。

2020 年农民人均可支配收入达到 21229 元，比 2015 年增长 7247 元，增幅达 51.8%，位居全省前列。农村居民的幸福感、获得感、安全感显著提升，为促进全市经济社会稳定发展作出了重要贡献，为全面建成小康社会提供了重要支撑。

（1）富民产业不断壮大。一是粮食生产稳步提高。2020 年全市粮食种植面积恢复增加到 771.9 千公顷，比 2015 年增加 31.65 千公顷。粮食总产达到 50.19 亿公斤，位居全省第二，比 2015 年增产 3.1 亿公斤。二是蔬菜果品量效齐增。全市蔬菜播种面积稳定在 410 千公顷，总产量 2100 万吨、总产值 966 亿元，产业规模保持全省前列。2020 年全市设施园艺面积发展到 144.86 千公顷，占耕地面积的比重为 23.7%，居全省首位。创建徐州—上海蔬菜外延基地 27 家，年入沪果蔬量达百万吨，交易额 60 亿元。果业品种不断更新，全市果树种植总面积稳定在 102 千公顷，果品总产量 128.6 万吨，总产值 53 亿元。三是畜禽转型不断加快。在"263"畜禽污染治理专项行动、"非洲猪瘟"疫情暴发、新冠疫情带来的影响下，全市畜牧业不断加快行业转型升级，转变发展方式，推进结构调整，强力推进畜禽生态健康养殖和生猪产能恢复。全市生猪存栏 240 万头，生猪出栏 360 万头，肉类总产量 84 万吨。四是水产养殖成效显著。全市渔业发展呈现绿色、健康、品牌发展的态势，全市放养水面 20.22 千公顷，水产品产量 16.08 万吨，渔业总产值 38.14 亿元。健康养殖理念逐渐深入，全市水产健康养殖示范场面积占比由"十二五"末的 7% 增至 75% 以上。设施渔业面积达到 6.83 千公顷，比"十二五"末增加 6.11%。新沂骆马湖全面完成了水产种质资源保护区 23 艘渔船的退捕工作。五是绿色发展纵深推进。成功创建首批国家农业可持续发展试验示范区暨农业绿色发展先行区。建立了重要农业资源台账制度和县级农业产业准入负面清单制度。农业废弃物资源化利用顺利推进，畜禽粪污资源化利用率达到 94%，农膜回收率达到 90%，秸秆综合利用率达到 96%。化肥施用量、农药施用量比 2015 年分别削减 5% 和 15%。全市农产品质量安全形势总体稳定向好，全市绿色优质农产品比重达到 65%。

（2）产业融合步伐加快。全市农业产业化龙头企业数量为国家级 7 家、省级 83 家。农产品加工业持续壮大，正式建成 8 个省级农产品加工集中区。21 个优势特色农业产业集群建设扎实推进，其中大蒜产业集群产值达到 300 亿元，成功入围国家重点扶持的首批 50 个优势特色产业集群。乡村休闲旅游业呈现出良好的发展态势，1 个区被评为全国休闲农业和乡村旅游示范县，3 个村被农业农村部正式命名为全国休闲美丽乡村，近 20 条乡村休闲旅游精品线路先后被部、省推介。市场物流体系基本完善，全市拥有农产品市场 265 家。全市农业农村电子商务销售快速增长，年销售额达到 200 亿元以上，实现国家级电子商务进农村综合示范县全覆盖。加大新型农业经营主体培育力度，培育示范家庭农场率 13.8%，培育示范农民合作社率 10.8%。

（3）基础装备不断夯实。农业机械化水平不断提升，全市农业机械化水平达到 86%。粮食生产全程机械化示范县建设实现全覆盖。持续推进高标准农田建设，全市高标准农田面积达到 441.07 千公顷，占比达到 72%。规模连片开发取得新成效，全市建成 5 万亩以上高标准农田示范基地 30 个，其中 15 万亩以上 3 个、10 万亩以上 4 个，农业综合生产能力和抗灾能力大幅提高。"十三五"时期，全市农业科技创新能力明显提升，农业科技进步贡献率达到 66.5%。组建了"淮海经济区农业科技创新与转化联盟"和"全国农业科技成果转移服务中心淮海分中心"，有力推动了区域农业科技协同发展。加强县级农技推广服务机构人员力量，组建 138 个"五有"乡镇农技综合服务中心，基本形成市县镇村四级农技推广服务网络。农业农村大数据系统初步构建，全市物联网技术应用比例达到 22%，农业农村信息化服务覆盖率达到 67.38%。圆满完成"十三五"黄河故道规划目标任务，5 年累计投资 268.34 亿元，完成项目 367 个。

（4）脱贫攻坚成效显著。新一轮扶贫开发工作中，我市有 2 个省级重点帮扶县，1 个省级重点帮扶片区，269 个经济薄弱村，26.28 万户、68.22 万建档立卡低收入人口。建档立卡户数、人数和经济薄弱村数均占全省 1/4 左右，脱贫攻坚任务十分艰巨。先后制定出台了《关于实施脱贫致富奔小康工程的意见》《关于打赢脱贫攻坚战三年行动的实施意见》等 20 多个政策文件。市级财政每年投入扶贫专项资金均在 8000 万元以上，位列苏北五市之首。全市 62.7 万建档立卡低收入人口全部实现脱贫，人均年收入达到 12212 元，269 个省定、市定经济薄弱村集体经营性收入平均达到 61.48 万元以上，连续 4 年低收入人口人均可支配收入的增量和增幅在全省名列前茅，连续 4 年在全省扶贫工作考核中位居前列。"十三五"时期，全市完成农村贫困农民危房改造 18822 户，创建农村危房改造示范村 2 个，争取中央和省补助资金 3.28 亿元，改造数量和投入资金位居全省第一，极大地改善了全市贫困农民的住房安全和居住条件。

（5）农民生活环境持续优化。农村人居环境展现全新形象，累计创建省级美丽宜居乡村 800 个，涌现出了一批以睢宁县高党村为代表的全国美丽乡村示范村、以贾汪区马庄村为代表的中国美丽休闲乡村、以铜山区倪园村为代表的省级特色田园乡村示范村。加快改善农民住房条件，全市改善农民住房条件 6.95 万户，创建省级示范项目 13 个，7 个农房改善项目被评为省级特色田园乡村。全市行政村生活垃圾保洁收运体系实现全覆盖，城乡生活垃圾无害化处理率达到 100%；农村无害化卫生户厕改造率达到 97.2%；城乡供水一体化入户率达到 98.4%，农村生活污水治理行政村覆盖率达到 70.38%。公共服务不断优化，学龄儿童入学率达到 100%，九年义务教育巩固率达到 100%，高中阶段教育毛入学率达到 99%；所有建制镇拥有文化站和图书室；城乡基本养老保险覆盖率达到 98%；农村低保标准达到每人每月 650 元。行政村双车道四级公路覆盖率达到 100%，镇村公交实现全覆盖。乡村治理水平逐步提升，农民精神风貌持续改善，文明村镇、文明家庭创建扎实开展，建成省级文明乡镇 42 个、省级文明村（社区）75 个，搭建文化惠民平台，村级新时代文明实践站实现全覆盖，全市镇（街道）综合文化站和行政村（社区）综合文化服务中心建成率达到 100%。不断加强法治乡村建设，省级民主法治示范村（社区）创建率达到 45%。

（6）农村改革逐年深化。一是大力推动资源要素上山下乡。"三乡工程"成效明显，大力推动人才下乡、能人返乡、资本兴乡，吸引社会资本 366.3 亿元投向农村，招引 6282 名人才、能人下乡返乡创业，1765 个行政村与企业开展"村企联建"。二是持续深化农村土地制度改革。在全面完成农村土地承包经营权确权登记颁证工作的基础上，积极探索承包地、宅基地的"三权分置"有效实现形式，建立健全土地经营权流转和宅基地有偿退出机制，引导土地资源合理配置利用。睢宁县以集中居住系统改革撬动"1+N"综合效益入选"2019中国改革年度案例"。三是稳步推进农村产权制度改革。全面完成农村集体资产清产核资，60%的行政村(居)完成了股份量化。拓展"阳光村务"平台功能，农村"三资"管理更加规范。农村产权交易市场实现县镇村全覆盖。四是大力优化水生态、水环境。招募民间河(湖)长3003名，创新打造沛微边界治水五联机制、河长制助力精准扶贫、人大政协巡河问水、河长+检察长依法治河护河等一批河(湖)长制新模式，率先通过全国水流产权确权试点国家评估，为全面推进水流产权确权工作积累了经验。

■资料链接

实施乡村振兴战略　建设徐州农业强市

杨亚伟

党的十九大报告提出实施乡村振兴战略，是站在新的历史背景下，农业农村发展到新阶段的必然要求。徐州市作为传统农业大市，在新时代新形势新要求下，实施乡村振兴战略，推进农业供给侧结构性改革，加快转型升级，建设农业强市，是当前及今后一段时期面临的重要课题。

一、总体定位：农业"三创一强"

实施乡村振兴战略的总要求，就是坚持农业农村优先发展，努力做到"产业兴旺、生态宜居、乡风文明、治理有效、生活富裕"，这是徐州建设农业强市的总体遵循。今年9月，省委省政府明确提出"1+3"重点功能区战略，徐州作为淮海经济区中心城市，给建设农业强市注入了新的内涵和动能。围绕徐州农业大而不强、农产品结构性矛盾突出、农业生态环境制约因素,徐州市确立了农业"三创一强"的总体定位,即实施绿色农业创新、品牌农业创新、智慧农业创新,加快建设现代农业强市。创新打造绿色农业、品牌农业、智慧农业是徐州现代农业发展的三大战略,建设农业强市是徐州现代农业发展的总体目标,通过推进农业"三创一强",实现徐州农业效益、质量和竞争力的全面提升,成为淮海经济区绿色农业创新的领头羊、品牌农业创新的先行区、智慧农业创新的排头兵。

(一)生态优先、绿色发展,打造淮海经济区绿色农业创新的领头羊。徐州林业工作是江苏的领跑者,在淮海经济区名列前茅。目前全市林木覆盖率30.1%,连续十多年保持全省第一,是国家森林城市、国家生态园林城市。高标准农田林网覆盖率98.1%,创造了全国农田林网的徐州模式。荒山造林实现全覆盖,创造了石头缝里种出森林城市的奇迹。河道绿化、耕地修复和湿地建设成效显著,拥有全国最大的城市煤炭塌陷地生态湿地群。徐州生态循环农业建设成绩显著,是国家环保模范城市、全国水生态文明城市,拥有5个省级生态县,第一批国家农业可持续发展试验示范区即将确认命名。绿色生态与现代农村融为一体,省、市级新农村示范村和美丽乡村达到560个,省、市级绿化示范村700个。今后,徐州将牢固树立绿水青山就是金山银山的发展理念,创新推进绿色生态徐州、绿色生产模式、绿色美丽田园建设,依托江淮生态大走廊、黄河故道农业综合开发、高效农田林网建设,构建绿色农业创新发展大格局。

(二)品牌优先、特色发展,打造淮海经济区品牌农业创新先行区。徐州农产品种类多、数量多,但在全国叫得响的农业品牌却不多。目前,全市农产品中,有中国驰名商标4个、农产品区域公用品牌17个、江苏名牌产品12个、江苏著名商标20个、市名牌产品57个、市著名商标39个。今后,徐州将以品牌创新贯通农业产业链的每一个环节,推动全市农业由数量资源优势转化为产业市场优势,实现农业质量效益和竞争力的全面提升。重点实施四大品牌建设,即区域公用品牌、企业品牌、产品品牌、三品一标,每年力争新增200个"三品"认证的特色农产品。

（三）科技优先、智能发展，打造淮海经济区智慧农业排头兵。近年来，徐州立足科技创新，积极推进"农业＋互联网"发展模式，成为淮海经济区农业发展的突出亮点。2016年，全市农产品电商企业达到3万家，农产品销售额150亿元，全市物联网智能农业园区占比25%以上。徐州市农产品质量智能监管平台完成两期建设，农产品质量追溯体系逐步完善。今后，徐州将围绕打造物联网、电子商务、全产业链、智能监管农业模式，建立淮海经济区智能农业科技联盟，实施农业科技综合展示基地、农业产业技术体系、农业三新工程项目三大平台建设，抢占淮海经济区智慧农业创新的制高点。依托徐州雨润全球农产品交易平台，建设淮海经济区优质农产品交易集散中心。

二、实现路径：实施五项转型升级

建设农业强市，就是坚持农业供给侧结构性改革这一主线，推动现代农业转型升级。所谓转型，就是推进现代农业由粗放转向集约，由原产品转向中高端，由小而全转向区域协调。所谓升级，就是推进现代农业从产量为王升级到质效并重，从单纯种养升级到全产业链，从土地产出升级到劳动效率。建设农业强市，实现弯道超车，重点是抓好"一外、一内、一横、一纵、一支队伍"建设，实施五项转型升级。

一外就是指区域外部结构布局转型升级。围绕徐州粮食、蔬菜、林果、畜牧4大主导产业，优化区域空间布局。粮食是"三区一线"区域布局，即丰沛、邳新、铜睢三大稻米区，陇海沿线强筋小麦区。蔬菜园艺是"两片三线"区域布局，即环城片区、西北片区和东部陇海、黄河故道、省道310沿线，形成250万亩设施蔬菜、100万亩优质白蒜、40万亩鲜食粮油类菜、20万亩出口特菜产业集群。林果是"两带四片"区域布局，即黄河故道和沂沭河林业加工原料产业带，西北片大沙河水果、南片黄河故道水果、东北片干鲜果品和城郊鲜杂果品产业区。畜牧主要是"七区九园"区域布局，即7个县（市）区全覆盖的全国生猪调出大县，9大肉禽、肉羊、奶牛、肉兔生产园区。

一内就是指品种内部结构调整转型升级。抓住当前供求关系宽松、结构性矛盾突出的时机，把农业效益作为重点目标，放开手脚大胆调整，提高优质农产品比重，构建特色鲜明的高效农业结构。种植业的结构调整是指"一稳四扩"，即稳粮，扩稻、扩菜、扩果、扩特。粮食种植总面积稳定在 1150 万亩左右；水稻种植面积增加 5 万亩，总种植面积 280 万亩左右；设施蔬菜种植面积每年新增 10 万亩，改造提升 10 万亩；丘陵山区和黄河故道高效果树种植面积增加 5 万亩；鲜食粮油和特色小杂粮种植面积新增 30 万亩，如鲜食花生、鲜食玉米、特用山芋、菜用毛豆、油菜花等。养殖业的结构调整是指"一稳三扩"，即畜牧业稳量提质，生猪出栏 500 万头、家禽出栏 2 亿~3 亿羽、奶牛存栏 4 万头、禽蛋 45 万吨，畜牧规模养殖比重达到 85% 以上；渔业生产实现三扩，特种水产养殖新增 1.5 万亩，稻渔综合种养新增 1 万亩，观赏鱼扩面到 1 万亩。大蒜、银杏、奶牛、山羊、花木、食用菌、观赏鱼等，瞄准全国领先的目标，实施差异化发展，打造一批全国单项冠军。

一横就是指业态结构多元化转型升级。以农村一二三产融合为抓手，积极培育农业新型业态，主要包括四个方面。一是融合发展型农业。徐州大蒜、果品等产业是融合发展的典型代表，集生产、加工、休闲于一体融合发展。二是产业集聚型农业。打造农业产业生产、加工、示范集聚平台，通过农产品加工集中区等园区建设，拓展农业一二三产多业态发展，提高农业综合生产效益。三是全域旅游型农业。贾汪区围绕三产融合发展，打造全域农业休闲观光的示范模式。今后，徐州将围绕水果、银杏、桃树、石榴等传统农事花节活动，打造一批连片成带、集群成圈、沿线成廊的全域旅游典型，打造一批产业兴旺、生态宜居、生活富裕的美丽田园综合体。四是电子商务型农业。以睢宁县沙集电商模式、新沂电商产业园为引领，建立市县农产品电子交易平台，形成农村电子商务、农产品网络销售和农民网络创业机制。

一纵就是指加工结构全链条转型升级。重点打造六个全链条加工产业：一是粮油加工。县级以上龙头企业达到 220 个，年加工产值 500 亿元。二是蔬菜加工。县级以上龙头企业达到 210 个，年加工产值 120 亿元。三是林果加工。县级以上龙头企业达到 250 个，年加工产值 360

亿元。四是畜禽加工。县级以上龙头企业达到 240 个,年加工产值 340 亿元。五是大蒜加工。县级以上龙头企业达到 36 个,其中精深加工型省级以上龙头企业 5 家,年加工产值 50 亿元。六是食用菌加工。县级以上龙头企业达到 20 个,年产值 30 亿元以上。到 2020 年,全市农产品年加工产值 5500 亿元。推进农产品年加工转型升级,形成全产业链,要构建龙头企业引领、政策创新、科技创新、企农利益联结、市场平台五大机制,建设 10 个农产品加工集中区、120 个龙头带动企业、400 个特色产业基地,提升全产业链加工集聚和辐射带动能力。

一支队伍就是指主体结构新型化转型升级。现代农业发展,关键在人。党的十九大报告指出,培养造就一支懂农业、爱农村、爱农民的"三农"工作队伍。建设徐州农业强市,必须巩固创新"三农"人才队伍建设。一要巩固创新农民主力军。农村基本经营制度是农村政策的基石,长期内普通农户还是基本主体、基本力量。巩固队伍,就是要保护和引导传统农户,通过适度规模经营发展现代农业。创新队伍,就是培育一批家庭农场、种养大户,打造农业经营新主体。二要巩固创新社会突击军。如睢宁县农田托管模式,是社会化专业化经营管理农业的徐州办法,要逐步在全市实现农田托管服务全覆盖。三要巩固创新农业保障军。打造一支矢志忠诚、业务精湛、敢于担当、干净清廉的农业系统队伍,构建全市农技推广队伍新体系,盘活存量、引进增量、网上对接,提升农技推广能力,提升为农服务能力,更大力度地为建设农业强市提供技术人才保障。

三、主要抓手:建设三大推进平台

建设徐州农业强市,必须抓好国家农业可持续发展试验示范区、徐州农业重要产业示范带、徐州—上海蔬菜外延基地三大平台建设。国家农业可持续发展试验示范区创建是整体面上推进平台,农业重要产业示范带是点线推进平台,徐州—上海蔬菜外延基地是产业条块推进平台,通过三大平台建设,形成点上成景、线上成带、面上全覆盖的徐州农业强市新格局。

(一) 国家农业可持续发展试验示范区创建。创建国家农业可持续发展试验示范区是贯彻绿色发展理念、推动生态文明建设、转变农业发展方式、补齐资源环境短板、促进农业可持续发展的重要抓手，更是全市聚焦富民、建设农业强市的切入点和突破口。今年以来，徐州编制了创建规划方案，研判创建评估指标，突出农业重要资源台账、农业可持续预警机制、农业技术集成创新模式三大任务，取得突破性进展。10月份，农业部发布第一批国家农业可持续发展试验示范区公示公告，徐州市位列其中。下一阶段，将加快补齐保护政策、生态环境、农村社会的发展短板。一是完善实施三大重点任务。完善重要农业资源的台账制度，实施农业可持续发展预警机制，围绕农业产业可持续、资源环境可持续、农村社会可持续，总结推广耕作方式、高产高效、绿色生态、多元种养、健康养殖、循环农业、清洁能源、耕地修复、节水农业、生态农业、产业扶贫、全产业链、三产融合、金融惠农、垃圾无害化处理等15大农业可持续发展集成技术和创新模式，形成可复制、可推广、可借鉴的徐州农业可持续发展示范样板。二是补齐5项指标短板。提高地膜回收利用率，严控化肥、农药施用。改善农村生活环境，实施年度百村示范工程。治理农业面源污染，大力发展生态循环农业。

（二）农业重要产业示范带建设。按照区域与整体、条线与板块、精品与规模、短期与长期"四个结合"的原则，实施示范带、示范园区、示范点建设，促进优势产业向优势区域集中，打造20个全国领先的农业示范园区。一是黄河故道现代农业产业示范带。建设9个现代农业示范园区，形成黄河故道国家现代农业示范区典型样板。二是城郊都市农业产业示范带。建设5个农业园区，重点发展休闲观光农业、乡村旅游业、民俗文化产业、生态康养产业，形成徐州都市农业示范样板。三是一二三产业融合发展示范带。建设6个园区，重点发展农产品精深加工业、农产品物流业、乡村旅游业，形成全市三产融合示范样板。

（三）徐州—上海蔬菜外延基地建设。去年，上海市商务委在全国实施蔬菜外延基地建设，徐州市审时度势，迅速跟进，实施徐州—上海蔬菜外延基地行动计划。一是高标准建设一批基地。规划60个基地建设进展顺利，有26个基地基本达到标准，目前新增基地面积8万亩。

今年8月第二批挂牌的贾汪、邳州、新沂3个基地,常年生产西瓜、辣椒、西红柿、茄子等优质蔬菜,年产量12.7万吨。二是高效率开通一批窗口。通过"政府搭台,市场运作",培育一批企业推进主体,各县区在上海设立了一批农产品直供窗口和配送中心,建立了一批农超对接、农企对接直供直销模式,形成了市场主体+基地+农户的共同利益链。三是全方位完善一批政策。梳理省级农业补贴项目,整合涉农资金,加大扶持力度。委托中国农科院编制蔬菜产业规划,上海方面专家团队制定农产品质量检测认定、生产技术推广、市场营销策略。今明两年主要任务是,新建和改造提升蔬菜基地12万亩,重点建设信息平台、质量追溯、标准物流和科技支撑四大体系。

(江苏省农业委员会《农业调查与研究》,2017年第15期)

第二节 徐州市乡村振兴的目标任务

近几年,徐州市农业农村局牵头先后编制了乡村振兴战略规划、"十四五"农业农村现代化发展规划,经市委、市政府研究通过后已施行。总的思路是分两步走,一步一个脚印,逐步实现乡村振兴。两个阶段性目标分别是:

力争到2025年,乡村振兴成效更加明显,农业农村现代化取得重大进展。农业增加值力争达到950亿元,农产品加工业产值与农业总产值之比达到1.24∶1;全市农村居民人均可支配收入达到3万元,年均增长率保持在7.5%左右,城乡居民收入比缩小到1.75∶1以内。

力争到2035年,乡村振兴取得决定性进展,农业现代化与新型工业化、信息化、城镇化基本同步,基本实现农业农村现代化。

徐州"十四五"时期农业农村发展主要指标

项目	序号	主要指标	单位	2020 年	2025 年
农业高质高效	1	农业增加值	亿元	719	950
	2	农产品加工产值与农业总产值之比	%	0.79	1.24
	3	粮食种植面积	万亩	1151	稳定
	4	主要农作物耕种收综合机械率	%	75	85
	5	肉类总产量	万吨	58	70
	6	高标准农田占比	%	72	95
	7	绿色优质农产品比重	%	78.6	80
	8	农业科技进步贡献率	%	67.5	72
	9	农业农村生活污水处理设施入户率	%	67.4	90
	10	农业适度规模经营水平	%	56.3	65
	11	农业劳动生产率	万元 / 人	6.1	6.7
乡村宜居宜业	12	农村生活污水处理设施入户率	%	37.7	60
	13	开展农村生活垃圾分类的行政村占比	%	20	60
	14	农村户厕有效使用率	%	90	98
	15	村内道路户户通率	%	65	100
	16	建制镇管道燃气通达率	%	72	100
	17	农村生态河道覆盖率	%	13	20
	18	行政村 5G 覆盖率	%	0	100
	19	美丽宜居乡村建成率	%	67	100
	20	农村人居环境建设管护水平	—	—	—
农民富裕富足	21	农村居民年人均可支配收入	元	21229	30000
	22	义务教育学校标准化建设达标率	%	92	100
	23	乡村医生执业助理（执业护士）以上资格人员占比	%	34	40

项目	序号	主要指标	单位	2020 年	2025 年
农民富裕富足	24	农村社区标准化服务中心建成率	%	—	50
	25	村民委员会依法自治达标率	%	98	100
	26	县级及以上文明村和乡镇占比	%	60	70
	27	网格化社会治理工作绩效	%	93.9	96.6
	28	省级民主法治示范村（社区）达标率	%	45	50
	29	村党群众中心"六个规范化"建设达标率	%	80	100
	30	集体经济强村占比	%	34	85

围绕徐州市乡村振兴的目标任务，市委农办、市农业农村局、市乡村振兴局会同相关部门开展了深入的调查研究，提出了重点工作和任务清单（方案），经市委、市政府研究通过后，加快推进实施。

2021 年是乡村建设行动启动之年，为有力有序实施好徐州市乡村建设行动，全面掀起乡村建设热潮，不断提升乡村宜居宜业水平，2021 年 2 月，市政府办公室印发《徐州市 2021 年乡村建设行动实施方案》（简称《方案》），加快推进镇村布局规划调整，持续推进农村人居环境整治，加快补齐农村基础设施和公共服务短板。

根据《方案》，2021 年徐州市乡村建设行动组织推进体系和政策要素保障机制基本建立，六大类 36 个项目年度任务全部完成，确保了徐州市乡村建设行动取得良好开局。

推进村庄规划编制

坚持规划引领、有序推进，统筹县域城镇和村庄建设规划，促进县域内整体提升和均衡发展。加快推进国土空间总体规划编制，科学划分生态、农业、城镇等空间，2021 年 9 月全部完成编制任务。开展镇村布局规划修编，优化乡村空间布局，明确自然村庄分类布局及用途管控要求。结合省市级特色田园乡村建设、农村人居环境整治、农民群众住房条件改善、国土空间全域综合整治等，对规划发展类村庄推进"多规合一"的实用性村庄规划编制，统筹安排各类空间和设施布局，在村域内形成"一张蓝图、一本规划"。

加强农村房屋建设质量监管，完善建设标准和规范，提高农房设计水平和建设质量，完成农村房屋安全隐患排查，深入推进问题隐患整治。加强村庄风貌引导，保护传统村落、传统民居和历史文化名村名镇。稳步推进农民群众住房条件改善，全年完成农房改善任务 2.5 万户。突出特色风貌，提炼"楚风汉韵"建筑风格，连线成片打造一批山清水秀、天蓝地绿、村美人和的新型农村社区。

加快建设基础设施

把公共基础设施建设的重点放在农村，着力推进往村覆盖、往户延伸。实施农村道路畅通工程，加强农村道路桥梁安全隐患排查，2021 年新改建农村道路 300 公里、改造危桥 80 座。全面实施路长制，加强农村资源路、产业路、旅游路建设，每个县均至少打造出 1 条"农业最美休闲观光路"。推进村内硬化道路"户户通"，全年新建村内道路 1000 公里，实现"户户通"的行政村占比达到 70%。实施农村供水保障工程。推进城乡供水一体化提质增量。推进大中型灌区续建配套和节水改造。实施乡村清洁能源建设工程。加快农村电网建设，确保农网供电可靠率、农网电压合格率不低于 99.9%。

为积极推进燃气下乡，我市布局建设一批安全可靠的乡村储气罐站和微管网供气系统，建制镇管道燃气通达率达到 72%。大力发展农村生物质能源，重点发展规模化沼气项目。实施数字乡村建设发展工程。建设乡村 5G 基站 3000 个，乡村地区宽带平均接入速率达到 100 兆以上。发展智慧农业，建立农业农村大数据中心。完善农业气象综合监测网络。推进乡村广播电视信息基础设施建设。加强乡村公共服务、社会治理等数字化智能化建设。实施村级综合服务设施提升工程。全市为农服务站所"五有"覆盖率达到 100%，村级综合服务中心建设达标率 100%。

提升农村人居环境

深入推进农村厕所革命，着力提升农村户厕改造质量和农村公厕覆盖范围，2021 年建设完成农村水冲公厕 1455 座，自然村标准化公厕覆盖率达到65%，农村卫生户厕有效使用率达到90%。

在镇级污水处理设施方面，徐州市积极推进14个镇级污水处理厂按一级A标准提标改造，新建改造污水管网130公里。在农村生活污水处理设施方面，全市行政村生活污水处理实施覆盖率达到80%、入户率超过30%。巩固农村环卫保洁、垃圾收运体系建设成果，全年新建、改造乡镇垃圾转运站25座。推进农村生活垃圾分类试点。推进农村小型河塘治理，完成农村生态河道建设任务141条、834.8公里。推进村庄清洁和绿化行动，新建成省市级绿美村庄54个，命名星级美丽庭院5万户。按照"六沿"创建思路推进美丽田园乡村示范带建设，创建省级特色田园乡村11个、市级特色田园乡村18个、省级传统村落11个。全域推进公共空间治理。

多措促进农村消费

推动电商进农村，完善农村电商支撑体系，提升产业供应链水平，引导农村商贸企业与电商深度融合，推进"一村一品一店"建设和农村电商"万人培训"，创建5家市级以上农村电子商务示范主体，培训电商新农民2万多人次。推进"快递进村"和县域共配建设，改造提升农村寄递物流基础设施，推动农业、商务、邮政、交通、供销、快递网点"多点合一"、协同发展，畅通农产品进城、工业品下乡渠道，2021年年底基本实现县级共配全覆盖，建制村快递服务直投率超90%。加快完善县乡村三级农村物流体系，加强农村物流网络节点体系建设，实施农产品仓储保鲜冷链物流设施建设工程，支持10个农业经营主体建设农产品仓储保鲜冷链物流设施，推进中农联、中农批等一批重点冷链物流项目，县级农村物流中心覆盖率100%，创建1个农村物流示范县，镇村级农村物流站点建设全面展开。

积极建设徐州—上海蔬菜外延基地农产品供沪信息平台。发展线上线下相结合的服务网点，加强农村便利店、商贸综合体、集贸市场等商业网点建设，吸引城市居民下乡消费，提升农村消费水平。

推动乡村振兴良好开局

2022年1月26日，江苏省委农村工作会上传来喜讯，徐州市荣获全省 2021 年度乡村振兴战略实绩考核设区市综合排名第一等次。同时，邳州市、新沂市、铜山区荣获县级综合排名第一等次，睢宁县、沛县荣获进位第一等次，获奖单位数量占全市县（市、涉农区）总数的 70% 以上。

2021 年，徐州市坚持以习近平新时代中国特色社会主义思想为指导，深入贯彻习近平总书记视察江苏、视察徐州重要指示精神，聚焦新发展阶段目标任务，全面推进乡村振兴实现良好开局。

聚焦高质高效，深入推进农业供给侧结构性改革。稳产保供实现新突破，全年粮食播种面积 1159.25 万亩、总产 101.03 亿斤，实现"十八连丰"。全市生猪存栏 273.06 万头，同比增加 3.7%，累计出栏生猪 411.35 万头，同比增加 18.8%。蔬菜播种面积 614 万亩，总产 2030 万吨，产值 966 亿元，产量和产值稳居全省第一。新增高标准农田 65.3 万亩，在全省高标准农田建设现场推进会上做典型发言。产业融合构筑新优势，198 个省农业农村重大项目完成年度投资 209.26 亿元，项目个数和年度投资额均位居全省第一。睢宁县获批创建第一批全国农业现代化示范区，新增国家级农业龙头企业 2 家。贾汪区入选全国休闲农业重点县，全市休闲旅游收入超过 70 亿元。绿色发展取得新成效，全市建立水肥一体化示范点 15 处，推广面积超过 10 万亩，建成省级绿色防控示范区 30 个。全面完成骆马湖禁捕退捕任务，有序推进南四湖核心区和保护区内鱼塘退养，全市完成池塘生态化改造 6949 亩，完成省定目标任务的 173.7%。

聚焦宜居宜业，全域打造新时代美丽乡村。圆满完成农房改善三年行动任务，40563 户新建改建农房顺利通过省推进办考核验收，累计改善农民住房 73040 户，超额完成省定 7.2 万户目标任务。在省定标准基础上，对部分项目配套建设管道天然气、充电桩等设施，在公共服务设施水平上走在苏北前列。启动实施农村人居环境提升行动，新建改造乡镇生活垃圾转运站 32 座，新增垃圾分类试点镇 14 个；新建改造农村污水管网 130 公里。新增市级特色田园乡村 18 个、省级特色田园乡村 11 个、省级传统村落 11 个，累计建成美丽宜居村庄 1403 个。持续提升农村基础设施水平，在全省率先出台乡村建设行动实施方案，新建农村公厕 1455 座、村内道路 1582.54 公里、农村道路 300 公里、农村桥梁 82 座，更新改造农村供水管网 1182 公里。

聚焦富裕富足，不断提升农民群众获得感幸福感。启动实施富民强村帮促行动，发放脱贫人口小额贷款 4.1 万笔、16.6 亿元，资金规模占全省 39%、位居全省第一。持续做大"防贫保"资金池和覆盖面，年度投入财政资金 6210 万元，覆盖 406 万名农村群众，全市未发生脱贫低收入人口返贫现象。纵深推进"三乡工程"，市县两级设立 2.12 亿元的"三乡工程"专项资金，用于人才激励、贷款贴息、项目奖补等，吸引各类人才下乡返乡 10500 余人，建成"三乡工程"创新创业园区 124 个，带动农民就业创业人数超过 12 万，2021 年农村居民人均可支配收入达 23693.9 元，增幅 11.6%，位居全省第一。我市创新实施"三乡工程"经验做法得到省政府领导同志的批示肯定。持续深化农村综合改革，继续创新承包地、积极探索宅基地"三权分置"有效实现形式，推动村委会和集体经济组织"政经分开"改革试点，丰县和铜山区获批新一轮省级农村改革试验区试点任务。

聚焦共治共享，积极探索乡村善治徐州路径。重抓基层基础，深化"建村部、强支部"专项行动，大力推动村书记、村主任"一肩挑"，探索村书记专职化管理，村书记担任集体经济组织负责人占比达 95%，累计获评省"百名示范"村党组织书记 17 名、"千名领先"村党组织书记 229 名。创新治理体系，全面推广"四权"建设和"网格化"管理，充分发挥乡贤工作室、公道会、大老执等农村治理力量的作用，县镇村全部建立矛盾调处中心，行政村实现法律顾问全覆盖，群众安全感和法治建设满意度分别达到 98.2%、96.1%。突出示范引领，深化推广"马庄经验"，在全国率先制定新时代文明实践中心建设地方标准，丰县大沙河镇宗集村等 6 个行政村获第二批全国乡村治理示范创建村。

聚焦互融互促，加快补齐农村民生短板。农村医疗综合服务体系日趋完善，新建改建镇级卫生院 22 个，新建村级卫生室 150 个，新增省级农村区域医疗卫生中心 13 家、省级社区医院 10 家，确认省甲级村卫生室 38 个，卫生院、建制村卫生室和社区卫生服务中心规范化率达到 100%，城乡居民医保财政补助标准提升到每人 610 元。农村义务教育质量水平持续提升，新建、改扩建农村中小学 23 所，26 所学校通过农村义务教育学校标准化达标验收、建成率提高到 95.6%，全市义务教育优质均衡达标率提高到 79.83%，农村教育基本公共服务均等化实现度位居苏北最前。农村困难群众保障水平稳步提高，全市城乡低保标准提高到每人每月 670 元，特困人员集中和分散供养标准最高分别达到每人每月 1698 元和 1579 元，机构养育孤儿和社会散居孤儿供养标准分别提高至每人每月 2643 元和 1719 元，农村重度残疾人护理补贴标准提高至每人每月 90 元。

聚力推进乡村全面振兴

2022 年 3 月，徐州市委一号文件《关于做好 2022 年全面推进乡村振兴重点工作的实施意见》（简称《意见》）出台。徐州市委一号文件对 2022 年全面推进乡村振兴重点工作进行了部署，要求守牢保障粮食安全和不发生规模性返贫两条底线，统筹推进乡村发展、乡村建设、乡村治理和农村改革等重点工作，聚力推动乡村振兴取得新进展、农业农村现代化迈出新步伐，为"建设产业强市、打造区域中心"提供有力支撑。

稳住农业基本盘。保障好初级产品供给是重大战略性问题。2021 年，徐州市全年粮食播种面积 1159.25 万亩、总产超百亿斤，实现"十八连丰"。

2022 年市委一号文件把抓好粮食生产和重要农产品供给摆在首要位置，就是要深入贯彻落实中央和省委农村工作会议精神，坚决扛稳粮食安全政治责任。

《意见》要求，全面落实粮食安全党政同责，严格粮食安全责任制考核。确保粮食播种面积 1153 万亩左右、总产量 100 亿斤以上。

保障重要农副产品有效供给。落实生猪稳产保供属地责任，稳定生猪生产长效性支持政策，加强生猪产能逆周期调控，能繁母猪稳定在 22 万头左右，规模养殖场保有量稳定在 1300 家以上。蔬菜播种面积稳定在 615 万亩左右。

落实耕地保护硬措施。实行耕地保护党政同责，严守耕地红线。把耕地保护作为刚性指标实行严格考核、一票否决、终身追责。

强化现代农业基础支撑。近年来，徐州市统一规划布局，实施高标准农田建设项目，建成的高标准农田占全市耕地面积的比重已达 7 成。至

2021年年底，徐州市在国内整建制率先基本实现主要农作物生产全程机械化。同时，进一步推广良种普及，综合采取多项措施防灾治灾，取得良好成效。

农机、种子、耕地是农业发展的物质要素，良机良种良田是现代农业的关键环节。《意见》提出，在连年丰收的高起点上，提高农业生产率，必须夯实相关农业基础条件和物质、科技支撑，补齐短板弱项。

高标准建设"吨粮田"。深入实施耕地质量提升工程，新建高标准农田69.43万亩。开展农业生产全程全面机械化推进行动，争创第二批省级全程全面机械化示范县，农作物耕种收综合机械化率达到86%。

建设乡村振兴科技支撑平台。推进全国农业科技成果转移服务中心淮海分中心建设，促进农业科技成果和种业科技成果转移转化。强化农业重大灾害防范应对，完善农业自然灾害防御机制，强化防灾减灾能力建设。

持续推动"两个增收"。在新一轮脱贫攻坚工作中，全市62万建档立卡低收入人口实现脱贫，269个经济薄弱村摘帽。徐州市脱贫攻坚战取得全面胜利后，工作机制、政策举措、机构队伍等衔接有序推进，脱贫成果得到巩固拓展。

鉴于部分脱贫地区群众收入水平仍然较低，脱贫基础还比较脆弱，为此，《意见》要求巩固拓展脱贫致富奔小康成果，持续推动农民和集体"两个增收"。

深入实施富民强村帮促行动。开展低收入人口常态化动态监测认定，及时落实各项帮扶措施，确保农村低收入人口可支配收入增幅高于农民平均增幅。

扎实推进农民收入十年倍增计划。健全完善农民收入持续较快增长长效机制，确保农民人均可支配收入增幅高于城镇居民平均增幅。促进农民就地就近就业创业，落实落细各类农民工稳岗就业政策，激发农民创业活力。

集体经济方面，巩固拓展资源发包、物业租赁、资产经营等发展路径，创新探索融合经济、绿色经济、服务经济、"飞地"经济，推广村村抱团、企村联建、村社融合等发展模式，确保全市村集体经营性收入增幅保持在 10% 以上。

加快构建乡村产业体系。多年来，徐州市在新时代新形势新要求下，推进农业供给侧结构性改革，加快转型升级，建设农业强市。全市粮食、蔬菜、林果、畜牧四大主导产业逐步做大做强，大蒜、食用菌、花卉、银杏等特色产业形成了一批"单打冠军"，农产品加工、休闲农业、智能农业也蓬勃跨界发展。

创新打造绿色、品牌、智慧农业是徐州现代农业发展的三大战略，建设农业强市是徐州市现代农业发展的一大目标。通过推进农业"三创一强"，可以实现徐州农业效益、质量和竞争力的全面提升。《意见》强调，聚焦乡村发展，加快现代农业强市建设步伐。

打造现代农业全产业链。制订实施农业全产业链培育三年行动计划，聚焦稻麦、水果、蔬菜、生猪四大重点全产业链和大蒜、银杏、肉鸭、肉鸡、食用菌、牛蒡六大特色全产业链，全面推行市级领导包挂、县级领导推进的"链长制"。统筹推进现代种养、冷链物流、休闲观光等重点领域招商，贯通产加销、融合农文旅，培育 1~2 个全产业链价值超百亿元的"链主企业"和典型县 (市、区)。

推进农村一二三产业融合发展。做优做强国家级中晚熟大蒜和苏系肉鸡优势特色产业集群，加快推进农产品加工业提档升级，做大做强农业产业化龙头企业，持续实施乡村休闲旅游农业发展三年行动计划。推进农业农村重大项目建设。开展农业农村重大项目提质增效年活动，聚焦稳产保供、产业融合、绿色发展等重点领域，建立健全财政奖补、土地供给、金融服务等机制。

强化"三农"政策支撑保障。2021

智能化设施农业效益好

年，市县两级设立 2 亿余元"三乡工程"专项资金，吸引各类下乡返乡人才 10500 余人，建成"三乡工程"创新创业园区 124 个；市级财政设立总额 3800 万元的农担业务风险补偿专项资金，累计服务经营主体 5223 户，撬动 28 亿元金融资金支持现代农业发展；持续深化农村综合改革，创新承包地、积极探索宅基地"三权分置"等，成效突出。

推进富民强村，有力的政策拉动不可或缺。《意见》明确，全面聚焦农村改革，强化"三农"政策支撑保障力度。

纵深推进"三乡工程"。完善乡村人才振兴工作体系，推动县域人才统筹培养引进使用，健全完善乡村人才市县镇村四级管理和服务网络。

落实农村综合改革任务。深化农村承包地和宅基地"三权分置"改革，全面加强承包经营纠纷调解仲裁工作。建立健全宅基地审批制度，分阶段逐步开展线上审批。做好集体产权制度改革"后半篇文章"，抓好确权登记、股份量化等成果应用。

健全多元化支农投入机制。深入推进涉农资金统筹整合，确保财政支农投入力度不断增强、总量持续增加。

培育壮大新型农业经营主体。建立新型经营主体发展联席会议制度。壮大市级农民专业合作社联合会力量，组建县级家庭农场联盟，引导农业经营主体抱团发展。实施农业社会化服务提质行动，把小农户引入现代农业发展轨道。

强化产业发展服务保障

推进农业社会化服务，是构建现代农业经营体系、转变农业发展方式、加快推进农业农村现代化的重大战略举措。近年来，徐州市坚持以"立农、为农、务农、兴农"为发展方向，以培育农业服务产业为目标，大力开展农业社会化服务，快速发展带动型规模经营，努力提高农业社会化服务质效，推进现代农业高质量发展，为全面推进乡村振兴、加快农业农村现代化提供有力支撑，取得了显著成效，在 2022 年 6 月 14 日全省农业社会化服务现场推进会上，徐州市做了经验介绍，受到了省政府领导讲话肯定。

建强三个主体，打造多层级经营体系。促进专业合作社服务提升。探索建立"党组织+龙头企业+合作社+农户"等多种发展模式,至2022年6月,全市有5109家合作社。在示范创建、品牌认证等方面给予重点扶持,累计创建国家级示范合作社31家、省级示范家庭农场279个。充分发挥供销合作综合优势。将农业社会化服务作为推进供销系统改革发展的重点领域,加快培育一批以涉农社有企业为龙头、基层社为基础的综合性服务组织。至2022年,全市供销系统镇级供销合作社有162个,年服务面积超500万亩。创新发展综合服务集成组织。构建"县、镇农业公司+村集体合作社+新型职业农民"服务集成组织,通过逐级向下扶持带动,实现小农户与现代农业发展有机衔接。2022年6月,全市县镇两级累计成立农业公司112个。睢宁"11841"新型农业经营体系入选全国改革年度案例。

做优三项服务,打通多环节服务链条。优化生产服务品质。发展"保姆式""菜单式"托管服务模式,推进"全程机械化+综合农事"新业态,为农民提供"一条龙"服务,耕种防收四个环节服务面积均达夏粮种植总面积的90%以上。围绕玉米大豆带状复合种植,探索整村、整组推进模式,专班开展技术指导和农机服务。提升供销服务水平。开展县域流通服务网络建设,重树农民对供销合作社的信赖,畅通农产品进城、工业品下乡双向流通渠道。2021年供销系统实现销售总额770亿元、农产品销售总额365亿元。强化金融服务支持。加大对农业经营主体的融资增信力度,2021年全市涉农贷款余额超2970亿元,三大主粮农业保险覆盖率达94%以上。

搭建三大平台,夯实多要素支撑保障。产权交易平台规范资源管理。推进农村产权交易标准化建设,全面推行土地经营权农村产权交易"应进必进",实现省市县镇四级产权交易市场"五统一"管理,确保土地经营权更多地通过交易市场公开流转、规范交易。以"三乡工程"平台加大为农服务投入力度。创新实施人才下乡、能人返乡、资本兴乡"三乡工程",推动更多资源要素汇聚农业农村。2021年,市县两级设立"三乡工程"专项资金2.1亿元,吸引11万名人才下乡返乡、200亿元工商资本落地农村,带动农民就业超11万人。以科技创新平台推动农业提质增效。构建农技推广机构、科研教学单位等参与的"农技推广服务联盟"，以先进适用的品种、技术、装备等推动农业生产。实施农业科技入户工程，委派新一轮 16 名农业科技特派员下县入园，依托"农管家"等智能平台，每年发布实施 20 余项农业主推技术，进一步强化科技指导和技术服务。

■资料链接

用新理念发展现代农业　夯实乡村振兴产业基础

杨亚伟

　　发展现代农业是乡村振兴的题中应有之义。习近平总书记指出，产业兴旺是解决农村一切问题的前提，要推进乡村产业振兴，紧紧围绕发展现代农业，围绕农村一二三产业融合发展，构建乡村产业体系。我市是农业大市，但对标省高质量监测指标体系，现代农业发展水平还不够高，粮食综合生产能力还不够强，农业产业链条依然较短，农产品精深加工短板仍较明显，发展质量效益有待进一步提高。当前我市发展现代农业亟需跳出思维的定式，创新发展理念，转变发展方式，变拼资源拼消耗向绿色可持续发展、变初级低端产品向中高端品牌化发展、变靠天吃饭向智慧农业发展、变单一产业向集聚融合发展，加快提升农业发展层次和质量，才能夯实乡村振兴的基层基础。

　　一、发展绿色农业，擦亮农业大市的"生态底色"

　　绿色农业，就是坚持生态优先、绿色发展，推动形成农业绿色生产方式，提升农业生态环境质量，建成供给保障有力、资源利用高效、产地环境良好、生态系统稳定、田园风光优美的农业强市，成为淮海经济区绿色农业发展的领头羊。

　　一是建设绿色生态徐州。过去我市的农田林网创造了全国的"徐州模式"，下一步重点是提质升级。围绕"两系三网"，即绿色生态体系、林网、水网、路网，突出抓好江淮生态大走廊、黄河故道沿线、采煤塌陷地等重点区域，构建绿色农业生态屏障。围绕"四大产业"，即果品、板材、银杏、乡村旅游，加快绿色产业融合，向千亿元产业迈进，构建绿色产业体系。围绕"三生（生产、生活、生态）共赢"，以国家农业可持续发展试验示范区建设为载体，加快构建生态友好型城市。

二是应用绿色生产模式。绿色产业方面，健全完善 10 项市级农业绿色标准化技术规程，应用稻麦绿色栽培、粮菜高效轮作、林牧立体种植、稻田综合种养、畜牧健康养殖等 5 种技术创新模式。生态循环方面，应用病虫害绿色防控、秸秆畜禽粪便循环利用、废弃物沼气发电新能源、高效节水农业灌溉，逐步形成点上小循环、园区中循环、市县大循环的农业绿色生产体系。力争年内农药使用量比 2015 年减少 2%、化肥施用量比 2015 年减少 5%、农膜回收率达到 90% 以上。

三是打造绿色美丽田园。深入推进农村人居环境整治三年行动计划，抓好农村生活垃圾处理、生活污水治理和农村厕所革命，着力提升村容村貌，加快改善农村居民生活环境。高水平打造一批省、市级特色田园乡村，同步推进省级美丽宜居乡村创建，加快建设绿色生产、科技示范、休闲旅游一体化的美丽生态田园综合体。到今年年底，建成省、市级特色田园乡村 60 个，省级美丽宜居乡村 600 个。

二、发展品牌农业，扩大"徐州农好"的品牌影响

品牌农业，就是大力培育一批品牌农业市场化主体，推动我市农业由数量、资源优势转化为市场、品牌优势，实现农业综合竞争力的全面提升，成为淮海经济区品牌农业创新的先行区。

一是积极培育区域公用品牌。我市农产品种类多、数量多，但叫得响的品牌不多，目前全市农产品区域公用品牌仅有 17 个。下一步，按照政府部门主导、行业组织推动的原则，突出县域或特色农产品优势区这个重点，加强农业示范基地和示范园区建设，建立品牌创建利益联结机制，打造形成"1+4+N"区域公用品牌格局，即确立"徐州农好"1 个全市区域公用品牌，打造 4 个分类区域品牌（徐州—上海蔬菜外延基地优质蔬果、徐州大米、徐州中强筋面粉、徐州甘薯),推出 N 个县域区域公用品牌,使其成为我市现代农业的"地域名片"。

二是加快打造企业产品品牌。以农业产业化龙头企业为品牌创建主体,发挥其引领带动作用,强化农产品质量认证及体系认证,使其成为带领小农户参与市场竞争、占领国内外市场的"主力部队"。制定出台扶持政策,积极鼓励农业产业化龙头企业按照不同消费需求,既生产符合大众消费需求的优质大宗农产品,又开发满足个性化、特色化需求的高端农产品,擦亮我市老品牌、打响新品牌。力争年内年销售额超亿元的企业产品品牌达到 20 个、年销售额超 5000 万元的企业产品品牌达到 50 个。

三是大力发展绿色优质农产品。立足我市生态优势、特色产业,打造绿色食品和有机农产品示范基地、绿色食品一二三产融合示范园、农产品地理标志示范带,厚植发展绿色优质农产品的基础。把开展无公害、绿色、有机和地理标志农产品认证,作为农产品品牌培育的重要方面,加快产地认定和产品认证步伐,增加有效数量和面积,提高产量占比,使其成为我市现代农业品牌创新的"基础力量"。力争今年年内新增绿色优质农产品 80 个以上,绿色优质农产品比重达到 65% 以上。

四是加大农产品营销推介力度。强化农业品牌宣传,通过在徐州高铁站、高速公路出入口张贴广告,向中央电视台、《人民日报》等权威媒体投放广告,联合徐州电视台开设"乡村振兴村村行"栏目等形式,全方位宣传推介我市农产品品牌。大力实施"南延北进外销"战略,强化与北京、上海、南京、苏州等城市对接,重点做好与上海市场的对接,以徐州—上海蔬菜外延基地建设为载体,进一步开拓我市米面油、禽蛋奶等各种农产品外销市场。积极参加各类农产品产销会,提升徐州展团形象,提高徐州农产品知名度和美誉度。

三、发展智慧农业,开启徐州农业的"数字时代"

智慧农业,就是打造一批物联网技术逐步覆盖的智能农业、现代营销手段不断提升的电商农业、管理服务与信息数据互联互通的数字农业,抢占现代农业科技创新的制高点,成为淮海经济区智慧农业创新的排头兵。

一是探索推进智能农业建设。按照"总体设计、分步实施"的原则，积极开展农业物联网应用试点、智慧农业示范园区建设、智慧监管服务体系项目建设，通过扶持典型示范带动，培育农业生产经营管理应用新模式，有序提升我市农业生产和监管等领域的智慧应用水平，逐步实现农业设施装备智能化、生产过程控制精准化、农业资源管理数字化、农业信息服务网络化。

二是大力发展农业电子商务。开展国家级、省级农业电子商务示范基地、农业电子商务示范县示范镇示范村创建，加快培育一批具有较大影响力的农业电子商务企业。全面推广睢宁县沙集电商模式，发展农业众筹、个性化定制农业。鼓励各类农产品交易市场开展网上分销和网上批发，通过跨境电商输出徐州优质农产品。今年力争农业电子商务交易额超过230亿元，创成一批国家级、省级农业电子商务示范基地。

三是着力提升数字农业建设水平。在充分调研和理清农业行业业务需求的基础上，加快建设"覆盖全市、统筹利用、统一接入、数据共享"的徐州农业大数据云平台。发挥市级农产品质量安全智能平台作用，实现市县全覆盖监管。加强益农信息社县级中心站软硬件建设，强化日常运营管理，运用"政府＋运营商＋服务商"工作机制，开发符合农业实情、满足农民需求的惠农项目，精准提供技术、产品和信息服务。实施农业信息进村入户工程，将便农服务延伸到"最后一公里"。

四、发展质量农业，厚植徐州农业的"发展根基"

质量农业，就是强化科技物质装备保障，大力发展农产品加工和各类新产业新业态，加强农业安全生产监管和农产品质量监管，稳定农业这个基本盘，保障农民持续增收，成为淮海经济区质量农业建设的领航者。

一是着力提升科技物质装备质量。以提高粮食综合生产能力为目标，大力推进高标准农田建设，力争年内新增高标准农田61.4万亩、占耕地总面积比重达到72%以上。整市推进粮食生产全程机械化创建，加快智慧农机、绿色环保农机装备与技术示范推广应用，切实提升农机装备质量。健全完善市县镇村四级农业科技推广服务体系，充分发挥淮海经济区农业科技创新与转化联盟、农业首席专家顾问和科技特派员作用，年内科技对农业贡献率比上年提高 1 个百分点以上。

二是加快提升产业融合发展质量。大力发展农产品加工业，高标准建设 7 个省级农产品加工集中区，突出抓好 21 个农业产业集群建设，着力打造一批骨干龙头企业、专业村镇和加工强县，实现农产品加工业质量效益和总量规模"双提升"。按照"点、线、片"相结合的思路，整合休闲观光农业点和乡村旅游资源，由点到线、以线连片，打造一批休闲观光农业特色村庄、乡村旅游区和精品线路，力争每个县（市）区今年至少新增 1 条国家级休闲农业和乡村旅游精品线路。加快国家农业产业融合发展示范园、省农村一二三产业融合发展先导区建设，打造一批乡村产业深度融合发展示范区，培育农业发展新动能。

三是切实提升农业安全生产监管质量。提高政治站位，增强安全意识，牢牢将农业安全生产工作抓在手上。聚焦渔业、农机、农药三大重点，严格生猪屠宰企业液氨制冷设施安全使用监管，部署开展农业领域安全生产专项整治，同步抓好农产品质量安全、非洲猪瘟禽流感重大动物疫病防控工作，确保我市农业生产安全形势稳定向好，为全市安全生产大局稳定作出应有贡献。

（全市"思想再解放、发展高质量"读书调研活动调研报告，2020 年 5 月 11 日）

■资料链接

《徐州市"十四五"农业农村现代化发展规划》发布
全面推进乡村振兴

9 月 3 日，市政府召开新闻发布会，发布了徐州市"十四五"重点专项规划——"美丽徐州"相关规划。由市农业农村部门牵头编制的《徐州市"十四五"农业农村现代化发展规划》是全市"美丽徐州"领域的重点专项规划之一。

根据该规划,徐州市全面推进乡村振兴,加快农业农村现代化,聚力打造现代农业示范区、绿色发展先行区、乡村善治引领区、幸福乡村标杆区、城乡融合先导区,为全面建设现代化国家开好局、起好步提供有力支撑。到 2025 年,乡村振兴成效更加明显,农业农村现代化取得重大进展。

到 2035 年,乡村振兴取得决定性进展,农业现代化与新型工业化、信息化、城镇化基本同步,基本实现农业农村现代化。农业实现高质高效,乡村实现宜居宜业,农民实现富裕富足。

大力推进农业农村现代化

市农业农村局副局长黄广杰介绍,《徐州市"十四五"农业农村现代化发展规划》共有十一章五十节,分为前言、规划背景、总体要求、推进措施、实施保障五大块。

规划依据的发展思路是,按照产业兴旺、生态宜居、乡风文明、治理有效、生活富裕的总要求,全面推进乡村振兴,加快农业农村现代化,聚力打造现代农业示范区、绿色发展先行区、乡村善治引领区、幸福乡村标杆区、城乡融合先导区,为全面建设现代化国家开好局、起好步提供有力支撑。

该规划确定了"十四五"期间徐州市农业农村现代化发展的主要任务:到 2025 年,乡村振兴成效更加明显,农业农村现代化取得重大进展。到 2035 年,乡村振兴取得决定性进展,农业现代化与新型工业化、信息化、城镇化基本同步,基本实现农业农村现代化。农业实现高质高效,乡村实现宜居宜业,农民实现富裕富足。

持续实施农村人居环境整治

"十三五"以来,我们突出农村人居环境整治建设,全市农民生活环境持续优化,城乡生活垃圾无害化处理率 100%,农村户厕有效使用率 90%,农村生活污水处理设施行政村覆盖率达到 70.4%。累计创建省级美丽宜居乡村 800 个、省市级特色田园乡村 59 个。

据介绍,"十四五"期间,徐州市将大力实施农村人居环境整治提升五年行动。

推进农村生活垃圾治理。到 2025 年,实现城乡生活垃圾全量焚烧、无害化处理率达到 100%,全市 60% 的行政村推行农村生活垃圾分类制度。

开展厕所粪污治理。合理选择改厕模式,到 2025 年,实现建有公厕自然村全覆盖,农村户有效使用率达到 98%。

大力推进农村生活污水治理。深入开展农村生活污水治理提升行动,到 2025 年全市农村生活污水处理设施行政村覆盖率达到 100%,入户率达到 60%。

打造特色田园乡村。聚力打造特色田园型村庄,到 2025 年,全市建成省级特色田园乡村 100 个、市级 150 个。

八大举措保障规划有效落地

规划提出,全市"十四五"期间积极谋划八大重要举措。一是提高农业质量效益和竞争力。二是推进乡村产业发展。三是实施乡村建设行动。四是加强乡风文明建设。五是提升乡村治理水平。六是保障和改善农村民生。七是巩固拓展脱贫攻坚成果。八是创新体制机制。

同时,规划设置了"十四五"期间全市农业农村重大项目清单,推进重要措施项目化、节点化管理;排出了"徐州市'十四五'时期农业农村发展主要指标""大力发展县域特色主导产业""现代种业建设工程"等十大专栏,为规划落地提供强力保障。

(《徐州日报》,2021 年 9 月 8 日)

第三节　徐州市乡村振兴的实践成效

总的来看，我市乡村振兴迈出了坚实步伐、取得了明显成效、实现了良好开局。近年来，我市围绕乡村振兴"三创一强"目标定位，聚力在农业现代化、农村现代化、农民现代化和农村改革创新上下功夫，趟出了一条徐州乡村振兴之路。

一、农业现代化方面

农业现代化，是指从传统农业向现代农业转化的过程和手段，其实质是农业发展的可持续，具体是"三个可持续"，即农业产业可持续、资源环境可持续、农村社会可持续。

推进农业现代化，必须有一个平台载体。2016 年 8 月，农业部联合国家发展改革委、科技部、财政部、国土资源部、环境保护部、水利部、国家林业局等八部委正式启动国家农业可持续发展试验示范区创建，我市不失时机紧紧抓住这一平台，组织申报创建。建设国家农业可持续发展试验示范区，是贯彻绿色发展理念、推动生态文明建设、转变农业发展方式、补齐资源环境短板、加快农业现代化、促进农业可持续发展的重要抓手，对探索中国特色农业可持续发展道路具有重要意义。2017 年 12 月，我市经三轮申报、专家答辩，以全国地级市第一名的成绩，荣获首批国家农业可持续发展试验示范区暨国家农业绿色发展先行区称号。在拿到这个金字招牌后，全市聚力推动实施建设，开启了我市农业现代化建设新一轮高潮。

那么，推进农业现代化要把握哪些方面？

（一）产业可持续是推进的重点

产业振兴是乡村振兴的基础，是农业现代化的根本要求。我市以现代农业发展为重点，实现了结构优化、质量提升、功能拓展、效益增强的农业现代化新格局。

1. 农业产业体系基本形成

现代农业"483"产业体系：4 大主导产业，即优质粮食、设施蔬菜、高效林果、生态畜牧；8 大特色产业，即大蒜、食用菌、花卉、银杏、牛蒡、山羊、奶牛、观赏鱼；3 大融合产业，即农产品加工业、休闲农业、智能农业。重点打造 21 个现代农业产业集群，提升农业产业化水平。2018 年，市政府出台《关于大力发展农产品加工业的实施意见》后，我市农产品加工业有了快速的发展，至 2023 年 6 月，省级以上农业龙头企业数量居全省第二。

推进优势特色产业大发展

近年来，徐州市持续深化农业供给侧结构性改革，立足实际做足做活"土特产"大文章，坚持科技赋能加快优势特色产业升级发展，不断推动农产品加工业转型升级，着力培育农村新产业新业态新模式，增强市场竞争力和可持续发展能力，进一步拓宽农民增收致富渠道。围绕 8 大特色产业，全市重点培育 21 个产业集群，取得显著成效。其中徐州市大蒜产业集群入选国家级优势特色产业集群，年出口量占全国总量 35% 以上。现代农业园区建设加速推进，建成国家级和省级现代农业产业园（示范区）11 个。大力推进数字农业建设，建成省级数字农业基地 28 个。着力打造特色农产品品牌，全市农产品地理标志商标达 17 个、绿色食品和有机农产品认证 1107 个。农产品加工业持续壮大，市级以上龙头企业达 208 家，2022 年加工产值突破 1200 亿元，同比增长 6.7%。电商新业态蓬勃发展，2022 年特色农产品网络销售额达 226 亿元，培育出"沙集模式"升级版。

在全市 8 大特色产业发展中，大蒜产业形成的集群引领效应尤为突出。

2021 年 5 月，徐州发布 2021 年度振兴徐州老工业基地创新实践类项目立项，"优势特色农业——徐州中晚熟大蒜产业集群建设项目"名列其中，并且是全省唯一获批中央财政首批重点扶持的项目，获中央扶持资金 3 亿元。

徐州是全国 3 个大蒜优势产区之一，基础好、规模大、质量优，特色优势明显。作为全市重点发展的食品和农副产品加工业中的重点产业，

徐州大蒜产业已实现全产业链布局

徐州大蒜系列产品在国内外具有很高的知名度和美誉度。

徐州大蒜产业相对优势明显，已实现全产业链布局，从事大蒜商贸和加工企业近 300 家，其中国家级产业化龙头企业 2 家、省级 10 家，年出口大蒜连续多年超过 30 万吨，年出口额 4 亿美元以上。产业集群初具规模，建成大蒜国家级出口食品农产品质量安全示范区 1 个、省级出口农产品示范基地 15 个，认证面积 70 万亩，产品出口 104 个国家和地区。国家级龙头企业江苏黎明食品集团有限公司是全省唯一荣获 2020 年省长质量奖提名奖的农业企业。人才科技沉淀丰厚。徐州市农业科学院大蒜研究团队是国家特色蔬菜产业技术体系大蒜品种改良岗位科学家团队，徐州医科大学等驻徐高校在大蒜精深加工技术积累、综合开发利用等方面获得多项成果，黎明公司已建成国家企业技术中心、国家蔬菜加工技术研发分中心两个国家级技术研发平台。

但是，随着产业快速发展，许多问题也亟待解决。例如，优良大蒜品种单一，特别是抗叶枯病、锈病和其他病害的品种以及适宜作为大蒜片生产、大蒜素提取等加工使用的品种缺乏；生产技术比较落后，大蒜优势产区转型升级技术推广力度不足，可降解（回收）地膜覆盖应用少，水肥统筹模式落后，机械化程度低；加工产品科技含量低，产品仍停留在初级农产品阶段，深加工产品尤其是新食品、保健品和原研药研发等方面较国际高端产品需求存在较大差距；鲜蒜收储价格受市场影响波动较大。

为了系统解决这些问题，徐州市农业农村部门借鉴工业项目集群建设经验，全力推动大蒜产业发展。早在 2018 年 3 月，市政府便实施了《徐州市农业产业集群建设实施方案》。大蒜产业集群是全市重点建设的 21 个优势特色农业产业集群之一，2020 年获批全国首批 50 个重点建设的优势特色农业产业集群后，市政府主要领导同志专门作出批示：要抓紧研究编制"十四五"大蒜产业发展规划，真正将该产业做大做强，成为名副其实的国家优势特色产业集群。

市农业农村局提出，要推动徐州大蒜产业品种研发高端化、栽植管护绿色化、产地初加工标准化、企业精深加工康养化医药化，推动全市大蒜生产由"小特产"升级为"大产业"，空间布局由"平面分布"转型为"集群发展"，大中小微等各类生产经营主体由"同质竞争"转变为"合作共赢"，成为全市传统农业产业转型升级的标杆和示范。

以绿色化为基础不断提升徐州大蒜商品化供给率。在国内外市场形成绿色化大蒜原料"徐州车间"。围绕邳州白蒜等地方品种，加快推广徐蒜系列大蒜新品种，加快在徐州本地建立大蒜原种核心种植基地和良种扩繁基地，实质性、跨越式突破徐州大蒜产业专用品种选育和良繁体系建设。以化肥和农药使用量持续降低、大蒜种植地膜回收利用率逐年提升、精准化节水灌溉、病虫草害绿色综合防控等为主要内容，全面推广大蒜绿色环保栽培技术。进一步加快大蒜种植、收获机械化进程。

加快系列化大蒜加工产品开发。调整优化黑蒜、大蒜调味品、大蒜酒以及蒜粒、蒜片、蒜粉、蒜蓉等系列产品结构，进一步培育做强大蒜初加工产业。依托现有平台，引进国际领先的大蒜精深加工研发团队，组织开展大蒜新食品、保健品、药用品特别是原研药技术攻关。组织大蒜精油、大蒜多糖、大蒜黄酮等产品开发，加快大蒜活性成分提取产品研制进程，全力推动以大蒜提取物为保健食品原料的溶血栓活性多肽益生菌、降"三高"的大蒜素等产品实现产业化。

加速网格化大蒜营销市场构建。建设一批经济实用的产地型大蒜仓储保鲜冷库以及预冷设施。进一步稳固并拓展国外市场，完善国内大蒜市场营销体系，加快邳州黄滩桥 10 万吨大蒜交易市场、丰县首羡大蒜交易市场建设步伐，全面提升改造邳州市宿羊山大蒜批发交易市场软硬件设施等。

做大"徐州大蒜"等区域公用品牌。积极探索区域公用品牌授权使用机制，做大以大蒜产业为主营业务的省级以上农业产业化龙头企业品牌。鼓励其他各级各类农业龙头企业深度参与全市大蒜产业集群建设，培育大型大蒜产业企业集团。做强产品品牌，促进全市大蒜资源开发更深、业态类型更多，将单一出口鲜食大蒜扩大到出口精深加工产品，进一步提升徐州大蒜的全球市场覆盖面和影响力。按照规划，到 2023 年年底，徐州以中晚熟头蒜为主的集中连片绿色种植基地面积将稳定在 110 万亩以上，年总产值力争突破 400 亿元，带动 90 万人就业；以大蒜产业为主业、年销售收入 3 亿元左右的农业产业化龙头企业争取达到 10 家左右，"邳州白蒜"等区域公用品牌、"黎明食品"等企业品牌、"好蒜道"等产品品牌的影响力和美誉度大幅提升。至 2022 年，徐州已提前实现了这些目标。

推动乡村产业全链条升级

产业兴旺，是解决农村一切问题的前提。

习近平总书记在党的二十大报告中强调，"发展乡村特色产业，拓宽农民增收致富渠道"。

强国必先强农，农强方能国强。徐州是江苏省的农业大市，发展有基础、保供有特色、产业有"拳头"。在高质量建设淮海经济区中心城市进程中，建强农业更是其内在要求和题中应有之意。

近年来，徐州市先后获批创建 1 个国家现代农业产业园（邳州）、1 个国家农业现代化示范区（睢宁）、8 个国家农业产业强镇（首羡镇、安国镇、时集镇、魏集镇、塔山镇、棠张镇、河口镇、大沙河镇）、9 个省级农业产业园区（"十三五"时期，7 个涉农县市区实现全覆盖，领全省之先，2022 年新增贾汪紫庄、铜山沿湖）、9 个省级农产品加工集中区（邳州有 3 个，其他 6 个涉农县市区分别有 1 个）。累计创建国家级农业龙头企业 9 家、省级农业龙头企业 90 家，培育家庭农场 2.2 万个、农民专业合作社 5509 家，农业适度规模经营占比达到 60.3%。国家级电子商务进农村综合示范县实现全覆盖。

徐州市委农村工作会议提出，紧紧扭住精深加工这一关键环节，加快补齐产业链短板，把食品及农副产品特色创新产业集群打造成为全市产业发展的新亮点。

食用菌又到丰收季

如何让全市产业发展在农业现代化中找到强劲支撑？徐州从"特"字破题，深入实施精深加工提档工程，加快建设千亿特色创新产业集群。各地从"特"字入手，集中发力，补齐产业链短板，让"拳头"产品在市场上真正形成竞争力。

围绕主导产业，聚力产业链招商。在位于睢宁县姚集镇的鸿运生物年产 10 万吨菌菇生产及加工项目建设现场，该项目一期 4 栋共计 12 万平方米的高标准厂房主体结构已经完工，4 号厂房已达到交付标准。该项目固定投资约 10 亿元，计划建设可年产 3 万吨金针菇、1.5 万吨白玉菇、3 万吨杏鲍菇等生产线及年产 3 万吨菌菇深加工生产线。2022 年，姚集镇围绕食用菌产业持续延链强链补链，招引上下游相关项目入驻，年产 1500 吨蔬菜脱水烘干加工项目就是其中之一。该项目于 2022 年 6 月落户姚集，11 月份开始动工建设，正在进行厂房钢结构建设。

在实施乡村振兴战略中，必须一以贯之地坚持绿色发展。睢宁县坚持生态优先、绿色发展理念，积极推进"两品一标"认证创建，至 2023 年年初，全县有绿色食品获证产品 62 个，获有机转换认证证书的产品 15 个，有机产品 1 个，地理标志证明商标 4 个，种植业绿色优质农产品占比达 62%，极大提升了农产品质量效益和竞争力。

提升附加值，带动全链条。在国家级农业产业化龙头企业江苏黎明食品集团全资子公司福多美的生产车间里，工人们正在加工的复水蒜粒主要销往欧洲。立足大蒜产业全产业链发展，邳州宿羊山镇充分发挥龙头企业带动作用，不断延伸产业链条，为推动乡村振兴筑牢产业基础。2022年，宿羊山镇大蒜产品占全国大蒜出口量的29.1%，占江苏省大蒜出口量的90%以上，大蒜产业已实现了种植标准化、销售规模化、加工精深化。

邳州新河镇发挥润客龙头企业带动作用，围绕肉鸡养殖、稻米等特色产业，形成特色农业产业集群。由江苏益客食品集团股份有限公司投资的润客食品项目已投产，配套建设的养殖场投入使用，已形成一二三产融合发展的态势，实现了从源头到餐桌的闭环。

近几年，邳州聚焦产业发展，着力打造三产融合高地。邳州大蒜产业园通过省级现代农业产业示范园认定，全省肉鸡产业集群现场推进会在邳州召开，省级农产品质量安全县创建通过验收。宿羊山镇大蒜基地成功入选全国第一批种植业"三品一标"基地；车辐山富硒大蒜基地获批省级现代农业全产业链标准化基地。

调整产业结构，科技助农兴农。增加农民收入，是农业和农村工作的重要任务。要提高农业经济效益，就要调整农村产业结构。走进新沂市时集镇水蜜桃设施栽培示范区温室大棚，大棚内一派生机盎然，新引进的早醒水蜜桃朵朵桃花竞相绽放、娇艳动人，散发出春天的气息，孕育着丰收的新希望。"这个品种我们头一年引种，目前长势不错，总体嫁接到位。这个品种从室外引进棚里，有一年的过渡期。"种植户老吴说，新品种的引进带来了新的希望，也给种植管理带来了新的挑战，比如，如何授粉、何时通风、棚内温度控制等一系列管理工作都需要认真把握，不能出丝毫差错，甚至每棵树保留多少颗桃子也要精心盘算，为的就是确保桃子能够提早上市，抢占市场。可喜的是，通过自身的学习摸索和镇村的技术指导，老吴取得了不错的收入，尝到了产业结构调整带来的甜头。

近年来，新沂市创新性开展种养殖业产业结构调整，扩大设施蔬菜、甘薯、毛豆、鲜食玉米、花生等种植，引导奶牛、肉牛、蛋鸡、白玉蜗牛等特色养殖扩大规模。持续提升水蜜桃、葡萄物流中心服务能力，深化与大院大所合作，推动农业产业研究院和亚夫科技服务工作站实质化运行水平，不断提高科技助农兴农实效。

龙头企业带动，联农带农致富。农业产业化龙头企业是乡村产业振兴的生力军，在乡村产业振兴中具有举足轻重的地位。近年来，丰县支持农业产业化龙头企业充分发挥龙头带动作用，

凯佳食品：精细分割线车间

不断创新和丰富产业化组织模式，逐渐形成培育一个企业、壮大一个产业、致富一方百姓的新发展格局。2022 年 8 月 29 日，走进徐州凯佳食品有限公司，可以看到，在分割车间内，工人们案上操作十分娴熟，冷鲜肉加工、肉制品加工、冷链物流等生产工序也是一片热火朝天的景象。

"徐州凯佳食品有限公司是一家集生猪屠宰、肉制品加工、速冻食品冷链物流为一体的大型肉类食品生产企业，是经国家出入境检验检疫局备案的出口食品生产企业。"该公司总经理张传平介绍说。"凯佳食品"在丰县总投资 15 亿元，建设了生猪屠宰线、精细分割线、高低温肉制品及速冻产品生产线，同时配套建设 2 万吨冷库，打造集农业、工业、商业、物流业于一体的"横向一体化，纵向一条龙"的新型肉类经营业态，有力带动了当地养殖业的发展，促进了农民增收致富。

徐州佳合食品有限公司是一家集种鸭养殖、苗鸭孵化、肉鸭养殖、肉鸭屠宰加工和饲料加工为一体的国家级农业产业化重点龙头企业。据公司负责人介绍，公司下设 8 个分公司，其中 2 个肉鸭屠宰加工厂，日屠宰加工 10 万只；2 个鸭苗孵化厂，年孵化量 2000 余万只；3 个种鸭养殖场，常年存栏量 20 万只；1 个年出栏 200 万只的肉鸭示范养殖场，在丰县及周边地区拥有稳定合同鸭养殖户 2000 多户，肉鸭产业链不断完善。

沛县是我国最大的肉鸭养殖基地，其肉鸭在孵化、养殖、加工等方面超过 1 亿羽，年产值超过 150 亿元，已形成以江苏忠意食品集团、江苏桂柳牧业集团等为龙头的生态肉鸭产业链。2022 年 8 月 28 日，江苏忠意

食品集团有限公司加工车间内，一只只肉鸭经过一系列加工工序后，被送入冷冻车间，再经细致包装，销往全国各地。

"从鸭苗孵化到肉鸭养殖，从建起肉鸭屠宰加工产业到鸭类肉制品深加工，作为国家级农业产业化重点龙头企业，江苏忠意食品集团一直致力于全产业链发展，在沛县及周边地区拥有稳定合同鸭养殖户6000多户，肉鸭产业链正在不断完善。"该公司副总理李文静介绍说，"为确保养殖户无后顾之忧，保障农民的利益，公司为养殖户开通了养殖热线电话，并安排专人随时上门提供服务，确保养殖户每只肉鸭获利3至5元，每年可养6批肉鸭，每户年收入在30万元左右。"

2022年12月2日，江苏桂柳牧业集团有限公司的一间占地1500平方米的孵化车间内，40台孵化机和6台除壳机整齐排开，工人们将鸭蛋放入孵化机。这样的车间，全公司有35个，靠着精细化管理，孵化周期只需要28天，日均孵化种蛋近80万枚。公司总经理秦子强介绍说："这些年来，我们以'公司＋农户＋基地'的模式大力发展种鸭和肉鸭养殖，带动了广大农户增收致富，为农民群众过上更好的生活作出了积极努力。"

坚持绿色生态，发展特色产业。黄集的黄桃、房村的梨、何桥的土豆、大许的"双辣"、刘集的葡萄、台上的草莓……在徐州市铜山区，越来越多的乡村有了愈加鲜明的产业"标识"。靠特色突围出圈，铜山乡村振兴找到了可持续发展的强劲动能。来自铜山区农业农村局的一组数据显示，借势特色产业发展，铜山区农村居民年人均可支配收入持续攀高，达到27760元。

发展乡村特色产业，产品必须先拿得出手。铜山在绿色发展上做文章，通过加强园区绿色、有机产品论证、品牌培育和环境治理、农业废弃物综合利用等多种途径，促进绿色发展。至2023年年初，省级园区有4万亩小麦、4万亩水稻、12万亩果蔬成功通过国家级认定，45个产品荣获绿色、有机产品认证证书，"二品一标"认证农产品比重达到93%。发展乡村特色产业，必须走规模化发展道路。铜山在联动发展上下功夫，重点编制实施黄河故道、五环路、东部片区农业产业发展规划，构建形成"两带四区"现代农业新格局，着力提升产能、提升品质、提升效益，打造乡村产业发展高地,形成区域增长极和乡村经济战略支点。发展乡村特色产业,必须走可持续发展道路。铜山区在延链强链上花力气,全力打造现代农业全产业链,制订实施农业全产业链培育三年行动计划,聚焦优质粮油、生态果蔬、绿色生态畜牧产品三大重点全产业链,全面落实区级领导推进的"链长制"。至 2023 年 6 月,全区共培育农业产业化龙头企业 110 家,80% 以上的农户逐步参与到农业产业化生产链条中,越来越多的农民走上"坚持绿色生态,发展特色产业"的农业增收致富之路。

提升产品品质,培育深加工品牌。稻谷堆成小山、两条自动化生产线日夜运转、等待装载大米的车辆排成长队……2023 年元宵节刚过,在位于贾汪塔山镇的省级农产品加工集中区内,张场米业有限公司开足马力满负荷生产,冲刺一季度开门红。"公司占地约 150 亩,拥有两条自动化生产线,年加工能力 30 万吨,是苏北地区单体规模最大、淮海经济区整体规模最大的大米生产企业,被评为苏米核心企业。"公司创始人张恒雨介绍道。

近年来,贾汪区大力推动优势特色农业提质增效,努力把优质特色"农业"变成强村富民"产业",坚持用产业化思维提升农业,深入实施农副产品精深加工提档工程,大力培育农业产业化龙头企业,不断夯实产业振兴"强"的基础。

"目前,贾汪区农产品加工业主要以谷物磨制、饲料加工、水果加工为主,有区级以上农业产业化龙头企业 56 家。张场米业被评为第七批农业产业化国家级重点龙头企业,生产的大米被认定为'绿色食品 A 级产品',年加工能力 30 万吨,拥有国家知识产权专利 3 项。另有省级龙头企业 5 家、市级龙头企业 16 家、区级龙头企业 34 家。"贾汪区农业农村局相关同志介绍,该区始终将培育品牌放在突出位置,不断提升产品品质,加大宣传推介力度,金维食品"时时乐"素火腿被评为江苏省名牌产品,张场米业恒舜牌系列杂交大米被评为徐州市名牌农产品。同时,注重引导企业申报精深加工产品绿色食品认证,绿健脱水菜蒜粉和蒜粒、坤元食品厂黄桃罐头,均获得绿色食品认证。

成立于 2010 年 5 月的徐州市张场米业有限公司,位于贾汪区农产品加工集聚区，是一家集稻谷收购、加工、销售于一体的农业产业化龙头企业，2015 年入选省级农业产业化重点龙头企业，2021 年入选国家级农业产业化重点龙头企业，在第二届中国"好米榜"评选暨农产品展销活动中，该公司选送的产品喜获银奖。该公司拥有国家知识产权专利 3 项，先后注册"恒舜""苏北王"商标，产品先后通过质量管理体系、食品安全管理体系认证和良好生产规范认证；企业联农带农作用突出，积极履行社会责任，公司拥有固定员工近百人，解决周边乡镇就业人员 200 余人，年销售额 2 亿元以上。企业在优先消化本地稻谷的基础上，积极解决周边地区稻谷销售问题，"恒舜"牌优质晚籼米系列产品享誉省内外，金丝晚优和苏北王畅销广东、湖北等 20 多个省市。

该公司采用"公司 + 基地 + 农户"的产业化运作模式，以企业为龙头，以基地为依托，实行产、加、销一体化服务，通过订单收购、吸纳务工等方式，带动农户就业，促进农户增收，在贾汪及其周边地区建立了优质稻米种植基地。

公司总经理张东强是一位富有开拓创新精神的年轻人，他表示，公司正紧紧抓住一二三产业融合发展契机，大力研发优质精装大米，在做大做强本地市场的同时，着力开拓新疆、山东、河南等市场，不断提升公司产品市场份额，努力增强企业市场竞争力。

推动转型升级，提升经济优势。近年来，徐州市通过培大育强农业龙头企业引领推动乡村产业振兴，充分发挥农产品加工业连接一产和三产的载体作用，着力变生产优势为经济优势。在以邳州大蒜为主体的中晚熟大蒜产业集群，2020 年入围首批国家级优势特色农业产业集群之后，邳州肉鸡作为重要组成部分之一的"江苏肉鸡产业集群"，入围国家"2021 年优势特色产业集群建设名单"；肉鸭、银杏、果品、牛蒡等一大批产业集群，后发势头强劲，农业产业化步伐不断加快。

走进江苏农爱田生物科技有限公司，生产线上的工人穿着食品防护服，正对蒜米进行质量分拣。这家大蒜加工企业，正在由单一的保鲜大蒜等农产品初级加工企业，发展成集农副产品收购加工、冷储保鲜、科技创新、产品研发、复合调味料生产、出口贸易、电子商务、信息物流、境外投资等于一体的农业产业化国家级重点龙头企业。

"2022年9月，海外仓的销售额达到8000万元，创下了历史新高。"站在通过海运运到印度尼西亚雅加达和泗水两个海外仓的货柜专车前，该公司董事长付保华一脸兴奋地说，"8000万元在数年前是农爱田一年的销售额，如今通过海外仓，仅一个月就完成了原先一年的销售额。"

农爱田公司借助铜山区内大许镇、单集镇等地丰富的大蒜资源，专门成立种植技术指导小组，在大蒜种植区大力推行绿色无公害种植，有效提高了产品质量，拥有良好农业规范认证基地4.18万亩、绿色食品认证基地1.6万亩，引领带动当地农民种蒜增收，实现富裕的目标。该公司被农业农村部认定为"2023年农业国际贸易高质量发展基地"。

立足大蒜产业，徐州市把大蒜种在了产业链上，不断强链补链延链，以新产品的开发增加农产品附加值，成功把"一头蒜"做成"一头蒜的系列朝阳大产业"。

辣椒育种是沛县敬安镇的特色传统产业，有近50年的发展历史。近年来，敬安镇大力招引辣椒育种产业人才，用科技赋能企业发展，再以龙头企业带动全镇育种产业发展。全镇辣椒育种面积达2万亩，平均亩纯效益1.5万元，每年实现育种生产产值近5亿元，直接带动镇内近5万农民致富，种植地辐射带动周边3省5市，产销占据全国辣椒育种市场的"半壁江山"。2019年6月，中国工程院院士邹学校及其科研团队在敬安镇成立"中国工程院辣椒院士工作站"；2022年6月，以此为依托，沛县推动成立了江苏省辣椒制种产业技术创新战略联盟，根据当地栽培实际情况，研究总结高产稳产的栽培育种技术模式，实现辣椒育种产业节本增效。其中，位于敬安镇的江苏恒润高新农业发展有限公司、江苏苏润种业股份有限公司作为高新技术农业龙头企业发挥了重要作用。

在恒润农业公司科研区的大棚内，几十名农业工人正忙着给新品种辣椒分苗。公司总经理卢鹏是一名年轻人，眉宇间透着精干，又有着厚实的专业经验。他介绍说，公司每年稳定种植面积达到6000亩，随着投资800万元、占地2600平方米的现代化交易中心的建成使用，公司有信心进一步做大做强辣椒制种全产业链。

作为老粮食加工企业，维维集团股份有限公司集中资源，发挥优势，大力发展粮食初加工主业，推动粮食精深加工，做强绿色食品企业。同时，公司作为大豆精深加工企业，积极响应国家号召，发挥带头作用，精耕深耕食品饮料主业，利用品牌、技术、渠道、产业链等优势，从"豆奶大王"变身"粮食大王"。公司正在稳步推进"产业双百亿带动千亿级产业集群"发展战略规划逐步落地，争取粮食和食品饮料产业双双过百亿，在徐州打造出一个千亿级粮油食品产业集群。

建强平台载体，扩大市场优势。围绕有基础、有特色、有潜力的产业，建设更多载体和平台，变资源优势为市场优势，以品牌提升市场、以市场稳定规模、以规模促进效益，推动徐州特色农产品风行天下。

聚焦"延链补链""接二连三"，我市实行主导产业"链长"挂帅招商、"链主"以商招商机制，重点招引方便食品、保健食品、天然植物萃取、全程托管生产性服务等项目，集中攻坚国家级农业产业化龙头企业等投资体量大、带动能力强的头部企业，培优育强"徐州籼米""邳州白蒜""新沂水蜜桃"等区域品牌，制订市级农产品区域公用品牌策划运营方案，建立以区域公用品牌为龙头、企业品牌为主体的徐州特色品牌标识体系和运营推广机制。

在沛县经济开发区汉润路西侧、东风路北侧的"汉兴1978"电商产业园，新农菁英助农直播间里，杨绍金等主播正在推销沛县的农特优产品。牛蒡酱、沛县冷面、细粉、黄桃罐头……观众们在主播的介绍中纷纷下单。杨绍金联合创新创业团队打造的"苏创优青"农产品品牌，在果品种植业打造了"桃小桃""桃相会""沙河桥农场"等十多个联营品牌，在养殖业孵化培育了"阳小蟹""洋小蚝""洪福鱼"等合作品牌。加上"老沛城""沛宫""汉刘邦"等地域品牌，沛县农产品的名头日渐响亮。

在邳州铁富镇姚庄村，两侧排列的银杏树一眼望不到头，这里就是远近闻名的银杏"时光隧道"。生态优势带来了产业兴旺，姚庄村一些赋闲在家的劳动力做起了小生意，销售银杏果、豆类、花生等土特产，在家门口实现增收。全村种植银杏树2700多亩，打造"苗、树、叶、果"四位一体的银杏综合生产基地，推动邳州银杏全产业链开发，构建起银杏食品、保健品、生物制药等中高端产业体系。

在丰县华山镇，徐州华瑞芦荟制品有限公司拥有 2000 多亩芦荟种植基地，是一家专门从事芦荟种植、加工的农业龙头企业。近年来，始终坚持创新引领、全产业链发展，先后开发上市多种芦荟汁、芦荟精面、即食芦荟、即食芦荟燕窝、芦荟化妆品、芦荟凝胶液等系列产品，受到广大消费者的青睐和好评，促进了产业发展、企业进步和农民增收。

在丰县天益食品有限公司的车间里，牛蒡正在"变身升级"。生产线上，工人们正对牛蒡进行分拣、灭菌。牛蒡被加工成牛蒡茶、牛蒡酥等特色产品，销往全国各地，身价也随之涨了好几倍。公司负责人介绍，公司不断强链延链补链，以新产品的开发增加农产品附加值，成功把"牛蒡"做成"牛蒡系列朝阳产业"。公司拥有深加工生产线 20 多条，牛蒡酱、茶、酥、果冻等产品卖到全国。在丰县，中央厨房、凯佳食品、大红德邻等 20 余家"农字头"领军企业带动当地农副产品加工呈现跨越式发展。

全环节升级、全价值提升、全产业融合，现代农业高质量发展步履铿锵。2022 年，全市农业总产值与农业增加值持续位居全省前列，纳入省重大项目管理系统项目 262 个，入选省级示范项目 14 个，项目个数和投资额均居全省第一。沛县敬安镇获评全国"一村一品"示范村镇，贾汪区耿集镇等 3 个镇被评为全国乡村特色产业超十亿元镇，睢宁县邱集镇仝海村等 4 个村被评为全国乡村特色产业超亿元村，江苏鑫瑞源食品有限公司成功入选全国农业国际贸易高质量发展基地。

走进徐州广勤米业有限公司（简称"广勤米业"）生产车间内，4 条全自动新型稻米生产线正在全速作业。经过原料处理、砻谷、重力分离等工艺，工作人员熟练地将包装袋放置在封口机下，50 斤一袋的大米迅速打包完成，经传送带传入运输车辆中，被发往全国各地。像这样满载35 吨精米的重卡车，一天能从广勤米业开出 22 辆。也就是说，广勤米业一天最高产量近 800 吨。这家于 2010 年成立的集种植、收购、烘干、仓储、加工、销售为一体的"米店"，真正以"一粒米"带富了"一村人"。

位于沛县魏庙镇佟场村旁的广勤米业在佟场村拥有有机转换稻米基地 2600 亩，探索实行"公司＋基地＋农户"的经营发展模式，部分种植基地实施数字化气温监控物联网措施。该公司是国家农业产业化重点龙头企业、国家粮食行业协会授予的"全国放心粮油示范加工企业"，公司生产过程贯彻 ISO 22000 食品安全管理体系和 ISO 9001 国际质量管理体系，荣获双认证证书。"广勤"牌粳米荣获农业部"第十三届中国国际农产品交易会参展产品金奖"称号，并被中国绿色食品发展中心复评授予"绿色食品"称号。

广勤米业总经理郑茂栋介绍说，广勤米业受益于农业，更离不开农业的发展支持。公司先后成立了沛县协心家庭农场、沛县万丰农机专业合作社、徐州市广勤优质稻米产业化联合体、徐州广勤粮食储兑商行等新型农业经营主体，与周边村党组织和种地大户建立优势互补、利益共享的产业合作关系，对基地和农户实行选种、配肥、植保、田间检测、农机服务等统一管理，并按照合同价格进行保底收购。同时，公司还会以高于市场 0.1 元 / 公斤的价格对优质稻谷进行收购，进一步促进农业增收、农民致富。

村企联建推动村民增收的同时，也促进了村集体经济发展。郑茂栋时刻不忘作为市人大代表和企业家的社会责任感，他成立了稻米种植加工党群共富联合体，带动农户 800 余户，安置 60 余名村民进厂就业，户均增收 1200 元以上，每年增加村集体经济收入 45 万元左右。谈起下一步的发展，郑茂栋信心百倍："我们将深化村企联建，推进农业产业全链条升级，做优、叫响品牌，不断拓宽农民增收致富渠道。"

加快一二三产业融合发展

多年来，徐州市委、市政府高度重视乡村休闲旅游农业发展，紧紧抓住"苏韵乡情"乡村休闲旅游农业专场推介契机，推动农业农村经济加快发展，促进农民持续增收和村级集体经济发展壮大，努力把新冠疫情影响降至最低。

五月浅夏，石榴花开。2020 年 5 月 22 日，2020"苏韵乡情"乡村休闲旅游农业（徐州）专场推介暨江苏省首届石榴花节在徐州市贾汪区大洞山风景区举行，活动旨在把城乡居民的消费热情"激"起来，让乡村休闲旅游"热"起来，让乡村的人气"旺"起来，让农民的钱袋子"鼓"

起来，有效应对新冠疫情影响，夺取疫情防控和经济社会发展"双胜利"。

江苏省农业农村厅和徐州市委分管领导同志，徐州市委农办、市农业农村局、贾汪区委主要负责同志和分管负责同志等出席活动。

大洞山石榴园北倚徐州第一高峰——大洞山，总种植面积万余亩，为江苏省第一、全国第三大石榴园，已有300多年的栽种历史。

本次活动以"石榴花开，乡约未来"和"提升乡村建设、展示苏韵乡情、促进农民增收"为主题，系"苏韵乡情"乡村休闲旅游农业专场推介的首场活动，由江苏省农业农村厅、江苏省文化和旅游厅、中共徐州市委、徐州市人民政府主办，徐州市农业农村局、徐州市文化广电和旅游局、中共贾汪区委、贾汪区人民政府承办。

近年来，我市积极推进全域美丽乡村建设，涌现了一批休闲农业精品村、主题创意农园和休闲农业与乡村旅游精品企业，初步形成了一批乡村旅游和休闲观光农业的精品线路。徐州专场作为全省"苏韵乡情"休闲旅游农业推介活动的"开篇之作"，是展示我市乡村文化风貌的重要平台，为徐州乡村旅游发展带来新的契机、增添新的活力。目前，全市正在加快推进农旅融合发展，高标准建设一批区域性乡村特色产业融合示范区，大力度培育一批美丽休闲乡村、乡村旅游重点村，真正实现"农区变景区、田园变公园"，着力形成"以农促旅、以旅强农"的农旅融合新格局，全力打造以农旅融合发展促乡村振兴的徐州样板。

开幕式上发布了"苏韵乡情"乡村休闲游App及"徐州农好"地方特色馆，推介了徐州市13条乡村休闲旅游农业精品线路，为"江苏省石榴花节永久会址"和"贾汪区五星级乡村旅游示范点"授牌。

当天还举办了石榴文化书画摄影展、石榴艺术盆景展和贾汪区乡村旅游图文展，以及网红现场直播、农产品预售直播、秒杀直播、试吃直播等活动，60余家特色农产品和旅游商品经营企业、20余家旅行社现场展销，吸引了众多游客和网红主播，现场和网络人气火爆。

五月榴花照眼明，枝间时见子初成。2021年5月21日，正值二十四节气之一的"小满"。2021年"苏韵乡情"乡村休闲旅游农业（徐州）专场推介暨第二届江苏省石榴花节在徐州市贾汪区大洞山景区隆重启动。

本次活动以"石榴花开，乡约未来"和"加快农旅融合发展、全面推进乡村振兴"为主题，突出乡村旅游产品推介、农产品地理标志保护、农业产学研交流，集中展示乡村旅游发展成果，提升"苏韵乡情"乡村休闲旅游农业品牌。

在当天的启动仪式上对全省 2021"苏韵乡情"乡村休闲旅游农业"一园、两基地、三活动"进行专题征集；发布了 2021 徐州（杭州）乡村休闲旅游农业暨现代都市农业招商推介会项目签约成果；举办了"筑梦乡村贾汪真旺""三乡工程"创业创新大赛颁奖、"贾汪区农旅融合示范园区"授牌、乡村产业产学研共建协议、农业产业招商项目和金融支持乡村振兴签约仪式。

活动现场还举办了徐州市乡村休闲旅游农业图文展、产品展，全市60 余家农旅特色产品生产企业、旅游企业进行集中展示。贾汪大洞山石榴展览馆也正式开馆，给广大游客带来惊喜。

大洞山石榴品种繁多，主要有大青皮、小青皮、状元红、大马牙、冰糖冻、铁皮、大红袍、谢花甜等 20 多个品种。种植区域半月形地貌地形拥有独特的小气候，成就了大洞山石榴的独特品质。2011 年 11 月 22 日，农业部批准对"贾汪大洞山石榴"实施农产品地理标志登记保护，地域保护生产面积 1 万亩。

近年来，徐州市以构建"走遍五洲，难忘徐州"为目标，以全市乡村休闲农业旅游的供给侧结构性改革为动力，以休闲观光农业精品工程建设为重点，做精做美了一批主题创意农园、星级示范企业和精品乡村旅游线路，培育壮大了一批国家级美丽休闲乡村，做大做强了一批国家级休闲农业示范县（市、区），年接待游客接近 2600 万人次，营业及带动性收入超过 62 亿元，有力推动了乡村休闲旅游农业发展，促进了农业增产、农民增收、农村增亮。

夜幕初临，灯火阑珊，水波相映，鼓瑟相和。2020 年 9 月 29 日晚，由徐州市文化广电和旅游局、徐州市农业农村局主办的 2020 中国徐州乡村文化旅游节暨贾汪区首届乡村旅游节，在贾汪区潘安水镇盛大启幕。

2020 中国徐州乡村文化旅游节以"国潮汉风　乡约徐州——爱国爱

家爱彭城 乐山乐水乐田园"为主题，以"突出文旅融合、扩大旅游消费、提振疫后市场、助力乡村振兴"为总体思路，旨在深入贯彻落实乡村振兴和建设美丽徐州战略，做强乡村文化，做旺乡村旅游，推动疫情防控常态下的文旅市场复苏，助力脱贫攻坚、富民增收，让文旅融合走进我们的小康生活。

在振奋激昂的鼓声中，2020中国徐州乡村文化旅游节盛大启幕，现场播放了汉文化旅游节宣传片、徐州旅游宣传片、贾汪旅游形象宣传片，现场推介了徐州市乡村旅游产品，宣布我市5家全国乡村旅游重点村名单并授牌。在冷焰火的绚烂绽放中，徐州市委、市政府分管领导同志、省文化和旅游厅分管领导同志，与贾汪区委、市农业农村局、市文化广电和旅游局、市文旅集团主要负责同志共同启动了本届乡村文化旅游节。

随后，大型汉服秀《上灯仪式》华彩上演，拉开了专场文艺演出的大幕。风吹仙袂飘摇举，犹似霓裳羽衣曲。现场巧妙融入灯光、水、汉服等元素，水舞台、戏台、水面游船三个演出场景依次切换，相互呼应。节目内容精彩，形式新颖，一场艺术的盛宴让观众耳目一新、大饱眼福。在演唱《我和我的祖国》歌曲时，台上台下歌声互动，掌声四起，将演出气氛推向高潮。

活动同期展开乡村集市展销会、乡村文艺活动展演等主题活动，现场进行乡村文创精品及非遗、扶贫专区、土特产品和乡村美食等展销，涵盖食住行游购娱等各要素，产品多样，业态丰富。同时，文艺演出节目别具特色、精彩绝伦，街上游客、市民川流不息、热闹非凡。人群中不时遇到几位身着汉服、手提灯笼的游客，古色古镇，汉服汉韵，一时仿佛置身汉代。

最美人间四月天。每逢四月，正是海棠花成片开放的时节，位于吕梁山风景区的海棠湾，大片的海棠花渲染出春天的色彩，2200亩海棠树延展的枝丫，更是点亮了满园春色。一团团、一簇簇、一层层、一树树海棠花随风摇曳，移步换景的自然风光让人流连忘返。

在这海棠花满山的美好时节，正值徐州市第六届海棠花节（2023年3月28日至2023年4月15日）举办期间，在吕梁风景区洪山村的千鸟农庄海棠湾，我见到了承办海棠花节的两代劳模梁新江、梁冠群父子。

漫步在海棠园中，观湖听涛，赏花戏禽，在这山水宜人的地方，我听他们爷俩描绘"海棠湾"的未来，诉说动人精彩的创业故事……

2000年初，中央电视台来场专程拍摄《大雁、红腹锦鸡》专题片，农庄第一次走向全国。

2010年5月4日和5月17日在CCTV-2的《理财在线》分别播出《白腹锦鸡》和《戴冕鹤》养殖专题片。

2010年7月1日在CCTV-7的《科技苑》播出农庄《红腹锦鸡、白腹锦鸡》专题片。

2010年9月7日在CCTV-7的《每日农经》播出有关锦鸡养殖专题片。

2011年CCTV-7《农广天地》栏目组来农庄拍摄锦鸡养殖技术专题片。

2011年9月CCTV-7《科技苑》栏目组来农庄拍摄白鹇养殖技术专题片。

2011、2012年，CCTV-2《生财有道》栏目组前来采访报道先进经验和做法。

徐州市劳动模范、董事长梁新江介绍说，海棠湾园内由三大部分组成，50000棵盛开的海棠、20000只鹤类等珍禽异鸟和2000多块灵璧产"会唱歌的磬石"。

为助力办好徐州市第13届全国园博会，2021年着手动迁原在两山口的特禽园数万只珍禽入至海棠湾。如今已经可以让市内外游客欣赏"鹤舞花开、鸟鸣鱼游"的海棠湾宜人景色。园区拥有徐州市国际珍禽交流繁育基地，具有国家重点保护野生动物驯养繁殖许可证，总投资1200多万元，是淮海经济区规模最大的特禽繁育基地。

江苏省劳动模范、总经理梁冠群如数家珍地介绍了木本海棠栽培情况。全园栽培有50000余棵，品种60多个，是国内外罕见稀有且极具观赏价值旳游览景地。其中，20年以上树龄有300多棵、15年树龄有2000多棵。名贵品种有：西府海棠，又名重瓣粉海棠；平邑甜茶，湖北海棠变种；绚丽海棠，株形较开展，树姿丰满美观；亚当海棠，冠幅可达7米，树形呈杯状，是花果兼赏的优秀树种；复瓣垂丝海棠，树形向上紧凑含蓄，庄重典雅，在海棠当中实属罕见。

历经 10 年努力，园区被徐州市政府定为农业高科技示范园、首批市级引进国外智力成果示范推广基地，同时还是江苏省引进国外智力成果示范推广基地。

园区具有江苏省林业局颁发的国家重点保护野生动物驯养繁殖许可证，驯养着蓝孔雀、锦鸡、大雁、天鹅、红腹角雉、白鹇、白冠长尾雉、藏马鸡、蓝马鸡、非洲冠鹤、蓑羽鹤、白鹳、灰鹤、白枕鹤、鸳鸯、赤麻鸭等国家重点保护野生动物，并且拥有先进的珍稀野生禽类繁育养殖、人工授精、人工孵化、品种改良等国内一流先进技术，同时该基地还是全国最大的红腹锦鸡人工繁育基地。

这里已成科技成果示范推广基地，是休闲观光农业的好去处。

梦寻农耕乐，悠然见徐庄。在全市农业农村经济发展板块中，徐州经济技术开发区的农业份额比较小，但近年来发展特色鲜明、亮点突出，主要以徐庄镇"正本农业"为代表。

2015 年成立的徐州正本农业科技发展有限公司（简称"正本农业"），注册资金 2000 万元，占地面积 500 亩。一期投资超过 5000 万元，是自主打造的现代农业科技综合体。园区主要分"核心种植区"和"农业田园综合体"两个区域，发展势头良好。

"核心种植区"主要生产绿色高端果品（草莓、葡萄、李子、西甜瓜等）、绿色水稻、林下散养禽类等。公司自成立以来，坚持使用绿色防控技术种植，做真正的生态农业、绿色农业、健康农业，保证所有正本农产品绿色、安全、好吃。种源、生产、销售产业链结合，打造自身高端农业品牌。成熟产品有：红颜草莓、阳光玫瑰葡萄、国峰李系列等。为加强园区品牌建设，正本农业和江苏省农科院、南京农业大学、辽宁省果树科研所、沈阳农业大学、河南农业大学、江苏农林职业技术学院、镇江市农科院、徐州农科院、徐州生物工程职业技术学院等多家国内科研院所在品种资源、设施农业、栽培技术、采后处理等环节上进行多方面合作，为打造科学现代园区打下了坚实的基础。如今，"正本草莓、正本葡萄、正本大米"等产品已经在徐州乃至整个淮海经济区产生了较好的品牌效应。几年来，正本农业取得了"徐州市农业龙头企业""江苏省十佳草莓园""江苏省现代农业体系草莓基地"等多项荣誉。产业带动农民致富是正本农业生产主要发展方向。在生产上采用农民承包大棚模式，以及能者多劳、多劳多得模式，让农民既能劳动致富，还能兼顾家庭耕地双丰收。截至2022年，正本农业共计带动农民60余名，每人年收入4万~5万元。

"农业田园综合体"是正本农业围绕"正本"品牌建设，持续推进"三产融合"，积极营造以"农耕体验""研学游学"为主题的配合正本农产品销售的农业综合项目开发基地。农业田园综合体已经初具规模，每年约有1.5万名游客到正本农业进行农耕体验游、党建团建游、农耕教育游，大大带动了徐庄镇的经济发展，帮扶了近百名农民就业、创业。

而今，走进正本农业，正如农场一隅飘出的歌声一样：风儿轻轻吹，叶儿轻轻摇，时光挂在老树上，红砖灰瓦爱笑的房梁，故事结满篱笆墙。这是一个绿意浓浓、色彩斑斓、水波荡漾、花果飘香的美丽田园，一个情趣多多、令人流连的如世外桃源般的好地方。

插秧机轰鸣现代牧歌，竹编灯摇曳传统美学。位于"徐州后花园"铜山区汉王镇的徐州中欧农业园，区位优势显著，生态人文资源丰富，亲子文旅研学产业基础成熟。在公司党支部引领下，园区认真打造"党建＋农旅＋研学"的模式，积极推进一二三产融合发展，为实施乡村振兴战略作出了有效探索。

园区占地520亩，已建有入口停车区、游客集散区、农业研学区、特色花果茶生产区、蔬果种植区、萌宠喂养区、餐饮服务区、拓展装备区等功能区域。

园区不断探索乡村振兴的新模式，积极推进劳动实践基地建设，努力拓展农业多种功能，在农业服务中小学素质教育方面取得了显著成效。经过地方申报、资料审核、条件评估等环节，徐州中欧农业园暨徐州市兔兔森林中小学劳动实践基地，被徐州市教育局认定授牌为徐州市首批中小学素质教育劳动实践基地。经过近几年的创新发展，该基地已接待数十所中小学校前来开展学农及劳动教育活动，在红色领航、劳动育人等方面赢得了社会各界的一致好评。园区基地还被授牌为徐州市中小学课后服务校外教育基地、徐州市少先队校外实践基地、铜山区少先队校外活动基地。公司党支部荣获"两新"组织"红色堡垒"称号。红色课程"重走长征路"荣获江苏省教育厅优秀课程二等奖。公司自主研发的"汉王古泉茶"荣获徐州市优秀伴手礼评比"文化地标奖"。

面对蓬勃发展的市场前景，中欧农业园正在整合优势资源，做强特色产业，不断创新，带动周边乡村共同发展共同富裕。

2. 农业产业结构不断优化

粮食安全是长期的政治任务。多年来，徐州市粮食产量一直稳定在"千万亩耕地百亿斤粮食"。蔬菜园艺成为保障农民增收的主力军，全市蔬菜种植面积615万亩，设施农业面积稳居全省第一，农民经营性收入的60%来自蔬菜产业。建成徐州—上海蔬菜外延基地27家、年入沪蔬菜百万吨。水果种植面积153万亩，产量130万吨，面积、产量均占全省1/3以上。

"洪范八政，食为政首"。站在新的起点，肩负稳粮保供新职责，市农业农村局坚持"供给保障强、科技装备强、经营体系强、产业韧性强"四个目标定位，强化服务、砥砺前行，始终把农产品稳产保供作为头等大事，全力以赴保障人民群众"菜篮子"稳定，努力塑造徐州现代农业新形象、打造农业强市新目标，为徐州市经济社会高质量发展提供有力支撑。

（1）粮油生产方面。

扎紧"粮袋子"。稳定粮食播种面积1150万亩，积极推进粮食内部结构调整，重点抓好"一稳、一保、一调、四扩"。一稳：种足种好小麦，稳定小麦播种面积530万亩。一保：积极推进旱改水，确保水稻种植面积占补平衡，保证压实水稻种植面积270万亩。一调：适当压缩低效籽粒玉米，调减控制玉米种植面积在280万亩左右。四扩：推广粮豆轮作休耕模式，扩大大豆种植面积到60万亩；推广玉米大豆带状复合种植，扩大种植面积到15万亩以上；利用丘陵旱薄地扩种特用甘薯，扩大甘薯种植面积达到5万亩；充分利用拾边隙地、房前屋后，突出发展油菜种植，扩大油菜种植面积达到2.5万亩。全市粮食总产稳定达到100亿斤以上，力争小麦、水稻、玉米单产分别达850斤、1150斤和900斤。

拎稳"油瓶子"。提前谋划，摸准摸清本地旱地分布和作物结构情况，扩大大豆和油料生产。从我市来讲，大豆一直都是边边角角种植的作物，属于边缘品种。前几年，大豆种植收益不及玉米、花生，大豆种植面积持续下降。按照国家和省的安排部署，大力推广大豆玉米带状复合种植面积达到 15 万亩以上、油菜种植面积达 2.5 万亩。实现玉米基本不减产、多收一季豆目标。

鼓起"钱袋子"。落实国家种粮补贴、完善补贴机制。在发放耕地地力保护补贴、稻谷补贴、一次性补贴等补贴中，有针对性地加大对专业合作社、种植大户、个体户的精准扶持力度。加强农资市场监管，用市场手段使农资价格合理上涨。扩大种粮农业保险承保规模与覆盖率，破解粮食"丰产不丰收"的困境，撑起农民增收致富的"保护伞"，形成效益稳定、粮食产业稳定发展的富民新模式，提高农民抵御风险的能力，为粮食生产保驾护航。

（2）蔬菜生产方面。

稳定蔬菜播种面积。我市是全国最适合设施蔬菜生长的区域之一，蔬菜常年播种面积稳定在 610 万亩以上，年产量 2000 万吨左右，是我市农民收入的重要支撑。农业农村部门必须进一步强化服务意识、加强技术指导，确保蔬菜生产稳定发展、农民群众持续增收。

发展蔬菜优势品种。徐州是全国五大蔬菜产区之一、中国根茎类农产品之乡。蔬菜优势品种为设施茄果类、葱蒜类和根茎类，黄瓜、番茄、辣椒、大蒜、洋葱等已成为全国单打冠军，山药、牛蒡、芦笋等已成为拳头产品。近几年打造的徐州—上海蔬菜外延基地以及根基类农产品已成为区域农业品牌。

强化标准化生产和品牌培育。用标准化提升农产品质量信誉，积极推行农业绿色生产方式，不断加深徐州品牌农产品的"绿色印象"，进一步加强农产品质量安全追溯体系建设，推动实现优势品种蔬菜"从田头到餐桌"全程可追溯，推动徐州蔬菜产业提质增效。

加快蔬菜产业发展。加强蔬菜优势品种产业集群建设，进一步做好"产"文章，延长产业链，增大附加值，多维度深层次让优势品种蔬菜价值最大化，让农户们从全产业链各环节分享更多增值收益。如邳州大蒜产业已形成一条集种植、深加工、贸易、研发、市场服务等为一体、一二三产业相融通的百亿级产业链条，可以说，"一头蒜"已成为致富"金疙瘩"。丰县、沛县牛蒡系列产品为代表的一批深加工农产品，也把徐州味道摆上了"世界餐桌"。各地要高度重视蔬菜产业的规划和发展，让它成为农民增收致富的"金钥匙"，为乡村振兴赋能添彩。

对于徐州—上海蔬菜外延基地建设，各县（市）区都非常重视，有力地提升了徐州蔬菜的品牌声誉，推动了农民增收。

在这些外延基地中，贾汪区丰硕基地是最富特色的基地之一。苏式日光温室 100 余栋、非对称超宽日光温室 4 栋、超宽钢架大棚 7 栋、连栋大棚 2 栋、基地占地 500 亩、固定资产超 1600 余万元……这是位于紫庄镇万亩设施蔬菜示范园的徐州市丰硕绿色农业科技发展有限公司的企业规模。

2022 年 4 月 29 日上午，我们来到丰硕公司时，总经理张胜丰正在一号大棚里忙碌着。这里的黄瓜长势喜人，和陆地大棚每年最多两季的种植周期不同，张胜丰的黄瓜大棚可以实现一年全周期的种植效率。他采用的落蔓式种植技术，更让一茬的黄瓜产量每亩超过 4 万斤，远超陆地大棚，而且因为种植环境的温度、湿度恒定，杀虫、防虫措施得当，其产出的果实品质更加优良。张胜丰介绍说："2017 年公司挂牌徐州—上海蔬菜外延生产基地以来，主要从事番茄、茄子、黄瓜等茄果类蔬菜的种植与销售，年产优质西红柿、茄子 2000 吨以上。正常情况下，公司每周都要向上海发两到三次蔬菜，每次发货量在 20 吨以上。"

丰硕蔬菜基地设施与露底蔬菜种植面积分别为 1000 亩和 500 亩，基地具备设施蔬菜工厂化育苗、农业科技推广与培训、农产品质量检测及追溯、净菜加工及物流配送等全链条服务能力，基地先后注册"地韭天长""仙蔬"等商标品牌，年产优质番茄、茄子等茄果类蔬菜 5000 余吨。

位于丰县华山镇的凯宇基地也打响了自己的绿色有机品牌。2017 年 12 月 26 日，徐州凯宇食品有限公司生产基地成为丰县第一家挂牌的"上海市外延蔬菜生产基地"。公司有高标准日光温室 300 栋，钢架大棚 50

徐州—上海蔬菜外延基地

余栋，智能连栋温室5000平方米，连栋大棚6000平方米；主要生产经营番茄、黄瓜、茄子等20余种蔬菜，已有黄瓜、番茄2个产品通过国家绿色食品认证，茄子、辣椒等10余种产品通过国家无公害产品认证。

公司总经理刘道峰介绍说，挂牌以来，凯宇基地先后被评为"江苏省农产品质量安全控制示范基地""全国蔬菜病虫害绿色防控示范区"，基地生产的土豆、大蒜、洋葱、山药等农产品受到上海市民的欢迎和喜爱。

2018年，有着"牛蒡之乡"美誉的丰县齐阁村被列为徐州—上海蔬菜外延基地。几年来，全村大力调整农业种植结构，放大特色农产品种植优势，已建成16个合作社和5个家庭农场，建设西兰花外延基地3000亩，胡萝卜、洋葱、青刀豆外延基地各2000亩。当地的西兰花产品除销至上海外，还主要销往日韩、欧美等国家和地区。如今，西兰花已成为村民的"致富花"，实现了农民增收和产业发展的双赢。2022年，全村人均收入超过2.6万元。

村党支部书记曹修春对齐阁村的未来充满信心："通过大力推行绿色发展模式，我们村农产品精深加工支柱产业会加速壮大起来，农业发展活力会进一步增强，老百姓的日子会越来越有奔头。"

一斤阳光玫瑰葡萄，平均55粒，售价134元，一粒合2元多……来自铜山区刘集镇天观葡萄种植园的"天价葡萄"，摆放在上海陆家嘴的精品水果店里，让人垂涎又让人咋舌。

"今年所产的两万公斤葡萄全部按订单销售。"阳光帅气的园主马成基说。

"为什么能卖这么好这么贵？"

"一是质量好，二是牌子硬，三是会营销！"说到自家的葡萄，马成基充满了自信。

一家占地不过130多亩的葡萄种植园何来如此底气？

"种苗来自日本，肥料每吨14000元，全部盖上遮雨棚，江苏省葡萄协会会长担任技术指导，上海市果品协会会员，上海外延果品生产基地，外包装由上海设计师设计……"马成基说，"什么是高端？就是要作出文化品位和格调。"

几年前，大观葡萄种植园初建时惨淡经营，后来马成基参加了区里在上海组织的沪铜合作恳谈会，不久又跟随区农业考察团多次外出考察学习，这些经历让马成基茅塞顿开：原来农业还能这么做，还有这么大干头，不做品牌农业不行，不做高端农业不行！

从那开始，马成基从头做起，拜名家为师，严格按高端进口果品标准进行管理运营，参加各类优质果品展销评比活动，入驻每日优鲜、食行生鲜等大型果品电商店铺，逐渐打响了天观的"名号"。

徐州—上海蔬菜外延基地建设这项工作，是一件很有意义的事情。

近年来，上海的农用菜地越来越少，而上海必须保证市民能够吃上安全、放心、质量好的时令蔬菜，为此，承担"菜篮子"商品市场供应的上海市商务委于2016年提出工作计划，考虑在上海之外建立蔬菜外延基地。徐州市农委得知这一信息后，及时向市委、市政府建议，并主动与上海市商务委对接，抓住这一重要契机，聚力推进建设。为什么徐州蔬菜要打进上海市场？这是因为上海蔬菜的生产标准高、进入门槛高，近乎苛刻，如果我们徐州蔬菜能够畅销上海，就可以卖向全国、走向世界。为了提高蔬菜产业科技水平，2017年4月，我市聘请了中国农科院为技术依托单位。由于加强了信息平台、质量追溯、标准物流、科技支撑四方面的体系建设，27家外延基地建设进展良好。我市多次在上海举办蔬菜外延基地建设恳谈会、品牌建设发布会，以"上海侬好 – 徐州农好"为主题，在上海新闻媒体开展广泛宣传。如今，在上海农产品批发市场、江桥市场等大型市场和超市，徐州蔬菜外延基地蔬菜已成为品牌，像铜山区润嘉外延基地的娃娃菜、西兰花供不应求，连续多年成为江桥市场销售冠军。

所以，可以说，抓外延基地建设至少有两点意义，一是提升了乡村干部、菜农及经纪人的理念。就是要重视做精品，重视分拣、包装及推介。上海人精细、重品质，西红柿、土豆两三个一包装，黄瓜、丝瓜两三根系一条红丝带，就可以卖好价钱。二是为产业富民找到了推进载体。为此我总结了一句话：我们做这件事，是将徐州农村的菜园子，连起上海市民的菜篮子，鼓起徐州农民的钱袋子。

3.科技品牌质量稳步提高

近年来，我市切实强化农业科技创新和品牌建设，着力构建"1+4+N"农业品牌体系，即 1 个"徐州农好"市域农产品公用品牌，4 个分类区域公用品牌(上海蔬菜外延基地优质蔬果、徐州大米、徐州中强筋面粉、徐州甘薯)，N 个特色区域公用品牌。同时，牵头在淮海经济区 10 个城市组建了淮海经济区农业科技创新与转化联盟，并在全市建立推行农业科技首席专家顾问制度，37 位专家教授被聘为市、县两级政府农业首席专家顾问，其中包括 4 位院士、6 位国家级和 2 位省级首席科学家；成立了中国农业科技成果转化淮海分中心；以市政府名义，向涉农县(市、区)下派农业科技特派员。2019 年 8 月 16 日至 17 日，全国农业农村科技专家徐州行活动在徐举行。徐州市 7 大技术集成模式被国家农业农村部确定为全国先行先试主要内容，即优质食味稻米生产技术、强筋小麦品质调优栽培技术、肥水一体化技术、农业全产业链开发技术、水禽旱养技术、稻田综合种养技术、锦鲤低密度高效养殖技术。其间，我市发布 77 项农业主推技术集成，一大批新品种、新技术、新模式成功推广与应用。

高标准农田是粮食安全的保障。2022 年，全市新增高标准农田 69.43万亩，丰县欢口镇、新沂草桥镇等 4 个高标准农田项目入选全省首批高标准农田示范项目。全市建设完成上图入库高标准农田 690 万亩，建成高标准农田示范区 64 个，生态型高标准农田示范区 9 个，高效节水灌溉等示范区 7 个，亩均增产粮食 100 公斤以上，实现新增可耕地 2000亩以上，增加旱改水 15000 余亩。提质量，高标准农田持续改造提升。保丰收，关键在于"藏粮于地、藏粮于技"。在邳州市八义集镇高标准农田区，新建成的节制闸和桥、涵、路等配套设施相互连通，达到了"渠相连、路相通"。八义集镇高标准农田共1.2万亩，投入使用以来，大型机械可自由进入，灌溉排水也更加便捷。沛县河口镇种粮大户李强的400亩小麦在新建高标准农田项目范围内，他高兴地说："有了节水灌溉智能控制系统，每亩可降低50%的农业用水，还省去了用车拉水的费用，现在的高标准农田不仅节肥省水，更适合农业机械化，农民种田的积极性更高了！"

农业机械化为丰收插上科技的翅膀。通过扎实开展农机"两大行动"，全市10家新型农业经营主体入选第一批江苏省农业生产全程机械化智能化典型基地(园区)名单。全年粮食生产抗灾夺丰收，完成小麦赤霉病防控面积576万亩。近年来，全市农业科技创新能力明显提升，县级农技推广服务机构人员力量得到充实加强，组建了138个"五有"乡镇农技综合服务中心，形成市县镇村四级农技推广服务网络。各地各部门着力推进农业科技装备全领域突破，农业现代化、规模化经营、绿色化发展取得新进展，"藏粮于技"快速发展。全市农作物耕种收综合机械化率达到85.8%，农业科技进步大大带动了粮食生产水平的提升。

耕种收机械化护航，现代化生产增效益。"大农机是咱种粮人的底气，全程机械化带动节本增效。特别是无人机喷洒农药，更是省时省工。"铜山区棠张镇跃进村农机合作社老喻的一句话道出了丰收的喜悦。"良种良法配套，农机农艺融合，科技种田让乡亲们越种越甜！"铜山区单集镇负责人说，为了确保新技术落地，镇里组织了百余名技术人员对各村进行技术指导。

在2022年秋收

小麦机械化收脱一气呵成

水稻机插秧提高了插秧工效和质量

期间，我市制定并实施了减损技术规范、加强减损培训、加快机具更新改装、开展损失率检测等多项减损措施。指导农机手科学选择收割期、因田因时调整作业参数、合理控制作业速度、严守作业质量标准和操作规程，最大限度降低收获损失，受到农民群众的欢迎和好评。

2023年立春已过，小麦陆续进入返青期，春季麦田管理拉开了帷幕。在贾汪区紫庄镇穗穗金种植家庭农场，525亩高标准农田里麦苗青青，农场工人正在进行机械施肥，农场负责人温文玲通过无人机查看苗情。2022年起，温文玲的家庭农场就开始向机械化无人化方向发展，插秧机装了北斗卫星导航无人驾驶系统，实现了全程自动化。穗穗金种植家庭农场实行稻麦轮作，年产优质小麦、稻谷60万余公斤，基地拥有20余台现代化农业机械设备。"近五年来，小麦产量由原来的每亩400公斤至450公斤，增长到了每亩550公斤，有的田块甚至能达到每亩600公斤。水稻产量也由每亩550公斤，增长到每亩650公斤。"谈起亩产变化，温文玲如数家珍。

新主体服务带动小农户，规模化经营提质量。"专业化服务带动产业化发展，我镇多家农业合作社装备先进、能高质量提供从种到收的'一条龙服务'。"睢宁县邱集镇党委副书记主纬介绍说，全镇各家合作社通过统一推广优良品种、统一组织绿色防治、统一全程机械化服务、统一组织订单收购、统一产品营销的"五统一"模式，带动了乡亲们提质节本增效，也为邱集镇荣获全国农业产业强镇和江苏省"味稻小镇"殊荣作出了贡献。让小农户联结大市场，成为粮农增产增收的重要法宝。2022年，徐州新增省级家庭农场32家，全市农业合作社、家庭农场等新型经营主体超3

万个，为联结大市场做实增产增收打下坚实基础。

种业作为农业产业链的源头，是国家粮食安全和农业持续发展的基础。

种子之于农业，犹如芯片之于科技发展。作为一个农业大市，徐州的粮食产量和种子质量对于淮海经济区，乃至整个中国都发挥着至关重要的作用。徐州如何做强农业"芯片"？近年来，徐州始终牢记扛稳国家粮食安全政治责任，抓好种子农业"芯片"，强化科技支撑，不断夯实粮食丰产丰收的基础。

数据显示，"十三五"以来，徐州相继育成优良农作物新品种 55 个，20 个品种连续多年入选国家、江苏省和徐州市主推品种，42 个品种实现转让，为农业产业提档升级、农民增收、农业增效提供了有力支撑。

徐州是种植业需种用种大市，也是种子、种苗生产供应大市。徐麦系列种植面积每年在 500 万亩以上；水稻在江苏、安徽、山东、河南等地种植面积每年在 100 万亩左右；大豆在黄淮地区种植面积每年大约 10 万亩，湖北省每年种植 60 万亩；花生在徐州、连云港、河南、安徽等省年种植面积约 50 万亩；徐紫薯 8 号、徐薯 37 等每年种植面积 90 万亩……

2022 年 6 月，在第四届国家农作物品种审定委员会会议上，高产王徐麦 44、徐麦 41、徐麦 368、徐麦 40，江苏保丰集团徐麦 919，徐州佳禾农业科技有限公司徐麦 163 等 6 个小麦品种通过审定；2023 年 5 月，在第五届国家农作物品种审定委员会会议上，又有徐麦 165、徐麦 2100、徐麦 47 等多个品种通过审定。徐州市农业科学院院长、国家甘薯产业技术体系首席科学家李强介绍说，过去徐州小麦产量能达到亩产 500 公斤就很不容易了，而现在小麦高产方达到亩产 700 公斤以上，这中间有着很大的提升空间。2022 年徐州市农科院选育的徐麦 44，创徐州地区高产纪录，亩产达到 786.9 公斤。甘薯这种耐旱作物，高产田鲜薯亩产超过 5000 公斤，薯干亩产 1.6 吨。

至 2023 年 6 月，徐州现有农作物种子生产经营持证企业 21 家，农作物种子经营门店 1400 家。优势特色种苗基地近 50 个，认定为江苏省优势特色种苗中心的有20家。全市稻麦繁殖田15万亩,杂交制种面积1万亩,辣椒制种基地近2万亩,其中沛县获批第二批国家区域性良种繁殖基地,辣椒制种量占全国45%市场份额。

一组组亮眼数字的背后,是徐州几代育种科研人员的努力,也是徐州种业成功逆袭的生动阐释。

种业如何打赢翻身仗? 2021年中央一号文件提出,要加强农业种质资源保护开发利用。

徐州市现保存小麦、水稻、甘薯、棉花、大豆、花生、大蒜、苹果、草莓、山药、马铃薯等各类种质资源7949份,不仅保证了种质资源的丰富性,也为下一步的种子研发奠定了良好的基础。

目前,徐州正在努力建设各类种质资源保存库、保存圃,为种质资源的保护和利用提供重要基础保障。

近几年,徐州先后建设了江苏省徐淮地区国家农作物品种区域试验站、国家甘薯种质徐州试管苗库、农业农村部甘薯生物学与遗传育种重点实验室、国家甘薯产业技术研发中心、国家土壤质量徐州观测实验站等18个部省级平台。

在一系列举措的支撑下,徐州种业得到了跨越式发展,各项数据不断刷新:筛选出高抗稻瘟病的种质资源3份,选育出优良水稻品种13个;利用转基因抗虫棉材料,先后育成徐棉21号、徐棉266等6个棉花新品种;培育通过省级以上审定的大豆新品种20余个;培育20余个花生新品种;累计向全国115家单位有效提供利用资源2188份次,支撑培育甘薯新品种75个。

2019年,徐州市农业农村局、全国农业科技成果转移服务中心和国家种业科技成果产权交易中心、徐州市农业科学院三方签订共建协议,成立淮海分中心。至2023年年初,该中心已转让农作物新品种4个、专利技术5项,合同金额1136.2万元。

作为徐州农业科研的主要机构,长期以来,徐州市农科院为徐州现代农业发展作出了重要贡献,并在育种创新和成果转化等方面承担着重要责任。为此,徐州市农业科学院党委书记宋庆科表示:"我们将充分发挥自身优势，重点围绕打造国际领先的甘薯研究中心、国内领先的大蒜研究中心、区域优势明显的大宗粮油研究中心，建设好国家植物品种测试徐州中心和根茎类作物种质资源库，持续推进小麦、水稻等作物高产创建和甘薯新品种新技术的应用示范，不断强化引领带动效应，为加快农业现代化作出积极贡献。"

农业现代化，种子是基础。近年来，徐州各地区各部门不断强弱项、补短板，瞄准品种选育、良种推广等环节持续发力。

铜山扎实推进种业振兴行动，加快布局建设辐射淮海经济区的种苗研发繁育基地，以科技赋能农业现代化。走进铜山区棠张镇新庄村，一个辐射华东地区的番茄品质育种（徐州）研发中心已拔地而起。"江苏淮海番茄品质育种（徐州）研发中心项目一期工程主要包括研发中心、2栋玻璃温室、9栋苏式日光温室等基础设施和生产设施与装备，是集番茄高品质'品种培育、种苗繁供、市场推广'于一体的农业项目。项目建成后，由江苏中品农业科技有限公司运营管理，并派驻一流的番茄育种、育苗专家团队和市场开发团队，在研发中心发展番茄新品种研发、种苗繁育与市场推广。"项目负责人介绍说，江苏淮海番茄品质育种（徐州）研发中心建成后，每年安排各种番茄新品种（系）对比、示范300至500个，繁育番茄种苗2200万株左右，可满足约1万亩大田或温室番茄种植用苗。不仅如此，这里还将示范、带动村民实施更科学的绿色种植技术。

江苏保丰集团公司是一家集科研、生产、经营为一体的大型种子企业，每年承担国家和省级水稻、小麦、玉米、大豆等新品种各类试验20多项。拥有自主选育并通过审定的小麦品种9个：保麦1号、保麦2号、保麦5号、保麦6号、保麦330、保麦218、保麦158、徐麦511和徐麦706；自主选育玉米品种5个：保玉1号、保玉18、保玉176、陇硕218和YF669；自主选育水稻品种1个：保稻612；自主选育大豆品种1个：俊豆7号。

近年来，徐州大华种业有限公司种子选育、生产、销售呈现良好势头。公司获得独家许可经营和自主选育的杂交水稻品种主要有Ⅱ优118、宁香优2号、D优2035、特优系列、润两优313、花两优1号、华两优69和6两优2号等。拥有自主知识产权和独家销售的华麦1号、华麦4号、徐麦 99、百农 889（江苏）、良星 66（江苏）、徐豆 23 等小麦、大豆品种；"大华"牌华粳 5 号、华粳 9 号、连糯 1 号、大华香糯、大华 1146、大华玉 2 号、苏玉 27、苏玉 31 和苏玉 34 等常规稻、糯稻、玉米品种，深受农民朋友的青睐。

沛县苏润种业又传来好消息。2022 年，在山东省临沂市兰陵县向城镇高屯村，沛县敬安镇苏润种业培育出的"苏润 509"线椒迎来丰收，亩产首次过 1 万斤。作为全国著名的辣椒制种生产基地，敬安镇辣椒制种面积已达 2 万亩，带动农民就业 8000 余户，年销售收入 8 亿多元，获国家、省、市农业科技成果转化项目 36 项，授权国家专利 88 项，为我国辣椒种业的发展作出了重大贡献。

一个小辣椒，藏着农业现代化的"密码"。在狠抓种业振兴的同时，徐州持续巩固提升重要农副产品综合产能，提高蔬菜特别是绿叶菜保供能力，建优建强 37 个蔬菜直供基地，蔬菜种植面积稳定在 615 万亩左右；加强生猪产能逆周期调控，能繁母猪存栏量稳定在 22 万头，规模猪场数量稳定在 1300 家以上；深入推进农业绿色发展，打响"徐州农好"区域公用品牌，越来越多的绿色优质农产品摆上百姓餐桌。

依靠科技力量，推动农业企业转型发展。近几年，我市农业企业科技创新能力和科技发展水平不断提升，农业企业进入了数字化发展新阶段。

徐沛快速通道沛县魏庙镇佟场段，公路穿河而过，一座座高大的粮仓在茂密葱郁的绿色中耸立，这儿便是国家农业产业化重点龙头企业——徐州广勤米业有限公司。

在全自动新型稻米生产线车间内，一袋袋自动封包的大米不断地被传输带"吐"出，车间里几乎看不到人，只看到机器在不知疲倦地运转，加工过后的稻谷直接装车。徐州广勤米业有限公司总经理郑茂栋说，这得益于"企业上云、机器换人、智能改造"。

"看！这是 2022 年新建成的大型烘干线！"郑茂栋介绍，在厂区的东北角，2022 年年底增加了 9 台 120 吨连续式烘干机、10 座 1500 吨钢板仓、6 座平房仓、8 套原粮清理设备、8 台脉冲除尘设备，日烘干能力达 2500 吨。

这些年来，产量翻番再翻番，可车间用工总数几乎没增。郑茂栋说这就是科技的力量。

我们来到江苏华源节水股份有限公司（简称"华源节水"）的智慧灌溉博物馆时，只见华源节水股份有限公司董事长邱志鹏正在向一批专程来参观考察的外地客人讲解着节水灌溉的情况。"这是将大数据直接应用于农业，将 AI 技术服务于农业生产，实现农业智慧化运行的一次大胆创新，是在智慧农业灌溉系统上利用人工智能的新突破。"邱志鹏指着一个硕大的智慧微滴管沙盘告诉人家，这个沙盘模拟大田、蔬菜、园林、梯田、球场、现代养殖场、综合大棚等几个主要灌区的灌溉场景，依托部署在农业生产现场的各种传感节点和无线通信网络，对不同灌区实施精准灌溉和施肥。

按钮一打开，大家看到，沙盘模拟的养殖区，动物们在悠闲地喝着水。"没有动物饮用时，水是自动关闭的。"邱志鹏介绍，在大田区，长达 20 米的喷灌设备能够将 2000 亩的农田一次性浇灌完毕；在大棚区，滴管技术被运用到对水要求严格的花卉种植中。除了能够根据不同的作物和灌区特点选择灌溉模式和精准施肥外，这套智能系统还能对数据进行分析，大大提高亩产量。

水资源匮乏是我国的基本国情，虽然我国于 20 世纪 90 年代就开始推广节水灌溉，但以"小白龙"为主，农民拉着水管在地里浇水的方式依旧存在，浪费严重。而传统浇地翻土施肥的方式也会造成肥料的大量流失。为了改变这种落后的灌溉方式，从 2007 年建立之初，华源节水就致力于发展大型喷灌设备的研发。"经过几十年的探索创新，我们研究的卷盘式喷灌机足足将国内大型喷灌设备的应用提前了 20 年。"邱志鹏说，"这种设备可以将水资源的利用率达到 70%，一亩地可节水 30 吨左右。"

多年致力于研发节水设备，已经拥有自主知识产权专利 110 余项的江苏华源节水股份有限公司是国家级高新技术企业，承担国家"十三五"重点研发计划项目，是国家水泵及系统工程技术研究中心中试基地，被江苏省科学技术厅批准认定为"江苏省企业研究生工作站"。2019 年 3 月，在由徐州市人民政府主办的 2018 中国（徐州）人工智能大会上，华源节水的农田智慧灌溉系统入选 2018 徐州人工智能行业十大新闻。

而作为华源节水的创始人和领头人，邱志鹏更是有着浓浓的为农情怀。针对我国原有卷盘式喷灌机发展应用存在的突出问题，他组织科研人员积极开展卷盘式喷灌机关键技术系统研究，突破了电驱动、液压驱动和高效涡轮驱动等关键技术。同时，他一直注重与高等院校和科研院所开展产学研合作，仅用短短 5 年左右的时间，华源节水就迅速成长为行业龙头企业。新型卷盘式喷灌机在全国获得推广应用，国内市场占有率达 50% 左右。据统计，党的十八大以来，华源节水做过的节水灌溉项目有效覆盖耕地 800 多万亩，节约淡水超过 9600 万吨，粮食增产 60 万吨，促进农民直接增收超过 12 亿元。邱志鹏和他的华源节水不仅为徐州农业的发展作出了重要贡献，而且因对全国农业节水灌溉作出的卓越贡献而为徐州添彩。

徐州甘薯是徐州农作物的一大品牌。业内有"世界甘薯看中国，中国甘薯看徐州"的美誉。中国农业科学院甘薯研究所设在徐州市农业科学院（江苏徐淮地区徐州农科所），国家甘薯产业技术体系首席科学家在徐州，先是曾任徐州市农业科学院副院长的马代夫研究员，他担任首席科学家 10 余年，为我国甘薯产业和学科发展作出了重大贡献。2021 年，马代夫研究员退休后，徐州市农业科学院院长李强研究员接过了国家甘薯产业技术体系首席科学家重任，继续书写甘薯故事，让中国甘薯研究始终处于国际领先地位。

新中国甘薯学科的奠基与开拓者们在徐州 60 余年接续"深耕"，加速打造世界甘薯科研创新中心。1962 年，随着中国农业科学院薯类研究所的撤并，全国甘薯科研主力"移师"徐州，奠定了徐州甘薯学科国内"领头羊"的地位。

20 世纪 70 年代粮食短缺，"甘薯拯救了一代人"的说法毫不夸张。"徐薯 18"是我国甘薯育成品种中推广种植面积最大的，也是唯一获得国家发明一等奖的甘薯品种。徐州在国家甘薯产业技术体系建设中先后产生两任国家甘薯首席科学家，现有 5 位岗位科学家，国家种质徐州甘薯试管苗库保存近 2000 份甘薯种质资源,为推动我国甘薯产业高质量发展发挥了重要作用。

伴随人民生活水平的提高和饮食结构的变化,甘薯因其营养全面均衡,从"救命粮"转变为富民增收的"金疙瘩"。2016 年以来,徐州市农业科学院帮扶贵州省安顺市紫云苗族布依族自治县,仅该县白石岩乡甘薯种植面积就由原来的 5000 亩扩大到 15000 亩,直接带动 1325 户贫困户实现脱贫。以高产高淀粉的"徐薯 22"、特用型保健新品种"徐紫薯8 号"等为代表的优良品种,在徐州的年推广种植面积近 10 万亩。徐州还在积极推动甘薯向多产融合、菜观两用、旅游观光的高产高效作物转变,让"徐州甘薯"品牌响彻四方。

据中国作物学会最新统计数据显示,我国是世界上最大的甘薯生产国,常年种植面积 6000 万亩左右,占世界甘薯种植面积的 40% 左右。甘薯平均亩产 1600 公斤,相当于世界平均水平的 1.9 倍,可担负粮食安全"底线作物"的重要角色。

徐薯 18、徐薯 25 等品种,薯农反映非常好。徐紫薯 1 号也是备受市场青睐,鲜薯产量稳定在每亩 2000 公斤以上,一般都在 3000 公斤左右,比日本紫心品种"山川紫"等种高出 3~5 倍,而且食味口感非常好。还有菜用甘薯"薯绿 1 号",这是一个不结甘薯、专吃鲜嫩叶芽的甘薯品种,薯叶口感爽滑、食味清香、营养丰富。徐紫薯 8 号更是被誉为紫薯全能型新品种,不仅可鲜食,而且更兼具茎尖菜用、园林绿化、保健和酿酒功能,还可用于生产紫薯淀粉。说有保健功能,是因为紫薯菜叶、茎富含花青素,抗氧化作用好,所以对缓解眼睛疲劳(明目)、调节胃肠道,特别是对女性美容

徐州甘薯是徐州农作物的一大品牌

125

养颜、减肥瘦身有很好的效果。研究还发现，坚持食用紫薯菜叶对痛风患者的保健也有良好的效果。

2022 年金秋时节，江庄镇徐薯薯业甘薯种植基地甘薯喜获丰收，平均亩产突破万斤，基地推广甘薯全产业链发展，做优做强甘薯产业，带动村民增收，促进乡村振兴。在江庄镇高村徐州现代甘薯产业园（中心区）徐薯薯业甘薯种植基地，500 亩甘薯正值收获期，甘薯收获机在田间作业，农户们忙着将甘薯收拢、晾晒，新采挖的甘薯一排排摆在地头，颜色鲜艳、个大饱满。

党的二十大报告提出"要扎实推动乡村产业、人才、文化、生态、组织振兴"，为农业产业发展指明了方向，也激励着深秋季节忙碌的薯农。新农人袁起成立的徐薯薯业科技有限公司，专业从事甘薯产业化发展，在鲜食甘薯机械化、标准化栽培，病虫害绿色立体防治以及甘薯产品研发升级等方面取得了初步成效，并不断拓展甘薯深加工产业链，开发出薯条、薯片、甘薯醋等几十种产品。此外，基地还大力发展菜用甘薯，备受市场青睐。2021 年，徐薯薯业投资 3000 万元的鲜食甘薯深加工项目一期建成 4 条甘薯休闲食品加工生产线，年消耗鲜食甘薯 6000 吨，形成甘薯产品 1200 吨；二期正在建设甘薯功能性食品生产线和甘薯仓储库，可储存甘薯 3000 吨，目前甘薯仓储库已建成投入使用。基地通过土地流转，不仅带动农户增收，还吸收当地剩余劳动力就业。袁起表示，下一步，徐薯薯业种植基地将围绕"万亩甘薯过亿元、一块甘薯富万家"的目标，培育新品种，发展高质量，赋能乡村振兴，助力富民增收。

说到这些年我市甘薯产业的发展，新农人袁起的付出和贡献有口皆碑。1982 年出生的袁起，先后入选全国农村杰出实用人才、江苏省乡土人才"三带"名人、江苏省"333 高层次人才培养工程"等，多次荣获"江苏省劳动模范""江苏省十佳新型职业农民"等荣誉称号，现任徐州徐薯薯业科技有限公司总经理。袁起大学毕业后，毅然选择回乡创业，当起"大学生农民"。从最开始的门外汉到如今的新型职业农民，这位来自贾汪区江庄镇的年轻人给乡亲们带来了一个又一个的惊喜。针对当地种植甘薯品种单一、口感欠佳、无法满足消费者膳食改善需求的问题，袁起先后引进示范 15 个甘薯新品种，包括适合蒸着吃的"网红蜜薯"普薯 32，适合煮着吃的心香、徐薯 32，适合烤着吃的粉糯适中、甜度高的烟薯 25，适合做粥的商薯 19、徐紫 8 号……如今，菜用甘薯的栽培模式已由传统垄栽改为高畦栽培，又发展到立体栽培，产量提高 3~4 倍，量质双提升，亩均经济效益 3 万元左右，公司年销售收入能达到 600 万元。同时，袁起还很重视甘薯种植方法的创新。实行机械化操作，最大程度地提高种植效率和经济效益。从 1 亩地需要 4 个人连续干 4 个小时，到实现机械化后，1 个人 1 小时即可作业 4 亩地。

2020 年 10 月，袁起主持承办国家甘薯登记品种展示现场会，把贾汪的甘薯种植新模式、新技术通过全国农技推广中心传送到国内甘薯各省区薯农，让徐州甘薯产业技术推向全国、推向世界。

经过这么多年的艰苦历练，袁起已成为现代新型职业农民。为把甘薯的"政产学研"链接起来，他利用政协委员的身份多次撰写提案，促成贾汪区政府和徐州市农科院在 2020 年 2 月 27 日签署共建徐州现代甘薯产业园框架协议，携手打造全国一流现代甘薯产业园。全区规划为四大板块，其中江庄镇为一中心（甘薯产业核心区，全产业链发展），茱萸山街道、紫庄镇、汴塘镇为三基地（育苗和种植）。

江庄镇党委、政府抢抓这一有利契机，充分发挥江庄甘薯产业的传统种植优势，全力打造国内领先、农旅融合的现代甘薯产业园中心区。

江庄镇属丘陵山区，物产丰富，原为传统的农业乡镇，种植甘薯历史悠久，甘薯产业曾经是农业主导产业，20 世纪 80 年代以前被称为"甘薯之乡"，呈现户户种植甘薯、村村连片发展的局面，独特的高亢山区页岩土质等条件，造就了江庄甘薯品质优于其他产区。

"目前江庄镇中心园区甘薯的种植规模在 3000 亩以上，我们将全力实施'三乡工程'示范基地建设，全力对甘薯产业园区整体进行环境提升、设施提升，加大招商引资力度，推动全产业链发展，把甘薯产业进一步做大做强。这也是江庄镇打造农旅融合板块的重要一环。"江庄镇政府负责人介绍说。

为了进一步发展甘薯产业，江庄镇制定了甘薯产业发展规划：深挖甘

徐州甘薯长势旺盛

薯产业资源，重点发展特色农产品深加工、农产品电商配送、休闲观光农业、红色文化旅游等，走出一条农旅融合、一二三产协同发展的路径。该镇计划建设甘薯产业园中心区，发展甘薯产业大道，布局甘薯规模连片种植，近期规划面积 10000 亩。重点实施甘薯产业"1223 工程"，即"一带（甘薯种植示范带）、两园（甘薯主题公园、农产品电商物流园）、两馆（甘薯科技文化体验馆、甘薯主题动漫馆）、三基地（全国甘薯作物登记品种综合展示基地、甘薯原产地初加工和精深加工基地集群、甘薯产学研基地），并以甘薯为主题建设一个苏北甘薯小村，把江庄镇建成名副其实的"江苏省甘薯特色小镇"。

2022 年 8 月，在贾汪区茱萸山街道龙门村龙门春生态园，大片的甘薯长势正旺，生机勃勃。据了解，该生态园种植甘薯 360 余亩，全部是按照国家有机产品认证体系生产、加工、标识与管理要求，从基地选址、土壤改良、脱毒种苗选育等环节严格把关，使用当地奶牛粪便自制堆肥，采用杀虫灯捕虫、人工除草、山泉水浇灌种植生产的，分为烘烤型、蒸煮型品种，深得市场欢迎。"我们街道共计 6 个行政村，其中有 5 个行政村种植甘薯，今年共种植甘薯 2000 余亩。"茱萸山街道负责人介绍道。

贾汪区紫庄镇彭庄村的甘薯育苗基地作为贾汪甘薯产业园区的三个优势基地之一，占地 400 亩，主要从事脱毒甘薯种苗的繁育，形成以优良品种脱毒种苗应用为基础、机械轻简化栽培为措施、病虫害绿色防控为手段、提质增产增收为目的的优质鲜食甘薯高效栽培技术并推广应用。公司拥有日光温室、钢架大棚近百亩，每年生产大约500万株脱毒甘薯种苗，主要销往江苏、河北、河南、山东等地，可用于大田生产面积约1500余亩，每年销售额约150余万元。

而作为区现代甘薯产业园板块之一的汴塘镇，甘薯种植面积4000亩左右，其中仅河泉村种植面积近2000亩，以阎山周边种植的甘薯品质最佳，具有"薯肉口感柔密、细腻，有栗子香口味，纤维少，营养物质含量丰富"的突出特点。

为进一步推动汴塘镇甘薯产业提质增效，汴塘镇通过招引相关公司建设了600吨的甘薯恒温保鲜库，注册了"薯香玉"商标，延长甘薯的产业链，通过狠抓产业化运作，努力使汴塘甘薯切实成为具有地方特色的优质农产品品牌。

可以说，在全市甘薯产业发展和品牌打造中，贾汪区起到了很好的引领带动作用。

（二）资源环境可持续是推进的难点

从我市发展看，农业现代化的短板在资源环境。多年来，工业化、城镇化导致生态环境的恶化，化肥、农药大量使用造成耕地质量的恶化，农业农村废弃物形成面源污染。进入"十三五"时期，已经到了必须痛下决心改变的关头，把农业资源环境恶化的势头压下来，新账不再欠，老账逐步还，保持徐州农业可持续发展。从农业农村部门来看，重点是治污染、减药肥、增好田，即做好三方面工作：治理农业面源污染、严控化肥农药施用、加快高标准农田建设。

2017年年底，徐州市正式获批为首批国家农业可持续发展试验示范区暨农业绿色发展先行区。

近年来，市委、市政府牢牢把握习近平总书记"推进农业绿色发展是农业发展观的一场深刻革命"指示精神，坚持以绿色发展引领乡村振兴不动摇，全市农业绿色、可持续发展导向日趋鲜明。

2018年以来，我市农业绿色发展先行行区建设取得了明显的阶段性成果：秸秆综合利用领跑全国；正式通过国家森林城市复检；案例《遵循生态循环规律，创建绿色低碳生产方式》《以秸秆基料化利用为纽带的镇域生态循环农业》等在 2018 年年底成功入选农业农村部《农业绿色发展案例选编》；全市绿色优质农产品比重达到 70.8%，高于全省平均水平 3.8 个百分点，农业绿色发展指数达到 83.06，在 130 个国家农业绿色发展先行区中位居第 17 位；高标准农田上图入库面积 690 万亩，位居全省第二；畜禽废弃物资源化利用率达到 95.59%，废旧农膜综合回收率达到 94.11%，秸秆综合利用率达 96.5% 以上，多项工作走在全国前列。2022 年 3 月，农业农村部公布全国农业 5 年绿色发展典型案例，江苏省 2 个案例入选，其中，徐州市睢宁县"聚焦三个关键筑牢农业面源污染'防护堤'"案例榜上有名。

突破难点，推动农业绿色发展。我市精心组织编制的《徐州市农业绿色发展先行先试工作方案 (2018—2020)》《中共徐州市委、徐州市人民政府关于加快建设国家农业可持续发展试验示范区 推进农业绿色发展的意见》等 5 个文件先后正式出台。市委办公室、市政府办公室还先后出台了关于新一轮农业产业结构调整、粮食生产功能区和重要农产品生产保护区划定等多个专项文件，在全市上下形成了浓厚的创建氛围。

2018 年，全市减量使用化肥、农药，化肥施用强度比 2015 年降低了 3%，农药施用强度比 2015 年降低了 19%。资源化利用畜禽粪污、秸秆、农膜，全市通过治理认定的规模养殖场 1871 家、治理率达到 85.9%，秸秆综合利用率达到 93% 以上，地膜利用率达到 85%，完成了各项目标任务。着力打造生态宜居美丽乡村，深入开展乡村公共空间治理，稳步推进农民住房条件改善工作，全面治理农村环境，加快补齐农村人居环境突出短板，农村生活垃圾集中收运率达到 96%，农村无害化厕所普及率达到 92.49%，村庄污水治理覆盖率达到 31.5%；创建省级特色田园乡村 15 个，其中马庄村成功入选 2018 中国乡村振兴先锋榜十大榜样名单。积极构建山水田林湖一体的生态体系，森林覆盖率稳定在 30.19% 以上，自然湿地保护率达到 48% 以上，2018 年 11 月正式通过国家森林城市复检，积极参与创建全国质量强市示范城市，深入开展农产品质量安全县创建活动，助推打造"品质徐州",全市绿色优质农产品比重达到52%;坚持"产出来"和"管出来"两手抓、两手硬,有力地保障了广大人民群众舌尖上的安全。

发展质量"高"起来,推进农业生产方式向绿色化发展。徐州"483"现代乡村产业体系不断健全完善。21个优势特色农业产业集群建设扎实推进,其中大蒜产业集群产值达到300亿元,成功入围国家重点扶持的首批50个优势特色产业集群。同时,获批2家省级现代农业产业示范园,实现了7个涉农县(市、区)全覆盖。粮食生产实现"十九连丰",全市粮食种植面积稳定在1153万亩,年总产量达到50亿公斤以上,位居全省第二。蔬菜产能不断提高,全市蔬菜播种面积615万亩,年总产量2000多万吨。创建徐州—上海蔬菜外延基地27家,年入沪果蔬量达百万吨,交易额60亿元。畜牧水产健康养殖水平不断提高,畜禽生态健康养殖比重达到83.5%,水产健康养殖示范场面积占比由"十三五"初的7%增至80%以上,全市稻田综合种养面积达到15.63万亩。大力推行农业标准化生产,全市绿色优质农产品比重达到70.8%以上。

生态系统"好"起来,持续抓好农业产地环境治理。开展测土配方施肥,推广使用有机肥,强化病虫草害统防统治和绿色防治,丰县、邳州被确定为国家果菜茶有机肥替代肥试点县,全市化肥、农药减量行动领先全省。至2020年,化肥施用强度较2015年削减5%,农药施用强度较2015年削减15%。农业废弃物资源化利用全面推进,作为全国首批"无废城市创建"试点城市之一,2019年6月全国"农业无废"现场推进会在我市成功召开,徐州农业废弃物综合治理典型经验和模式受到国家"无废城市"创建办、农业农村部的充分肯定,并向全国推介。开展畜禽粪污资源化和减量化利用,畜禽废弃物资源化利用工作走在全省最前。推进农膜回收利用,建设全市回收利用体系,全市共有废旧农膜回收站点500个,每镇都有回收示范站,重点村有回收示范点,全市农膜回收率达到90%。秸秆综合利用工作领跑全国,2018年6月,农业农村部在我市成功举办小麦秸秆综合利用现场观摩暨技术对接活动。

农业资源"养"起来,加大各类资源节约保护力度。严守耕地红线,耕地养分含量不断提升。持续推进高标准农田建设,2022年全市新建高标准农田 69.43 万亩，高标准农田占耕地面积比重超八成。严控地下水超采，大力发展节水农业，农田灌溉水有效利用系数 0.621。渔业资源养护迈开新步伐，骆马湖完成了水产种质资源保护区渔船退捕工作。

生活环境"优"起来，不断推进农村人居环境整治。农村人居环境展现全新形象，累计创建省级美丽宜居乡村 800 个，涌现出了一批以睢宁县高党村为代表的全国美丽乡村示范村、以贾汪区马庄村为代表的中国美丽休闲乡村、以铜山区倪园村为代表的省级特色田园乡村示范村。加快改善农民住房条件，全市行政村生活垃圾保洁收运体系实现全覆盖，农村无害化卫生户厕改造率 97.2%。乡村休闲旅游业快速发展，1 个区被评为全国休闲农业和乡村旅游示范县、1 个区被评为全国休闲农业重点县；5 个村先后获批全国休闲美丽乡村；近 30 条乡村休闲旅游精品线路先后被部、省推介。

支撑体系"搭"起来，着力开展国家重要农业资源台账制度建设。严格按照重要农业资源台账清单和采集要求，开展水资源、农用地资源、气候资源等 6 大类近 400 个指标普查，全面摸清全市 2010—2019 年所有的重要农业资源底数和 50 户典型农户多年基本经营生产数据，提交重要农业资源台账远程汇交系统。徐州市农业农村局被评为 2019 年度国家重要农业资源台账制度建设先进单位。构建农业资源环境生态监测体系，定期跟踪监测全市耕地、渔业水域、生物资源、产地环境等资源，分析各类资源利用存在的问题，编制 2017 年、2018 年、2019 年重要农业资源年度评价报告，提出农业资源可持续发展的对策。建立农业产业准入负面清单制度，各县（市、区）针对本区域内农业资源与生态环境突出问题，具体负责拟定农业产业准入负面清单，因地制宜制定禁止和限制发展产业目录，强化准入管理和底线约束，加强资源环境管控。

常见的农业废弃物主要有大田作物秸秆、畜禽粪污、废旧农膜、农药包装废弃物等。这些农业废弃物，与农产品的生产过程相伴而生，是一种特殊形态的农业资源，也被称为"放错位置的资源"，如果不加以利用，则会严重污染空气、破坏水土资源。因此，着眼长远，必须从源头上将各类农业废弃物资源化利用起来，化堵为疏，变废为宝。

近年来，我市以绿色生态循环为导向，突出系统治理、重点突破、区域发展，取得了明显成效，形成了可复制、可推广的徐州模式和徐州经验。

在这一过程中，市农业农村局苗瑞福等一批沼气专家和技术人员，潜心研究，不断攻克技术难关并取得重大成果，为推进农业废弃物资源化利用和绿色生态农业发展作出了积极贡献。

沼气，在农村不算什么新鲜事物。"沼气的产生是靠微生物繁殖而产生的，而细菌的繁殖需要一定的温度才行，一旦气温低至零下十几摄氏度，细菌根本无法繁殖也就不能产气，所以很多时候夏天气多得用不完，而冬天又没气可用。"市农业农村综合服务中心相关负责人介绍。

那么，如何真正打通这一生态循环？

在姚集镇沼气站，我们找到了打通这条可循环生态循环链的"奥秘"——1500 立方米的卧式厌氧发酵罐。同一般立罐不同，它通体黝黑，横卧在太阳能集热保温大棚内。据了解，卧式厌氧发酵罐使用秸秆或畜禽粪污为发酵原料，充分利用太阳能进行增温，在零下十几摄氏度的气温下仍然能保证所有农户全天 24 小时供气。

打通了瓶颈，姚集镇高党沼气站以沼气工程为枢纽，将周边畜禽粪污变废为宝，生产绿色有机肥料，提供给周边农田及生态园区使用。年消化利用畜禽粪污约 6500 吨、农业废弃物约 400 吨，年产沼气约 37 万立方米，满足高党社区 660 户居民使用，同时年产沼液沼渣有机肥料约 2万吨。通过沼气站建设，农村环境持续改善，农业废弃物实现资源化循环利用，农民幸福指数不断提高。

一根小小的秸秆在离田收储之后到底能走多远？徐州在实践中给出了秸秆利用的"标准答案"。

金灿灿的麦田

机打成捆的秸秆是培养双孢菇的好基料

里，大型农用机械"轰隆隆"声不绝于耳。在睢宁县官山镇大吕秸秆离田现场，十余台收割打捆一体机在麦田里齐头并进，随着收割打捆一体机的快速开动，麦秆前面刚被吞进去，后面一个圆柱形的"草面包卷"就被吐了出来。而这些"草面包卷"将会被运往官山镇秸秆收储中心，在那里，这些打成捆整齐码放、堆积如山的秸秆，等待着变成"软黄金"，供下游企业使用。坐落在官山镇的江苏众友兴和菌业科技有限公司是我国第二大双孢菇种植企业，年产双孢菇2万吨。我们在生产车间看到，一簇簇雪白的双孢菇从培养基料中钻出来，长势旺盛，菌盖厚实而圆润，一旁有工人正在采摘、装箱。而培养这一簇簇雪白的双孢菇的基料，正是那一卷卷的"草面包卷"。仅这一项，每年就能消化小麦秸秆6万吨，实现产值3亿元，带动官山镇24个村平均增加集体收入近30万元。而培养完双孢菇后的废菌渣，仍然可以再利用，制成有机肥，回归田地。

至于秸秆离田后留在田里的秸秆茬，通过深耕技术耕翻碎垡，重新还田，可以实现秸秆有效腐烂、减少病虫害目的，将其对下茬作物的种植影响降到最低程度。

在畜禽粪污治理方面，我市加强技术研究和集成，推广使用节水饮水器和干清粪养殖工艺，引导应用发酵床养殖、水禽旱养等节水减排养殖技术，推广简易农家肥生产技术，统筹考虑不同区域资源环境、畜禽种类、养殖规模、种植结构等基础条件，鼓励应用堆（沤）肥、固液混合发酵等经济高效的利用方式，以规模养殖场为重点，推行粪污处理和粪肥利用台账管理，有效地提高了全市畜禽粪污治理的整体水平。

在农药减量化方面，我市积极开展农作物病虫草害绿色防控区建设，大力推广生物防治、物理防治等技术，扶持植保专业服务组织发展，推广"无人机施药"等"无人植保"模式，从源头上减少农药使用量，达到减量增效的目的。

农药包装物是农废的一个"大头"。近年来，我市采取集中分散相结合，逐步培育起农膜、农药包装物收集体系。全市在67个乡镇进行了回收，共设置集中回收点103处、分散收集点1800余处，各回收点配有专职人员进行统一收集后，运送到镇农药包装废弃物收储站，进行集中处置。

在农药包装物回收处置方面，积极探索回收模式。按照"谁生产谁负责、谁销售谁回收、谁使用谁交回"的原则，采用以物换物或现金回收的模式，对农业生产者交回的农药包装废弃物进行有偿回收。

有了体系，难题也不难了。除了农药包装物收集体系，目前，我市针对农业废弃物，还逐步培育了秸秆收储运体系、畜禽粪污治理体系等。其中，秸秆收储运体系按照政府推动、市场运作、企业牵头、农户参与的原则，积极发展"合作服务""村企结合""劳务包"等多种形式的秸秆收储服务，鼓励相关企业、个人深入田间地头开展专业化收储服务，也较好地调动了各方面的积极性。

下面，重点介绍一下自续农业理念及发展情况。

所谓自续农业，就是将传统与现代技术深度融合，通过多环境试验与农民参与式评估，构建"种植—养殖—加工"一体化生态链。自续农业传承创新古法农耕，通过综合运用生态农业、循环农业、精准农业等先进技术和管理理念，实现农业生态系统的自我调节和持续发展。它不仅能够提高农业生产效率，保障粮食安全，还能够有效减少化肥、农药等化学物质的投入，保护生态环境，促进生物多样性。

在种子资源的保护与利用方面，自续农业重视收集各地珍稀种子，建立丰富的传统种子资源库，并利用现代技术保持种子的活力与基因完整性；在土壤的修复方面，采用物理与化学方法有效修复污染土壤，提升土壤肥力，为农作物生长提供肥沃的土壤环境。在防虫方面，构建自然防虫体系，减少化学农药的使用，确保农业生产的可持续性。此外，自续农业实现了种养循环一体化，将养殖废弃物转化为肥料和清洁能源，不仅减少了环境污染，还提高了资源利用效率。

江苏天润谷丰生物科技有限公司董事长、自续农业产业发展联盟发起人张兆龙在黑龙江、云南、徐州等地区进行了多年实践与探索，通过种养结合，不出园区解决生产供需问题，形成农业生态良性循环。他认为，弘扬传统农业和创新科技农业的有机结合，成为综合型农业技术企业发展的有效路径。

天润谷丰是一家集研发、生产、销售及服务于一体的综合性高新技术企业。该公司遵循"自续农业"理念，大力生产、推广自续农业产品，开拓出"生产基地＋科技研发＋商超销售＋VIP定制"的产销新模式。先进的经营管理理念和敢为人先的创新精神，使天润谷丰快速成长为有着较强影响力的的标准化生产、产业化经营、品牌化运作的农业产业化龙头企业。

　　张兆龙说，发展自续农业，传承创新古法农耕文化，就是要让老祖宗留下的"好东西"传承下去，让土壤更肥沃、环境更美好、农产品更优质安全、农民的钱袋子越来越鼓、日子越过越红火。

　　走进位于铜山区单集工业园区的润磊生物能源科技有限公司，整洁、优美的环境，让人难以相信这是一家从事畜禽粪污、秸秆等有机废弃物处理，通过微生物降解而生产清洁生物天然气和有机肥料的企业。

　　年轻帅气的润磊公司总经理潘磊对企业的发展如数家珍，他介绍说公司总用地面积70.15亩，规模为4座单体容积为7650立方米的厌氧发酵罐，年处理畜禽粪污20万吨，年处理农作物秸秆10万吨。公司日产沼气3万立方米，日产生物天然气1.8万立方米，可年产生物天然气600万立方米，颗粒生物有机菌肥8万吨，沼液肥20万吨，有机沼渣8万吨。公司通过对畜禽粪污有机废弃物进行生物转化，解决了全区范围内非规模养殖场的粪污污染，同时又可生产优质的有机肥原料——有机沼渣；在控制粪便环境污染、改善生态环境的同时，又为农业生产提供大量的优质有机质，为无公害农产品生产提供了肥源。公司运营以来，不但缓解了铜山区畜禽粪污污染问题，还给周边居民提供了清洁能源，并为农业经济作物基地提供高效有机液态肥和固体有机肥，为实现农业绿色、高效、可持续发展打下坚实基础。

　　2022年，铜山区畜禽粪污综合利用率已达95%，形成了整区推进畜禽粪污资源化利用的良好局面。其中，润磊公司作出了自己的贡献。

　　投资1亿元的丰县畜禽粪污资源化利用整县推进项目（徐州智慧园区发展有限公司）已于2023年4月建设完成，建设一期固体废弃物处理车间9500平方米，配套处理设备及粪污运输车辆，集中处理县域内畜禽粪污，年产有机肥可达 20 万吨。建设这个项目，主要是着眼畜牧业与农业生态建设的协调可持续发展，通过项目的实施，特别是有机肥的生产施用，大力提升农产品品质，提高农产品经济效益，推动绿色农业的发展。

目前，位于丰县顺河镇的徐州智慧园区发展有限公司已投入正常运营，生产原料以周边畜禽养殖以及菌菇、木耳种植企业在饲养及生产过程中产生的畜禽粪污及菌棒为主。广西守农作物营养科技有限公司作为第三方运营单位正在积极开拓市场。公司负责人介绍说，通过实施畜禽粪污资源化利用项目，使畜禽粪污得到充分利用，除还田外，还能生产有机肥等。有机肥施于农田、果园、蔬菜、苗木花卉，可确保农作物稳产高产，提高农产品品质，提高农产品经济效益。畜禽粪污资源化利用的实施，具有一定的经济效益，更具有很好的社会效益和生态效益。由于减少了种植基地化肥施用量，增加了土壤有机肥，土壤结构得到改良，产出的粮食、蔬菜等作物达到无公害产品标准的要求，推动了当地绿色经济发展，深受广大农民的欢迎。

处暑时节，水稻等农作物饱满丰盈，除草进入了关键时期。此时，铜山区沿湖农场加强了田间管理。在农技人员指导下，稻农们积极采取相应措施，降低杂草对稻田的危害，确保水稻的品质和产量。沿湖街道办事处相关人员介绍，沿湖农场是铜山国家级现代化农业示范区优质粮食生产核心区，入秋以来，区里委派了专家和农技人员来农场指导，帮助农户加强田间管理，擦亮"国营沿湖农场"的金字招牌。

与此同时，在铜山区黄集镇朱楼村，市绿新农机服务专业合作社人员在农业农村部门协调与指导下，组织人员深入田头，操控无人机为这里的大片水稻进行控量施肥。

"在农业农村部门的大力支持下，我们对有需要的农户上门服务，到田间进行取样，定制施肥、施药方案，利用无人机等植保机械，实现精准高效作业，避免重喷漏喷、无效喷洒，达到农药化肥减量的同时，还能节本增效。"该合作社负责人介绍说。

这一时期，市农业农村局坚持科学分析秋粮生产形势，认真抓好秋粮生产田间管理职责的落实，坚持分类指导、分田施策，组织专家、农业科技特派员、农技人员深入一线，根据不同作物生长发育进程和苗情变化，分区域、分作物落实措施。

按照市委、市政府部署要求，全市各地进一步夯实粮食安全党政同责，建立领导包片、镇包村、村包户、经营主体包田块的工作机制；推行专家包技术、专业化主体包"种、管、收、销"服务工作机制，切实把责任落实到镇（街道）、到村、到人头，细化举措具体落实到田块。为做好稳产保供工作，各地组织镇、村植保人员 235 人，深入田间地头，做好水稻病虫监测调查与防治工作，指导农民使用高效低毒低残留农药，禁用高毒农药及长残效的有机磷单剂，防止出现水稻农药残留超标现象。在加强田间管理的同时，我市还通过强化科技支撑稳产量。如示范应用水稻侧深施肥、玉米增密机播技术、病虫草害综合防治技术等高质高效栽培技术，真正落实到村组农户，确保示范片技术规范化程度和到位率有显著提高；主推"当家"品种，推动优势主导品种规模化应用，主推徐稻 9、徐稻 10、南粳 5718、南粳 9308、苏秀 867 等，主推面积 21.8 万亩，主推技术应用面积 25.6 万亩、绿色投入品应用面积 49.3 万亩。

当前，以倡导农产品标准化为手段，推动经济社会全面、协调、可持续发展的农业发展模式绿色农业方兴未艾。为此，强化绿色优质增效也成为了我市保障秋粮丰收的一大举措。

多年来，我市高度重视打造现代绿色农业，大力推进粮食绿色高质高效示范创建。2022 年 8 月中下旬，组织水稻、植保等专家对全市 92 家新型经营主体、30 个乡镇服务中心、6 个县级农业部门直属单位参与创建水稻示范片 51 个，从组织管理、项目实施、信息宣传、总结验收等 4 个方面，对照"4 个清单"，开展粮食绿色高质高效示范创建中期评估活动，全面推进粮食绿色高质高效示范创建活动。

千年彭城，徐稻飘香。徐州市重点培育优质食味稻米品牌，组织各地参加全省评选推介活动，做强徐米公共品牌，争创省级"味稻小镇" 5 个（睢宁县邱集镇、庆安镇，新沂市新店镇、时集镇，邳州市新河镇），新增优质食味稻米产业基地 5 个，优质食味稻米种植面积达 62 万亩，年产

徐州市农科院水稻优质新品种试验田

量 37 万吨，提升了产业竞争力。各地还大力推进优质食味稻米订单生产，订单种植面积扩大到 8.56 万亩，带动全市专业化服务面积 198.2 万亩。

这期间，我市强化抗防结合，促减灾减损，部署开展"立足百日行动保丰产、立足虫口夺粮保丰收、立足高产创建夺高产""三大行动"，打好"增产、夺粮、减灾、抢收"这"四大战役"。为此，着力构建重大病虫应急防控综合协调指导机制，针对当年汛期暴雨多等不利情况，我市全力搞好灾后生产恢复，做到积水不排完、生产不恢复、指导组不撤回，确保全年粮食和农业生产丰产丰收。

近年来，全市农业农村系统聚焦关键举措，深入研究解决农业面源污染问题。截至 2022 年 8 月 22 日，涉及当年的种植结构调整、化肥减量增效、夏季秸秆离田利用、池塘生态化改造、养殖尾水达标排放、废旧农膜回收利用、高效节水灌溉分别完成了任务的 100%、96.15%、100%、100%、100%、50%、22.75%，取得了阶段性成效。

狠抓种植结构调整，推动农业产业模式生态化。我市对直接影响控制断面水质稳定达标的沿岸农田进行种植结构调整，大力推进"一水两用、一田多收"的生态循环农业发展方式，适当发展稻虾、稻蟹、稻鱼综合种养，完成种植结构调整（含稻渔种养）4.83 万亩。

狠抓畜禽粪污治理，推动农业废弃物资源化。市农业农村局联合市生态环境局重点对国省考断面河流沿线和南四湖、骆马湖等水域周边畜禽养殖场（户）进行排查摸底。经排查，重要水域周边畜禽规模养殖场 96 家，75 家通过治理认定，重要水域周边畜禽非规模养殖场行政村 189 个，全部通过治理认定。印发《关于开展畜禽养殖污染治理专项检查的通知》，成立 4 个检查组，对全市各县（市、区）进行检查，对发现的问题，及时责令整改；认真落实水域滩涂养殖规划，推进池塘养殖尾水达标排放或循环利用。以创建国家级渔业健康养殖示范县为引领，推进渔业生态健康养殖。全市已落实池塘生态化改造 6512 亩，配合市河长办制定了《徐州市境内南四湖鱼塘退养整治工作实施方案》。

狠抓绿色防控技术，推动农业投入品减量化。示范推广精准高效施肥新技术、新模式，推进测土配方施肥技术落地见效，扩大有机肥部分替代化肥，集中连片推进化肥减量增效，建成化肥减量增效示范点 25 个。强化病虫监测，引导农民适期进行防治；大力开展专业化统防统治，提高主要农作物统防统治覆盖率；推广绿色防控技术，推进农作物病虫害绿色防控示范区建设向南四湖区域及国省考断面沿线倾斜，建设省级示范区 10 个，开展科学用药技术培训会 348 场。

狠抓秸秆综合利用，推动农业生产清洁化。组织 7 个秸秆禁烧工作督察组，除督查各地秸秆禁烧、秸秆机械化还田工作外，重点对南四湖区域及国省考断面沿线秸秆离田利用情况进行督查检查。全市夏季小麦秸秆离田面积 102.7 万亩，其中南四湖区域及国省考断面河道沿线秸秆离田面积 42.94 万亩，全市夏季禁烧"零火点"。

按照中央关于"推进农业绿色发展"的要求，近年来，徐州市高度重视新技术在农业中的推广使用，推动了农业生产方式的绿色转型，也让农村生态环境持续改善。

"新技术使用后，人解放了"。2022 年 3 月 28 日，沛县江苏省现代农业示范园桃花竞相开放，无人机轰鸣盘旋，将花粉均匀喷洒到朵朵桃花上。

"桃花授粉时间很短，通常只有三到五天，往年都是果农们连日抢工，一朵一朵给桃花授粉，现在有了无人机的帮助，事半功倍。"在 3 台无人机的帮助下，千亩桃林的授粉工作在半日内完成，相当于百名果农 3~5 天的工作量。"这机器干半天，顶我干好几个月的啊！"围观的果农啧啧称奇。沛县农业技术推广中心主任、高级农艺师封文雅说，相较于传统的人工授粉，无人机液体授粉集中均匀，生产出来的桃个体一致，商品率也大幅提高。

无人机在农业生产中发挥着重要作用

还是在沛县，微山湖沿岸、徐沛快速通道两侧的小麦绿色防控示范区内，小麦正拔节孕穗，迅速伸长。无人植保机在田间行走耕作，喷洒农药，预防小麦赤霉病。封文雅说，无人机解放人力、提高工作效率的同时，还能减少 5%~10% 的农药使用。近年来，沛县大力推广植保无人机、四轮自走式喷雾机等新型机械，植保无人机的覆盖率达到 70%。机械化的工作方式，让"半夜呼儿趁晓耕，羸牛无力渐艰行"的场景永远成为历史。

"农药用得少了，小麦品质高了"。为了达到绿色增效和化肥减量的目标，睢宁推进测土配方施肥，在继续做好粮食作物测土配方施肥的同时，扩大在设施农业及蔬菜、果树、茶叶等经济园艺作物上的应用，基本实现主要农作物测土配方施肥全覆盖。

目前，睢宁每个镇都建立了 1~2 个化肥减量增效百亩示范方，树立标识标牌，明确减肥途径，标明共建单位和专家指导人员，引领提高种粮大户、家庭农场、专业合作社科学施肥技术水平。

封文雅介绍说，农药减量、农产品提质增效是沛县近年的农业发展目标之一。在防治时，沛县大力推广生物农药、高效低毒低残留和环境友好型化学农药。建设绿色防控示范区，辐射带动微山湖沿岸地区小麦病虫草害绿色防控工作的开展，生物农药使用率达 55% 以上，化学农药使用全部实现了高效、低风险，使用量减少 30% 以上，小麦抽检质量检测合格率达 100%。

"粪污变宝，污染少了，环境美了"。在产业园粪污处理核心区，新沂市新店农业科技循环产业园总经理袁凯介绍："用沼液、有机肥种出来的碧根果，产量更高，品质更优。"此外，他还为大家算了一笔"大账"：园区3000余亩的碧根果种植面积，使用有机肥后大大减少了传统化肥的使用量，单这一项，每亩每年就能节约成本120元。

据了解，新沂市规模养殖场及规模以下养殖场户畜禽粪污年产生量为50余万吨。立足当地畜牧业和种植业特点，新沂近年来健全粪肥还田监管体系和制度，推广经济高效、灵活多样的种养结合模式，引导养殖场户配套种植用地，调动种植户使用粪肥积极性，形成有效衔接、相互匹配的种养业发展格局。污染少了，环境美了，收入增了，农民的幸福感越来越强。

废旧农膜是农业生产中较大的污染源之一。睢宁加快建立废旧农膜、农业投入品包装物等田间废弃物回收利用体系，积极探索尾菜、农产品加工废弃物资源化利用途径，建立相对完善的"村收集、镇集中、县回收"的三级回收利用体系，农膜、农药使用重点村设立了回收点，18个镇（街道）建立废旧农膜及农药包装废弃物回收站。睢宁已经初步形成经营和利用主体收集、专业队伍回收、利用企业加工的市场化运作机制。

下面，重点报告一下我市高标准农田建设的情况。

高标准农田建设，是实施"藏粮于地、藏粮于技"战略、加快现代农业发展、推进乡村振兴的基础性工程。

近年来，我市紧紧围绕"统筹规划、集中连片、规模开发、整体推进"的总要求，聚焦改善农业基础设施条件，提高农业综合生产能力目标任务，以规模开发、连片开发、"四沿"开发和绿色开发为抓手，加强组织领导，创新推进机制，坚持全域推进、重点突破，大力实施高标准农田建设，建成了一大批"灌排设施配套、土地平整肥沃、田间道路畅通、农田林网健全、生产方式先进、产出效益较高"的高标准农田，走出了一条综合发力、规模推进、高效集约的具有徐州特色的高标准农田建设之路，为全市农业现代化建设提供了有力支撑。

至 2022 年，我市高标准农田上图入库面积达 690 万亩，占耕地比重达 82%（建设在永久基本农田上的有 574 万亩，占永久基本农田比重达 77.5%）。全市建成 5 万亩以上高标准农田示范基地 30 个，亩均粮食增产 100 公斤以上。

　　这些年来，高标准农田示范区、生态型高标准农田示范区、高效节水灌溉示范区的高质量、大规模建设，大大推动了粮食生产提质增产增效，再加上良田"粮用"，一系列耕地保护"组合拳"，全方位夯实了我市粮食安全根基，真正把饭碗牢牢端在了我们自己手中。

　　夯实组织保障。市县均成立高标准农田建设领导小组和整县推进服务工作组，建立"月调度、季观摩、半年评价、年终考核"工作推进机制，相关项目镇成立高标准农田建设指挥部，项目村成立村民议事监督小组，形成政府牵头主导、部门分工协作、镇村齐抓共管、群众广泛参与的工作体系。

　　健全规划引领机制，编制完成《徐州市高标准农田建设规划（2021—2030 年）》。在项目编排上，重点围绕沿黄河故道、沿京杭大运河、沿国道 310 片区等"八大区域"，突出连片规模治理、整区域推进，充分发挥规划引领作用。健全政策支撑机制，先后制定了《关于加强高标准农田建设项目计划管理工作的指导意见》《关于进一步加强高标准农田建设项目招投标监管工作的意见》《关于进一步深化高标准农田建设创新工作的意见》《关于做好全市高效节水灌溉工作的指导意见》《关于规范农田建设项目第三方服务工作的指导意见》等 19 个规范性文件，完善了管理制度体系，推进农田项目建设规范化、制度化。同时健全试点示范机制，高水平建成省级示范县 2 个、市级示范镇 18 个、县级示范区 39 个。

　　稳定投入机制。大体量资金投入是撬动高标准农田建设的重要杠杆，徐州市把各地对上争取最大额度倾斜、对内加大本地财政投入、对外吸引工商资本情况纳入市对县乡村振兴实绩考核重要内容，切实为高标准农田建设开辟新的渠道、注入源头活水。

　　通过共同努力，徐州市高标准农田建设已连续 4 年获得省级验收排名第一、连续 3 年获得省通报表彰、连续 2 年获省政府真抓实干成效明显地方督查激励奖。

2020 年 10 月，江苏省农业农村厅下发了《关于全省 2019 年度高标准农田建设项目验收工作省级抽查情况的通报》，对全省抽查情况进行了排名，徐州市和沛县双双取得第一名的好成绩。

我市 2019 年度高标准农田建设项目共计 62 个，建设面积 51 万亩，财政投资 9.475 亿元。共建成排灌站 385 座、机电井 137 眼，输变电线路配套 90.76 公里，开挖疏浚沟渠 486.04 公里，衬砌渠道 572.05 公里，建成渠系建筑物 26178 座，铺设水泥路 756.45 公里，造林 4.91 万亩，发展高效节水灌溉 6 万亩。全市高标准农田项目建设实现了三个方面的突破：一是在投资规模上取得突破。建设面积和投入资金都突破了自 2009 年实施高标准农田项目以来的历史纪录；二是在项目县数量上取得突破。通过多方争取，徐州经济开发区成功进入高标准农田建设项目县范围，全市的项目县数量上升到 8 家；三是在竞争立项上取得突破。徐州市通过努力争取，成为苏北地区唯一入围生态型高标准农田的试点市，贾汪区成为全省 8 个生态项目试点县之一，省级追加徐州市高标准农田投资 1000 万元。2019 年度全市高标准农田建设竣工工程，在次年夏种期间都已正常投入使用且运转良好，为全市粮食增产增收作出了积极贡献。

2020 年 5 月，江苏省农业农村厅以《关于 2020 年度高标准农田建设项目实施计划的批复》（苏农复〔2020〕23 号）对徐州市 2020 年高标准农田建设项目实施计划予以批复下达。2020 年，徐州市新建高标准农田 61.4 万亩，发展高效节水灌溉 6 万亩，财政总投资 11.195 亿元。项目建成后，徐州市高标准农田占比达到 72%。2020 年徐州市项目争取工作取得三大突破，一是投资总量实现新突破。2020 年全市高标准农田建设总投资超过 11 亿元，为历年来最高，占全省的比例达到 17%。二是投资的增量实现新突破。与 2019 年相比，全省增量 30 万亩，徐州市增量 10.4 万亩，占全省增量的 1/3，增量居全省第一。三是投资的增幅实现新突破。与 2019 年相比，全省平均增幅 9%，徐州市增幅达到 21%，居苏北地区第一。

2021 年 9 月，省农业农村厅组织抽查组，对全省 2020 年度高标准农田建设项目验收工作进行检查,抽查了徐州市和各县(市、区)项目管理与资金报账拨付情况。10月18日,省农业农村厅发布《关于全省2020年度高标准农田建设项目验收工作省级抽查情况的通报》,徐州市2020年度高标准农田建设和验收工作得到省厅充分肯定,徐州市和铜山区分别获得市级和县级第一名的好成绩。

至2020年年底,全市建成高标准农田661万亩,仅"十三五"时期就完成了212.8万亩,占耕地面积比重达到72%,超额完成了"十三五"占比60%的目标任务,有效灌溉面积253万亩,耕地质量稳步提高。

2022年3月9日,省农业农村厅下发《关于表扬2021年全省高标准农田建设成效显著单位的通报》(苏农建〔2022〕4号),通报表扬了2021年高标准农田建设成效显著单位,徐州市农业农村局榜上有名。同时,我市沛县、新沂市和铜山区农业农村局作为县级高标准农田建设成效显著单位受到省厅表扬。

我市2021年度高标准农田建设任务65.3万亩,发展高效节水灌溉4万亩,共计62个项目,财政投资11.72亿元,涉及丰县、沛县、睢宁县、邳州市、新沂市、铜山区、贾汪区。全市高标准农田建设工作紧紧围绕"一个目标、两大体系、三个强化、四项创新、五个关口",扎实推进各项工作的开展。至2021年年底,圆满落实了市委、市政府提出的新要求,历史性地实现了当年任务当年高质量完成的目标。省农业农村厅多次通报各地建设进度情况,我市均位居全省首位。

2022年11月,省农业农村厅组织开展了全省高标准农田示范项目遴选,徐州有4个高标准农田项目入选全省首批高标准农田示范项目。具体是:2021年度沛县朱寨镇高标准农田建设项目,2021年度丰县欢口镇高标准农田建设项目,2021年度睢宁县高作镇高标准农田建设项目,新沂市草桥镇高标准农田建设整镇推进项目。

2021年度沛县朱寨镇高标准农田建设项目。该项目建设面积2.0万亩,总投资3500万元,是2021年度徐州市高标准农田"12412"工程示范区之一。通过项目建设,项目区田水林路得到综合治理,渠路桥涵闸站得到全面配套,实现亩均增产粮食50公斤,人均增收200元。

2021 年度丰县欢口镇高标准农田建设项目。走进欢口镇肖埝村，平整的农田一眼望不到头，一条条平坦的生产路上不时有农机穿梭，俨然一幅美丽、充满朝气的苏北田园图。该项目针对河道清淤、村道绿化、建设生态沟渠、种植水质净化浮生物等一系列治理内容，开展生态农田试点，推进农田灌排生态化改造，探索农田退水生态净化模式，通过田间道路硬质化、村头道路黑色化，达成眼前稻田美颜、农机易行、村民方便的效果。

2021 年睢宁县高作镇高标准农田建设项目。睢宁县连片高标准农田建设示范区位于高作镇，建设高标准农田 3.6 万亩，总投资 6750 万元。通过连片高标准农田项目建设，项目区农田在土地生产能力提升、粮食增产、农民增收等方面都取得了明显效果。项目区粮食产量亩均提高 50 公斤以上，新增粮食产量 380 万公斤，新增年收益 891.77 万元，项目区农民人均增收 287.66 元。

新沂市草桥镇高标准农田建设整镇推进项目。草桥镇 2019—2021 年度连续 3 年规模连片开发，建设高标准农田 2.6 万亩，投资 4550 万元，共建设泵站 26 座、防渗渠 43.405 公里、暗管 1.032 公里、渠系建筑物 1155 座，沟道清淤 12.754 公里，铺设线路 1.241 公里，变压器及配套设施 5 台套，铺设水泥路 50.711 公里，栽植苗木 10045 株。草桥镇作为高标准农田建设整镇推进镇之一，实行连片治理、规模开发，做到建一片成一片，基本实现了高标准农田全覆盖。

近年来，我市全力引导新沂市、邳州市、铜山区、沛县开展新增耕地市级试点，指导睢宁县开展高标准农田新增耕地省级试点，推动丰县开展高标准农田新增耕地指标试点。2022 年，全市建成高标标准农田 69.43 万亩，发展高效节水灌溉 3.79 万亩，财政投资达到 21 亿元，达到历史最高水平，高标准农田项目财政投资增量和增幅连续 4 年位居全省第一。按照"五统一"要求，规划布局 8 大重点片区，大力实施了农田灌排畅通、农田林网提升、农田道路提档等"8 项工程"，创建高标准农田建设示范县 1 个、高标准农田项目示范区 25 个、高效节水灌溉示范区 7 个，真正让昔日的"望天田"逐步化身为"吨粮田"。

九月风光好，田间谷穗沉。站在新沂草桥镇、窑湾镇间连片的稻田边，微风吹来，稻禾像波浪一样一起一伏，层层碧波中泛起点点金黄。"这里有近 5 万亩的高标准农田，机械可以直接下田耕种，方便快捷，粮食产量也提高了，农民种粮的信心又回来了。"新沂农业农村局负责人说。

　　保障粮食安全，关键是要保障粮食生产能力，高标准农田是真正实现旱涝保收、高产稳产的保证。徐州地处苏北粮食主产区，被誉为"淮海粮仓"。2022 年夏收，全市 529.9 万亩小麦单产 443.9 公斤，总产 23.52 亿公斤，同比增长 0.4 亿公斤。如此丰景的绘就，是徐州严格落实"藏粮于地、藏粮于技"战略的成果，高标准农田建设便是落实中的重要抓手。

　　一垄垄良田，一片片希望。"补丁地，巴掌田，种植收割两困难，灌溉需要跑断腿，涝了只能干瞪眼。"这是以前丰县常店镇孔庄村农业生产的真实写照。村庄偏僻，村里的地大都坑坑洼洼，需要投入大量的人力物力，同时种粮效益与付出不成正比，农民种粮的积极性不高。自开展高标准农田建设后，该村坑坑洼洼的田块变得平整连片，灌溉水渠修到田间地头，农业生产基础设施得到了改善，全部实现机械化耕作。

　　2021 年，丰县完成高标准农田建设面积 10.6 万亩，发展高效节水灌溉面积 6400 亩，共 7 个高标准农田建设项目，涉及首羡镇、顺河镇、王沟镇、孙楼街道办事处等 7 个镇（街道）的 41 个行政村。项目实施后，

"望天田"变成"吨粮田"

新增灌溉面积 1.01 万亩，改善灌溉面积 6.25 万亩，新增排涝面积 0.5 万亩，改善除涝面积 7.3 万亩，节约水量 305.05 万立方米，项目区新增粮食生产能力 673 万公斤，新增棉花生产能力 15 万公斤，新增其他农产品 234.5 万公斤，实现新增种植业总产值达 4662.91 万元，农民年纯收入增加 3397.14 万元。粮食产能得到了显著提升，乡村环境有了明显改善，绿色农业持续有效发展。完善的农业基础设施和服务措施，为粮食丰收夯实了基础，确保了农业增效农民增收，农民种粮的积极性高涨。

作为确保国家粮食安全的重要举措，和传统农田相比，高标准农田建设的标准"高"在哪儿呢？

新沂市农业农村局分管负责人谈了自己的认识，高标准农田从通俗意义上讲是指田成方、林成网、渠相通、路相连、旱能浇、涝能排，其核心建设标准是达到年亩产 1000 公斤粮食的产能，各项配套设施建设要服从服务于这个标准。

2022 年，新沂市对"四河一湖"粮食主产区、高亢丘陵特色农业优势区进行集中改造，全市已形成 10 万亩规模连片高标准农田项目区 4 个、粮食高产示范方 22 个，新增旱改水 3.5 万亩，亩均粮食单产 1030 公斤。高标准农田建设不仅让农田变成"稳产田""高产田""增收田"，更让"沉睡"的土地焕发出新生机。新沂市新店镇刘庄村种粮大户王以龙的 400 亩小麦就在新建高标准农田项目范围内，即使天气干旱，新建的泵站和灌溉水渠也能确保小麦稳产。他介绍说："小麦长势很好，高产地块亩产能够达到 1200 斤。现在种田机械化作业程度高，田也更好种，经过改造的高标准农田不但节肥省水，产量也比过去提高了很多。"

大数据赋能高标准农田建设。在沛县朱寨镇，高标准农田建设还插上了大数据的"翅膀"。一处不到 100 平方米的耕地质量检测区，可以实现对周边地区耕地质量的实时监控，当地的农户们正经历从普通种田到智慧种田的转变。沛县农业农村局相关同志介绍说："这里有气象监测站对周边的水文气象数据监测，实现了实时数据检测。"

数字化赋能是高标准农田建设的又一新趋势。在可改造田地数量日趋减少的大环境下，通过科技的加持，深挖土地潜能，向现有田地要产能，向精耕细作要效益。例如，沛县的现有耕地面积是122.6万亩，人口130万人，人均耕地不足1亩。依靠耕地的数量扩张来解决日益增长的粮食等农产品需求，空间已经很小。因此，立足现有耕地资源，全力推进高标准农田建设，提高单位面积的耕地生产能力，是夯实该县粮食安全之基的切实之举。

习近平总书记在中央农村工作会议上指出，要实施新一轮千亿斤粮食产能提升行动。徐州作为粮食主产区，在上一轮千亿斤粮食产能提升行动中，承担了4.64亿斤增产任务、实际完成13.98亿斤，为保障国家粮食安全作出了贡献。徐州将持续抓住耕地和种子两个要害，全方位夯实粮食安全根基，逐步把740万亩永久基本农田全部建成高标准农田，确保粮食产量稳定超过100亿斤。在新一轮粮食产能提升行动中，徐州将勇挑重担、压实责任，坚持藏粮于地、藏粮于技，为更高水平保障国家粮食安全作出徐州贡献。

■**资料链接**

坚持以绿色发展引领乡村振兴
扎实推进国家农业绿色发展先行区建设

杨亚伟

"十三五"期间，市农业农村局坚持以习近平新时代中国特色社会主义思想为指导，认真落实"三主"工作思路，把实施乡村振兴战略作为"三农"工作的总抓手，抓住首批国家农业可持续发展试验示范区暨农业绿色发展先行区建设机遇，不断提升农业发展质量和竞争力，乡村振兴的美好蓝图正在彭城大地徐徐展开。农业发展质量迈上新台阶。粮食产量实现"十七连丰"，连续2年迈入百亿斤大关，绿色优质农产品比重达65%以上。"483"现代产业体系不断完善，大蒜产业集群成功入围国家首批优势特色产业集群,贾汪区塔山镇等 5 个镇获批国家农业产业强镇。绿色转型取得新成效。开展测土配方施肥,推广使用有机肥,做好病虫草害统防统治和绿色防治,全市化肥施用强度和农药施用强度分别削减 5% 和 15%,丰县、邳州被确定为国家果菜茶有机肥替代化肥试点县。加快农业废弃物资源化利用,全市农膜回收率达 91%、秸秆综合利用率达 96%、畜禽废弃物资源化利用率达 96%,农业废弃物综合治理典型经验和模式受到国家"无废城市"创建办、农业农村部的充分肯定并向全国推广。人居环境展现新形象。深入实施农村人居环境整治,累计创成省级美丽宜居乡村 812 个,成功举办全国农村人居环境整治现场推进会,中央政治局委员、国务院副总理胡春华同志对我市农村人居环境整治给予了充分肯定。持续推进农民住房条件改善,累计改善农民住房条件 6.95 万户,创建省级示范项目 13 个,7 个农房改善项目被评为省级特色田园乡村。

农为邦本,本固邦宁。稳住农业基本盘、守好"三农"基础是应变局、开新局的"压舱石"。迈上新征程,农业农村局将认真落实中央、省委、市委全会以及中央、省委农村工作会议精神,自觉把农业绿色发展作为贯彻新发展理念的题中应有之义,作为乡村振兴的内在要求,以奋斗为笔、以绿色为墨,扎实推进国家农业绿色发展先行区建设,推动农业高质高效、乡村宜居宜业、农民富裕富足,打造乡村振兴区域样板。

一是坚决扛起粮食安全硬责任。严守耕地红线。落实最严格的耕地保护制度,科学规划粮食生产功能区、重要农产品生产保护区,规范耕地占补平衡,坚决遏制耕地"非农化"、防止"非粮化",确保永久基本农田面积不减、布局稳定。加强耕地土壤污染管控和修复,推行轮作休耕,恢复乡村生态系统平衡,像保护大熊猫一样保护好耕地。稳定粮食产能。按照集中连片、旱涝保收、稳产高产的要求,完善水利等农业基础设施配套,新建高标准农田 62 万亩,保障粮食综合生产能力稳定在 100 亿斤左右。重视和加强高标准农田建后管护工作,按照"谁受益、谁管护,谁使用、谁管护"的原则,完善管护制度,落实管护责任,定期监测耕地质量,促进项目工程长期发挥作用。延伸产业链条。鼓励更多社会资本投资乡村，引导适合农村的二三产业向县域和有条件的镇村布局，进一步完善仓储保鲜、冷链物流等基础设施配套，做强做优21个农业产业集群，大力发展乡村旅游，持续提升农业发展综合价值。支持工业集中区内建设标准厂房，大力发展低污染的劳动密集型产业，创造更多就业岗位，增加村民收入，壮大村集体经济发展。

二是持续深化农业供给侧改革。把握扩大内需这一战略基点，顺应居民食物消费结构升级趋势，根据市场供需变化和区域比较优势，调整优化农业生产结构、区域布局和产品结构，不断调优品质、调高质量、调出效益。实施品种培优工程。深入实施藏粮于地、藏粮于技战略，鼓励各地与大院大所深化合作，推进产学研用企深度融合，加快种源技术攻关，因地制宜培育推广优质粮食品种和种子，年内绿色优质农产品占比提高到68%以上。实施品质提升工程。积极推动农产品向绿色有机高端发展，大力推行农业标准化生产，完善农产品质量安全生产技术体系，完善以质量为核心的生产、包装、储藏、运输等全链条农产品质量安全监管体系，探索建立农业投入品电子追溯制度，力争更多农产品通过"三品一标"认证。实施品牌打造工程。农业品牌化是现代农业的重要标志。积极打造"1+4+N"农业品牌，推动徐州—上海蔬菜外延基地提档升级，支持各地创建省级特色农产品优势区，支持新沂水蜜桃建设国家级特优区，完善农产品市场营销体系，不断提升我市农产品在长三角核心区的知名度、美誉度。

三是不断强化农业科技和装备支撑力。发挥科技创新引领作用，构建多元互补、高效协同的农技推广体系，加快农业绿色转型。推动农业"无害化"。持续推进化肥农药减量增效，开展高效低毒低残留农药替代行动，加快新型有机肥、生物肥、低毒环保型农药等绿色农业技术研发推广工作，健全动物防疫和农作物病虫害绿色防治体系，确保我市化肥和农药施用保持"双下降"。加快健全废旧农膜、农业投入品包装等农业废弃物回收机制，推进废膜残膜再生造粒等项目建设，不断提升农业废弃物综合利用效率。推动农业"循环化"。发展循环高效农业，积极推广种养结合、农渔循环模式，合理确定种养规模，促进农业资源环境的适度开发与有效保护，不断提高土地产出率、资源利用率和劳动生产率，力争更多县（市）入选省级现代生态循环农业示范县。复制推广沛县生物质发电、睢宁县秸秆基料化经验作法，构建秸秆、尾菜、畜禽粪便、病死动物等收集、处理、利用体系，努力做到农业资源"吃干榨净"。推动农业"机械化"。实施设施农业"机器换人"行动计划，大力支持保护性耕作、秸秆还田离田、节水灌溉、残膜回收利用、饲草料高效收获加工、病死畜禽无害化处理及畜禽粪污资源化利用等绿色高效机械装备和技术的示范推广，全力创建粮食生产全程机械化示范市。推动农业"智慧化"。依托物联网、大数据、智能控制等信息化技术，推进"互联网＋农机作业"，支持发展精量播种、精准施药、精确施肥的精细农业，降低农业资源利用强度，彻底改变高投入、高消耗、资源过度开发的粗放型发展方式，形成更高效率和更高质量的投入产出关系。

四是扎实推进美丽田园乡村建设。绿色是乡村最美的底色。坚持农业绿色发展和农村绿色发展一体谋划、一体推进，实施乡村建设行动，继续改善农村生产生活条件，建设更多的美丽宜居乡村、特色田园乡村。更大力度补齐设施短板。围绕建设更加宜居的现代乡村，加快补齐乡村水电、道路、燃气、通信、物流等基础设施短板，年内新改建农村公路300公里、村内道路1000公里、改造危桥80座。纵深推进厕所革命，完善农村生活垃圾回收、生活污水处理等基础设施，健全运营管护长效机制，推动群众生活更加绿色健康。有序推进农民住房条件改善，新建一批功能现代、风貌乡土、成本经济、结构安全、绿色环保的宜居型示范农房，确保完成农房25万户的任务。更实举措深化社会治理。开展新一轮农村人居环境整治提升工程，深入推广邳州乡村公共空间治理、铜山农村人居环境整治经验，推行"五位一体"综合管护，引导群众转变思想观念，着力改变农村生活习惯，让健康生活方式成为自觉行动。抓住农民住房改善机遇，提早谋划新型社区管理模式，对群众生产生活方式进行系统变革。更优机制加快要素集聚。完善城乡融合发展体制机制和政策体系，深入实施"三乡工程"，鼓励引导企业员工、大学生、复转军人、返乡农民工、科技人员、执业兽医等到农村创新创业，引导工商资本投资乡村，让美丽乡村成为实现梦想的舞台。加强农村实用人才队伍建设，培育家庭农（牧）场主和合作社经理人，年内培育高素质农民2.7万人次，全面提升乡村产业发展效益，让农民成为有奔头的职业。

（徐州市委研究室《徐州调研》，2021年第1期）

■资料链接

把"望天田"变成"吨粮田"

杨亚伟

近年来，江苏省徐州市聚焦改善农业基础设施条件、提高农业综合生产能力的目标任务，大力实施高标准农田建设工程，走出了一条综合发力、规模推进、高效集约的高标准农田建设之路，为全市农业现代化建设提供了有力支撑。

截至2020年年底，全市已建成高标准农田661.4万亩，有力促进了粮食增产、农业增效、农民增收、农村增绿。徐州市和下辖的新沂市因2020年度高标准农田建设任务完成较好，被江苏省人民政府以重大政策措施真抓实干取得明显成效予以督查激励。

徐州市委、市政府将高标准农田建设纳入全市"三重一大"项目考核内容，健全推进体系。今年市委一号文件又把高标准农田建设列入推进农业农村现代化的重要方面，市县两级均成立了高标准农田建设领导小组。并按照农田建设项目化、项目实施具体化、具体推进责任化的思路，形成了齐抓共管、部门联动、整体推进的工作格局。

依据国家和省农田建设最新规章制度和相关要求，徐州市结合实际,强化了制度建设,先后制定出台了一系列文件,建立健全了市县两级管理制度体系,有效推进了农田建设项目规范化管理。强化质量建设,从规划设计到竣工验收的每一个环节都把质量管理放在首位,落实"四方认可",实行"管评分离",做到"四级审核""四方联动",确保质量安全。

在高标农田建设中,徐州市始终坚持集中连片、集成配套,统一规划布局沟渠田林路。期间,新建排灌站 1492 座、防渗渠 2727 公里等,栽植农田林网 8.26 万亩,发展高效节水灌溉 40 万亩。农业综合生产能力和抗灾能力大幅提高,昔日的"望天田"变成了"吨粮田"。

打破行政区域界限,连续开发、滚动建设,目前全市建成 5 万亩以上高标准农田示范基地 30 个。新沂市率先开展高标准农田整县推进省级试点,建成骆马湖 15 万亩优质稻米基地、新沂东南部 15 万亩优质稻米基地。睢宁县扎实开展高标准农田整县推进市级试点,探索推进"先流转后建设"的开发模式,打破了一家一户生产经营的局限。

严格高标准农田建设质量标准,注重耕地保护和地力提升,全面提高水土资源利用效率,持续增强农业抗御自然灾害能力,实现了粮食稳产高产,建成的高标准农田项目区粮食增产 4.2 亿斤。

通过一轮高标准农田建设,有效带动了机械化种植、规模化生产、产业化经营,农户规模经营收入有效增加。"十三五"期间,全市高标准农田建设项目区农民新增种植业收入 6.38 亿元、亩均增收 300 多元。通过农户土地入股、村集体统一发包,土地租金亩均增加 150 元以上,促进了项目区农民整体收入水平提升。

机构改革以来,徐州市高度重视高标准农田建设,将高标准农田建设作为农业高质量发展的重要抓手,市农业农村局咬定目标,努力实现高标准农田建设质与量齐升的目标。

(《农民日报》,2021 年 6 月 1 日)

(三)农村社会可持续是推进的热点

农村社会可持续事关农业强、农村美、农民富,为此,徐州积极探索农村社会可持续五种新模式，在农业扶贫、全产业链发展、三产融合、农业金融支持、城乡无害化处理方面，形成可复制、可推广、可借鉴的徐州农业可持续发展示范样板。

徐州市"十三五"期间扶贫开发成果显著。"十三五"期间，我市扶贫开发工作按照"抓重点、重点抓"的工作思路，聚焦"两增一重"要求，即每年除抓好"低收入农户增收、经济薄弱村集体增收"的同时，突出抓好一项重点扶贫工程，加大投入，加快推进，加强管理，推动脱贫致富奔小康工程建设取得实实在在的成效。

2019 年，丰县、睢宁两个重点帮扶县顺利摘帽，269 个省、市定经济薄弱村全部出列，全市 24.05 万户、62.78 万建档立卡低收入人口全部实现脱贫，提前一年完成省定脱贫致富奔小康工程任务。2020 年，全市62 万建档立卡低收入人口人均年收入达到 12212 元；269 个经济薄弱村集体年平均收入达到 61.48 万元。

徐州市连续 4 年低收入人口人均可支配收入的增量和增幅均居全省前列，连续 4 年在全省扶贫工作考核中名列前茅，连续 4 年在全省扶贫工作会议上作经验交流发言；连续 3 年获得市级机关创新项目奖项。

（1）脱贫攻坚任务艰。"十三五"期间，我市有 2 个省级重点帮扶县（丰县、睢宁县），1 个省级重点帮扶片区（丰县湖西片区），269 个省市定经济薄弱村（省定 219 个、市定 50 个），24.05 万户、62.78 万建档立卡低收入人口。建档立卡户数、人口数、经济薄弱村数均占全省 1/4 左右，扶贫任务十分艰巨。

为让老百姓过上好日子，打造贯彻新发展理念区域样板，全市上下紧紧围绕"户脱贫、村达标、县摘帽"的目标任务和"两不愁三保障"的短板弱项，找准撬动户脱贫、村发展的牵引性抓手，统筹推进片区大改善、县域达小康。不断建立和完善防止返贫监测和帮扶机制，杜绝"数字"脱贫、"指标"脱贫，推进"输血"与"造血"相协同、扶贫开发与社会保障相衔接，全力跑好"两个一百年"奋斗目标的"接力赛"。

（2）扶贫投入力度大。徐州市委、市政府主要领导率先垂范，多次到省级重点帮扶县、重点帮扶片区、经济薄弱村调研指导，在多个重要场合、重要会议、重要时点反复强调脱贫攻坚，重大事项亲自协调拍板，切实履行第一责任人责任，层层签订责任状，在全市上下形成了四级书记抓扶贫的工作格局。市分管领导经常深入扶贫开发一线，抓推进、抓落实，带领县（市、区）和市直部门进村入户现场办公。市委、市政府每年年初都召开扶贫开发工作会议，对当年的目标任务、工作措施、责任要求进行部署，每年市级财政投入扶贫专项资金都在8000万元以上。

（3）精准帮扶措施实。徐州市在扶贫过程中，压紧压实脱贫攻坚责任，精准靶向施策，定制帮扶计划，着力解决因学致贫、因病致贫等难题，把脱贫攻坚与乡村振兴结合起来，细化落实产业、就业、教育、健康扶贫等工作，激发群众脱贫致富的内生动力。

在低收入农户帮扶上，采取医疗保障、教育保障、住房保障、饮水安全、低保兜底保障等各类精准帮扶政策。

在经济薄弱村集体增收上，除省级财政投入56个村各200万元外，其余213个村都投入60万元，市财政配套40万元，县级财政配套40万元，各后方帮扶单位配套40万元，每个村集体增收投入不少于180万元，平均每个村投入在250万元左右。

帮助经济薄弱村投入不低于100万元，建设一个设施完善、功能齐全、面积600平方米以上的村级综合服务中心。

（4）扶贫创新举措多。徐州市始终坚持"脱贫不脱责任、脱贫不脱政策、脱贫不脱帮扶、脱贫不脱监管"理念，以"绣花"功夫、创新举措做好各项工作，不断巩固提升脱贫工作成效。

2016年，我市在全省率先制定出台建档立卡低收入人口医疗保障政策，对低收入人口实行"一代缴、两降低、两提高、一救助"，全市低收入人口住院政策范围内报销比例已达到94.75%，并做到了先诊疗后付费。

从2016年开始，市、县、镇三级财政利用3年时间累计投入2亿多元，对不达标的村综合服务中心进行全面新建或改建。

为促进经济薄弱村集体持续增收，对经济薄弱村每村投入集体增收资金150万元以上，重点扶持资源开发型、资产经营型、产业发展型、服务创收型、股份合作型、联合发展型等六种集体经济发展模式，切实发挥产业引领带动作用，增强经济薄弱村发展后劲。

建设"阳光扶贫+"监管平台，加强对脱贫攻坚工作乃至"三农"工作的全过程监督。全市推广实施孝老爱亲行动，有效解决分户老人脱贫难的问题。推进防返贫预警和解决相对贫困长效机制试点工作，全市共摸排脱贫不稳定户 3051 户 8475 人，边缘易致贫户 997 户 3001 人，全部实行实时监测和动态帮扶。

（5）精准脱贫成效好。在低收入农户增收上，全市 62 万建档立卡低收入人口人均年收入由 2016 年的 4932 元增加到 2020 年的 12212 元，年增长率 19.88%，最高家庭人均年收入达到 11.7 万元。低收入农户对扶贫政策满意度，连续 4 年全省第一，2017 年满意度为 89%，2018 年满意度为 93%，2019 年满意度为 96%，2020 年满意度为 98%。

在经济薄弱村集体增收上，全市 269 个经济薄弱村集体年平均收入由 2016 年的 6.02 万元增加到 2020 年的 61.48 万元，年增长率 59.16%，最高村集体收入达到 319.38 万元。许多经济薄弱村由弱变强，邳州邢楼镇的 8 个经济薄弱村中有 7 个村跨入全镇 10 强村。

2021 年 10 月，徐州市农业农村局被江苏省委、省政府授予"江苏省脱贫攻坚暨对口帮扶支援合作先进集体"称号。同年，市农业农村局焦思权、王松松被党中央、国务院授予"全国脱贫攻坚先进个人"称号；史树富被江苏省委、省政府授予"全省脱贫攻坚先进个人"称号。

"十三五"期间，我市农业产业富民工作扎实推进，2018—2020 年度产业富民专项 30 个，总投资近 1.7 亿元。其中，省级财政资金带动 42 个村集体增收 460 多万元，带动低收入农户近 2300 户，带动其他农户超过 13000 户，农业产业富民工作取得阶段性成果。

（6）加快转型步伐，推进绿色发展。我市粮食生产稳步提高，2019 年全市粮食播种面积 1142 万余亩，位居全省第二；粮食总产超过 50 亿公斤，位居全省第二。粮食产量在 2017 年、2019 年两创新高，实现百亿斤产粮大市目标。蔬菜果品量效齐增，"十三五"末，全市蔬菜播种面积达 615 万亩，总产量 2100 万吨，总产值 966 亿元，产业规模保持全省前列。

全市设施园艺面积超过 217 万亩，居全省首位。创建徐州—上海蔬菜外延基地 27 家，年入沪果蔬量达百万吨。畜禽转型不断加快，"十三五"期间，全市畜牧业不断加快行业转型升级，转变发展方式，推进结构调整，强力推进畜禽生态健康养殖和生猪生产恢复。全市渔业发展呈现绿色、健康、品牌发展态势，健康养殖理念逐渐深入，全市水产健康养殖示范场面积占比由"十二五"末的 7% 增加到 75% 以上。

"十三五"期间，我市成功创建首批国家农业可持续发展试验示范区暨农业绿色发展先行区，建立了重要的农业资源台账制度和县级农业产业准入负面清单制度。农业废弃物资源化利用顺利推进，畜禽废弃物资源化利用率达到 93%，全市农膜回收率达到 90%，秸秆综合利用率近 96%。不断夯实质量安全保障，全市农产品质量安全形势总体稳定向好，全市绿色优质农产品比重达到 65%。

（7）加快三产融合，夯实基础装备。我市农产品加工业持续壮大，正式建成 8 个省级农产品加工集中区，21 个优势特色农业产业集群建设扎实推进，其中大蒜产业集群产值达到 300 亿元，成功入围国家重点扶持的首批 50 个优势特色产业集群。乡村休闲旅游业快速发展，两个县（市、区）被评为全国休闲农业和乡村旅游示范县（市、区）；3 个村被正式命名为全国休闲美丽乡村。市场物流体系基本完善，全市拥有农产品市场 265 家。全市农业农村电子商务销售快速增长，并不断加大对新型农业经营主体的培育力度。

"十三五"期间，我市农业机械化水平不断提升，粮食生产全程机械化示范县建设实现全覆盖。持续推进高标准农田建设，规模连片开发取得新成效。全市农业科技创新能力明显提升，不断加强县级农技推广服务机构人员力量，组建 138 个"五有"乡镇农技综合服务中心，基本形成市县镇村四级农技推广服务网络。

近几年，我市农村人居环境也展现出全新形象，累计创建省级美丽宜居乡村 800 个，涌现出了一批全国美丽乡村示范村、中国美丽休闲乡村和省级特色田园乡村示范村。全市行政村生活垃圾保洁收运体系实现全覆盖，农民住房条件加快改善。通过改善提升公共服务、提高乡村治理水平、加强法治乡村建设，农民生活呈现持续优化的好局面。

在广袤的乡村大地上，稻米加工、田园综合体、智慧农产品市场、冷链仓储等一个个农业产业项目加快落地建设，有力促进当地的经济繁荣，带动农民共同走上致富路。

徐州市各地多措并举，聚焦打造"农业强市"，以产业项目建设为抓手，推进一二三产业融合发展，着力壮大现代农业产业，在推进乡村振兴征途上展现新气象。

2021 年年底，沛县胡寨镇农产品加工集中区上马了一个生鲜食品及冷链仓储项目。2022 年春节刚过，该项目建设现场，机械轰鸣，一派火热忙碌的景象。此项目依托湖西农场国家级稻渔综合种养生产基地、草庙长茄果蔬基地和微山湖丰富的湖鲜产品优势，由江苏湖韵食品科技有限公司投资兴建，总投资 1.1 亿元，占地面积 48 亩，建筑面积 18000 平方米，形成小龙虾、果蔬、莲藕和湖鲜产品的收储、加工、销售、冷链仓储一条龙的产业链模式，实现产品加工规模化、标准化、自动化。项目建成后，可实现年产值超 2 亿元、利税 3000 万元，将解决 200 余人的就业，带动全县种养业发展。

乡村振兴，产业是根基。农产品加工业一头连着农业和农民，一头连着工业和市民，对促进农业提质增效、农民就业增收和农村一二三产业融合发展意义重大。我市从高处着眼、实处着手、细处着力，采取"硬核"举措，全力推动农产品加工业"接二连三"发展。

2022 年初，全市五县 (市、区) 两区共上报 2022 年度投资额 5000 万元以上农产品加工业和冷链物流项目 51 个，总投资额 138.20 亿元，年度计划投资 60.39 亿元，其中农产品加工项目 43 项、冷链物流项目 8 项。经市农业农村部门组织对各地 1—5 月新开工项目进行现场核查认定，初步认定全市新开工项目 24 项（受新冠疫情影响，有 3 个项目尚未进行现场核查），全市农产品加工项目建设取得初步成效。

近年来，徐州市把农业农村重大项目建设作为促进乡村振兴的重头戏，围绕农业强市建设，精心制订实施农业全产业链培育三年行动计划，聚焦稻麦、水果、蔬菜、生猪 4 大重点全产业链和大蒜、银杏、肉鸭、肉鸡、食用菌、牛蒡 6 大特色全产业链，积极打造现代农业全产业链。

宿羊山镇是"邳州白蒜"的发源地，被誉为"中国大蒜第一镇"。经过邳州市精准招商，2022 年 3 月 22 日，永莱实业有限公司与当地签约，使其布局淮海经济区的重点项目中国蒜都（邳州）项目落地。让人感叹的是，该项目实现签约即开工建设的"无缝连接"，刷新项目招引建设的纪录。这一规划总占地面积 500 亩、预计总投资 15 亿元的项目，也是一个现代农业产业的延链项目。它涵盖农产品冷链物流、全国大蒜专业交易市场、中央厨房加工体系、大蒜专业会展中心和行业峰会、全球农产品直采中心、农产品电商直播、大蒜专业数据采集和价格发布中心、配套高端商务酒店等 8 大特色板块。该项目建成后将有力推动地方农业产业结构调整，增加税收，扩大就业，为淮海经济区农产品现代化流通、乡村振兴、产业融合发展发挥示范作用。

位于范楼镇的淮海经济区中央厨房产业园，是丰县着力推进建设的重点项目，现已成为徐州食品及农副产品加工产业最强增长极之一，园内标准厂房及污水处理、办公餐饮、道路、绿化、燃气等配套设施完善，交通便利、服务优质。园区规划工业用地 2000 亩，建成农产品加工区 510 亩，建有标准厂房 27 万平方米，22 城中央厨房、倪锦记食品、同福食品、雪川食品、黄友沛食品、丰荣食品等 13 家总投资 31 亿元的市、县重大产业项目已陆续完成开工、投产，逐步形成了以净菜、主食、烘焙、植物基、动物蛋白制品、调味品、牛蒡精深加工等预制菜产业为主的新业态体系，构建了集农产品种植、加工、仓储、物流、销售为一体的全产业链。对下一步的发展，园区负责人充满信心，园区将继续坚持发展富民产业不动摇，积极推动订单农业、加工增值、品牌赋能，强化产业链与创新链融合，促进产业向园区集中，确保 5 年内将园区建设成年产值 40 亿元、年税收 1.2 亿元的高端绿色预制菜产业园。

现代农业招商是徐州市委、市政府确定的重点产业招商重要板块之一，也是贯彻落实乡村振兴战略的关键环节。通过创新项目管理，构建现代农业产业新高地。

全市大力实施农业农村重大项目提质增效年活动，对农业产业项目实施"签约—开工—投产—运营"全生命周期管理，并配套建立徐州市农业产业招引项目管理系统，对招引项目的签约注册、开工、投产达效进行严格审核认定，开展项目全生命周期各阶段数据监测和全程化实地查验，确保招引项目真实有效、达产达效。

徐州市着眼目标任务，重点抓好"三稳、两促、一严"，即稳定生产保供、稳定市场主体、稳定安全生产，促进"两个增收"、促进项目达产，严抓秸秆禁烧，抢进度、抓落实，助推经济社会高质量发展。

农业是立国之本、强国之基。加快建设农业强市是高质量建设淮海经济区中心城市的内在要求。共同富裕，农民富是本质，必须更大力度鼓起农业从业人员的"钱袋子"，集中力量、集聚资源、集成政策，全力打好强村富民"组合拳"。

2023 年，市委农村工作会议指出，要把增加农民收入作为农业强市建设的中心任务，大力推进产业、就业、创业、物业"四业"富民，让农民群众腰包越来越鼓、日子越过越红火。

放眼徐州乡村，一片青翠待春风，在这广袤的土地上，正恣意描绘着共同富裕的图景，澎湃着新时代乡村振兴的无限活力与激情。

立足特色产业优势，加快富民强村步伐。走进邳州市土山镇李庄村养殖基地，硕大的养殖池底部覆盖着黑色薄膜，池里养殖着数万尾鱼苗，工人在给鱼苗喂食；温室外，新扩建的成鱼池已挖建完成。"现在有 2 个温室大棚和 2 个在室外养成鱼的池塘。其中，1 个池塘大概投放 10 万尾鱼苗，根据现在的市场行情，一年卖成鱼盈利约 14 万元，卖鱼苗可以盈利 3 万元左右。"土山镇李庄村党支部负责人介绍说，村集体有钱了，村里硬化了道路，修建了公厕、文化广场，一项项看得见、摸得着的"红利"，让村民日子越过越美。养殖基地已经带动多户村民加入养殖，扩大养殖规模，共同把李庄村黄骨鱼品牌做起来，让致富路越走越宽。

在车辐山镇山南村上海外延蔬菜生产基地的大棚里，绿莹莹的黄瓜挂满了枝头。"一个大棚 10 天可以收一茬，每一茬大约收获 3000 斤，效益还是很好的。"种植户老刘高兴地说。

据了解，车辐山镇山南村从 2009 年开始发展设施农业，经过十多年的发展，目前已经形成占地面积 2600 亩的上海外延蔬菜生产基地，承包户大多是山南村村民，蔬菜品种以黄瓜、茄子为主，年产各类果蔬 1.5 万吨，棚均年收益 10 万元左右。这个基地也成为当地农民增收致富的重要引擎。

近年来，邳州市聚焦富裕富足，全力推动富民增收。持续做好脱贫人口小额信贷，新发放小额贷款 3.3 亿元，帮扶 7549 名低收入农户发展产业项目。优化农民就业环境，引导农民发展新产业新业态，深化农村产权制度改革，强化强农惠农政策支持，不断增加农民收入。2022 年，农村居民人均可支配收入 25428.1 元，增幅 6.8%。依托新型农业经营体系积极发展订单农业、智慧农业等规模经营项目，形成了"公司直接经营""内股外租经营""公司 + 集体农业公司（农民专业合作社）+ 农户联营"的多种有效经营模式，促进农民和集体双增收。

2022 年秋收时节，邳州市新河镇胡圩村又传好消息，徐州生物工程职业技术学院专家团队引领当地农户发展的稻虾共作田又获丰收。

2019 年 3 月，生物工程学院组建由水产工程技术研究中心主任和 2 名博士、4 名硕士组成的稻虾共作团队，在邳州市新河镇胡圩村启动建设稻虾共作高标准示范基地 1060 亩，并开展水稻田间养小龙虾的生态种养新模式的集成与示范。

团队时刻践行"做给农民看，带着农民干，帮助农民卖，实现农民富"的社会责任，积极与中国水产科学研究院、江苏省淡水水产研究所开展技术合作研发，扎根基地搞研究，深入田头送技术。据统计，选育克氏原螯虾新品系 1 种，认定稻虾共作技术标准 1 份，申报绿色大米品牌 1 个，申报发明专利 1 件，系统培训省定经济薄弱村创业致富带头人548 人次，累计带动周边睢宁县、沛县从事稻虾共作 56 户 6900 多亩，实现利润 1380 余万元。另外，基地通过每年支付给农户土地租金、吸纳贫困农民就业，有效增加了农民收入。至 2022 年，基地面积扩大到 10000 余亩，直接带动 600 多人高质量就业创业。

目前，"虾稻共作"已成为当地颇有影响的一项富民产业。对此，徐州生物工程职业技术学院党委书记徐锋表示，牢牢把握和践行绿水青山就是金山银山理念，走农业绿色生态循环之路，培育推广种养新技术新模式，这是为农服务院校的社会责任和应有担当。

加快产业集群集聚，筑牢富民强村基础。大许镇是传统的农业镇，在铜山"两带四区"的农业发展布局中，找准了发力的方向。这几年通过不断培育壮大江苏农爱田生物科技有限公司、徐州爱迪食品有限公司等农业龙头企业，大许镇形成了大蒜产业集聚，优质大蒜种植面积超5万亩，不仅进一步拓宽收购、销售等渠道，也为群众解决了大蒜销售问题。

单集镇这几年靠着龙头企业、重大项目的带动，也走出了特色发展之路。

铜山区统筹各项目村集体帮扶资金，委托江苏铜山牧原农牧有限公司建设标准化生猪养殖场。项目建成后，猪舍产权归各项目村集体所有，铜山牧原承租运营并在每年10月31日前按照年均10%的收益率进行分红，促进了经济薄弱村和低收入农户增收。"2023年，铜山围绕'312'产业，加大一二三产招商，紧张快干创造更多就业岗位，增加工资性收入；鼓励农民发展电商、民宿等乡村特色产业，增加经营性收入；大力发展股田制、物业、商贸等新型集体经济，实现村集体稳定增收。强化公共服务供给。加快实施年度投资27亿元47项民生实事工程，持续提升农村教育、医疗、养老、托育水平，满足多元化多层次公共服务需求。健全帮扶救助体系。落实低收入人口动态发现更新制度，持续开展'走转惠'行动，确保兜住兜准兜好低收入群众基本生活。"铜山区农业农村局相关负责人表示，富民强村之路，铜山将继续坚定地走下去。

发展产业园区，进一步拓宽了村集体和农民的增收路径。2023年2月9日下午，位于新沂市高流镇，食品产业园内的麦湾湾食品有限公司车间内，食品搅拌机嗡嗡作响，工人在操作线上紧张忙碌着，车间内散发着浓浓的奶香。该公司占地面积15亩，建设3栋标准厂房，于2022年3月开工建设，12月底建成投产，总投资5000万元，是一家现代化、智能化的烘焙食品生产企业，可生产欧包、蛋糕、曲奇饼干等1000吨烘焙食品，年产值可达2000万元，带动农民就业100余人，带动粮食种植户20余户，带动相关农业每年产值增收 500 余万元。

食品产业园是高流镇高流村近年来建设的产业类项目之一。近年来，高流村发挥本地资源优势，大力发展物流运输、花木种植、果树种植、食品加工等产业，农民收入、村集体收入节节攀升。

2022 年，新沂市整合财政衔接资金 5400 万元，建设 32 个产业类项目带动村集体发展。招引投资额 5000 万元以上农产品深加工项目 15 个，纳入省级农业农村重大项目 44 个，其中"加、新、高"项目 37 个，项目数量和质量较往年有大幅提升。

推动传统产业升级，激活富民强村动力。草莓是贾汪区久负盛名的传统产业之一，"耿集草莓"远近闻名。近年来，随着不断加快调整产业结构，推动传统产业升级，2022 年年底，贾汪区耿集镇被评为全国乡村特色产业超十亿元镇。

种苗是草莓产业链的源头，种苗的好坏牵动着整个草莓产业链。近几年，贾汪区现代农业产业园区陆续招引来了徐州安耕农业科技服务有限公司、徐州龙德盛农业科技有限公司进行种苗繁育，为种植户源源不断地提供高品质的脱毒苗。50 岁的郑尊亮种了 16 亩草莓，他表示："现如今，大家对品质的要求越来越高。尽管一株脱毒苗要 3.5~5 元，但综合算下来，

作者与徐州市农业农村局副局长黄广杰(右)调研草莓生产情况

还是值的，一亩地能赚 3 万~5 万元。"农村集体经济是农民农村实现共同富裕的物质基础。贾汪区持续深化农文旅融合发展，助推乡村振兴促进共同富裕行动，2022 年农民人均可支配收入增幅高于全市平均水平。

"仅靠草莓交易市场和光伏发电项目，村集体一年能增加 20 万元收入。"2023 年 2 月 8 日，贾汪区现代农业产业园区郑庄村负责人介绍说，2016 年，郑庄村依托扶持资金、社会资金，建起 16000 平方米草莓交易市场，并利用草莓交易中心的钢结构大棚，在上面建起光伏发电项目。作为贾汪区现代农业产业园区率先发展草莓种植业的乡村，郑庄村在 13 年间，让村民腰包"鼓"了起来，村集体经济也"壮"起来，2022 年 2 月更是被评为全省"共同富裕 百村实践"新型农村集体经济发展典型案例。

贾汪区紫庄镇高度重视培育壮大农文旅融合项目，以此发展壮大集体经济、富裕农民群众。2022 年，着力推动月亮湾农旅项目、春风十里农文旅项目提档升级，对五环路紫庄段沿线进行绿化美化，建设五环路沿线彩色种植园，不断丰富乡村经济业态。2023 年，该镇全力打造农谷大道农文旅融合发展轴、五环路城乡融合示范圈、大运河临港产业发展示范带，对镇内第一田、淮菜基地、唐耕山庄、康田合作社进行全面提档升级，形成了多姿多彩的农文旅融合发展新格局，使村级集体经济有了更多新收入，让农民群众有了更多新希望。

促进集体经济发展，点燃村民幸福日子。发展壮大村集体经济，增强村级自身"造血"功能，拓宽农民增收渠道，是全面推进乡村振兴的重要抓手。近年来，睢宁县凌城镇凌闸村通过整合老校舍等土地资源，解决了老校舍相关遗留问题，并联合当地电商老板新建 3000 平方米标准厂房，解决 30 余人就业问题。凌闸村从自己招商、出地，到镇政府出资建设厂房，促使徐州织乎家居用品有限公司成功落地，解决了该村及周边兄弟村 90 余人的就业问题。这两个项目的落地，不仅让凌闸村群众实现家门口就业，还壮大了村集体经济收入。"这几年，村集体增收的收益陆续投入到村人居环境整治中，铺设了'户户通'道路 800 余米，建设游园 4 个，架设路灯 230 盏，5 个组铺通了污水管网，村庄公共设施建设逐渐完善，村民居住环境大幅改善，每一位村民都享受到了发展集体经济的好处。"凌闸村党支部负责人表示，2023 年，凌闸村将重心放在发展特色农业上，开展艾草种植，结合"合作社＋农户"的发展模式，就地就近解决群众就业问题。

为了进一步拓宽农民增收致富渠道，发展壮大村集体经济，睢宁县已研究出台多项措施，鼓励村集体盘活闲置土地、空置房屋等低效资产，改变前店后厂"小而散"的发展困局，努力实现乡村产业的高层次升级，促进村集体经济持续增长。同时，常态实施"家门口就业"工程、"零就业家庭"动态清零行动，不断拓宽"四项收入"增收渠道，让农民的腰包越来越鼓，过上更加幸福的好日子。

加强动物无害化处理工作，是推进徐州市生态文明建设的迫切需要，是确保市民"舌尖上的安全"的迫切需要，也是保障畜牧业高质量发展的迫切需要。近年来，我市认真贯彻落实病死动物无害化处理工作要求，积极应对无害化处理工作面临的新形势、新要求，善于创新、主动作为，大力推进病死动物无害化集中处理工作，优化升级收集处理体系，建立健全生猪保险与无害化处理联动工作机制，全市病死动物无害化处理工作取得明显成效，公共卫生安全得到有力保障。

体系建设全覆盖。我市目前已全面完成病死畜禽和病害畜禽产品无害化处理体系建设。全市共建成无害化处理中心 6 个，批处理能力 62 吨，收集点 97 个，收集车辆 23 辆，可以满足正常处理需求。各地强化财政投入保障，完善无害化处理补助政策、实行分档补助，扩大补助范围、全面落实保处联动工作。全市 11 家生猪屠宰场全部与无害化处理厂签订了收集与处置协议，下一步继续推进家禽屠宰企业集中无害化处理工作，畜禽养殖、屠宰环节病死畜禽及病害畜禽产品全部实现专业化无害化处理。

申报程序重规范。规范无害化处理申报、收集、转运、处理程序，严格数据汇总及资料审核。通过保处联动系统抽查养殖户申报提交资料情况，重点抽查单次申报数量较多的养殖户，对申报资料不规范的情形，要求各地开展核查工作，确保上报数据真实有效。

足额拨付保运行。养殖环节无害化处理补助工作采取先处理后补助的方式，当年处理，次年汇总上报处理数据，待中央、省下达资金后，各地根据制定的补助办法及时拨付资金。为确保各环节补助资金及时拨付到位，保障处理体系正常运转，市里积极调度补助经费使用发放情况，督促各地及时拨付补助资金。

全程监管无死角。实行线上线下一体化监管，病死动物无害化收集、转运、处理、库存和产物去向等数据实时录入畜禽养殖保险与无害化处理联动系统。处理场所的视频监控覆盖厂区大门进出口、投料口、暂存冷库、处理车间等重点场所，且全部接入远程视频监控系统，实现病死动物无害化处理视频监控全覆盖及数字化监管，监管效率大幅提高。

一年之计在于春，人勤春早闹春耕。为保证农业持续增产增收，打好2023年春耕备耕第一仗，徐州涉农银行、保险机构通过优先保障、创新信贷产品、优化金融服务等措施，围绕乡村振兴战略部署，兴农业、增保障、强创新、惠民生，全力保障春耕备耕资金需求。

简化手续，为农送去春耕"及时雨"。睢宁农商行在金融便民服务点配备"快付通"机具、农资机具门市安装扫码支付工具"惠宁 E 支付"，方便农户支付结算，全面打通"金融服务的最后一公里"。

为农户提供便利的，还有沛县农商行。该行在 150 个党群服务中心配置"惠民通"二维码，村民扫码填写贷款需求后金融村官随即上门服务，足不出村即可办理业务，为农户春耕备耕送上"及时雨"。

为全面提升春耕生产金融服务效率，徐州银保监分局指导辖内各金融机构提前谋划春耕备耕工作，利用春节农闲期间，摸底资金需求，掌握耕种情况，逐户建立档案，开展精准营销。与此同时，通过改善支付环境、开通信贷业务"绿色通道"等方式，简化贷款手续，优化办理流程，灵活办贷方式，优先办理、限时办结春耕生产信贷业务，真正为农户送来春耕的"及时雨"。

普惠让利，打好春耕备耕"组合拳"。"多亏了沛县农商银行的惠农快贷，让我有了现在的发展规模，而且贷款利率也不高，后期发展也有了保障，真的是让我尝到了甜头。"农户老韩在自家家庭农场里对大家讲述着他的感受。

老韩在沛县鹿楼镇经营了一家家庭农场，种植面积约 400 亩。其中蔬菜大棚占地 280 亩、金蝉养殖 50 亩、鸭棚占地 50 亩，年销售额 300 万 ~350 万元。让老韩尝到甜头的便是沛县农商银行的"惠农快贷"产品。为解决涉农客户融资难题，沛县农商银行与省农业融资担保公司合作，推广"苏农贷""惠农快贷"等信贷产品，并对"沛泽新农贷"产品进行创新优化，首贷户利率降低 110 个 BP（基点），同时对于部分种植品种受益期限较长的专业经营户，延长还款期限，适应农作物生长周期，降低广大农户的融资成本和还款压力。正是在"惠农快贷"的政策优惠下，老韩高兴地从沛县农商银行贷款 100 万元，他的家庭农场规模也是越做越大。

用心服务，吹响助力春耕"集结号"。建行徐州分行坚持把服务乡村振兴作为全行业务经营工作的战略重点，扎实稳健的金融投放像清泉活水让美丽乡村建设更加多姿多彩。2022 年，建行徐州分行以创新服务扶植合作社经营、以"裕农通"站点完善乡村金融配套、以特色产品助力美丽乡村建设和特色农业产业化发展，涉农贷款余额 145.61 亿元，较年初新增 52 亿元，增速 55.54%；农户生产经营贷款余额 12.8 亿元，较年初新增 11 亿元、增速 611%。乡村振兴贷款、乡村振兴金融客户、百户网点、裕农通综合贡献度达标服务点新增均为江苏省第一，先后荣获江苏省分行 2022 年度乡村振兴战略推进先进集体、2023 年建行江苏省分行首季乡村振兴金融业务突出贡献奖一等奖、建行江苏省分行 2023 年度金融服务乡村振兴百日竞赛活动先进分行一等奖等荣誉。"苏农云贷""股田贷"都实现全省创新突破，并作为全省乡村振兴金融领域唯一典型案例获建设银行总行"新金融 新责任"专题宣传推广。

进入 2023 年，建行徐州分行指导各地支行创新金融服务，又有许多新举措。建行徐州分行党委书记、行长陈峰介绍说，铜山支行推行"股田贷"、云龙支行推进"金融兴村"、丰县支行"敲门送需，解农户之所需"、睢宁支行布局"裕农通"、新沂支行为特色农业园区提供融资支持、邳州支行高效审批"农房改善贷"、沛县支行将普惠政策引到田间地头、贾汪支行加大农户小额普惠信用贷款推广力度、开发区支行积极支持高标准农田建设等等，都展现出许多新亮点。2023 年一季度，涉农贷款余额新增额是去年同期的 2.1 倍；农户生产经营贷款余额新增额是去年同期的 1.8 倍。

创新"保障"，农业保险奏响"春耕曲"。天气逐渐转暖，春耕春种和田间管理也进入了关键时期。除了涉及银行机构，徐州涉农保险机构也创新保险供给，强化支农服务，通过保险机制放大普惠、精准和增信作用，积极满足徐州春耕备产中的风险管理需求，将保险和科技服务送到春耕生产一线。

为全面助力春耕备产，围绕春耕春种主要农作物，徐州涉农保险机构在坚持传统农业保险、三大主粮作物完全成本（收入），守住国家粮食安全底线，助力藏粮于地、藏粮于技战略实施的同时，因地制宜，积极推动保险产品创新，最大限度满足春耕期间农户农险需求。如人保财险徐州分公司、太保产险徐州中心支公司，针对春耕春种农作物，都积极组织力量开发大蒜收入、露地旱生蔬菜价格指数、小麦收割期降雨指数等新型农业保险，为春耕春种农作物提供全方位风险保障。同时，积极探索推广农场雇主责任险、农产品价格保险、气象指数保险等保险新品种，推动农业保险高质高效。2022 年，全市涉农保费突破 13 亿元，规模居全省第一。在过去的多年间，徐州各涉农保险机构强化服务、不断创新，在保障农民利益、促进农业发展上贡献突出、成效显著，受到各级政府、农民群众和社会各界的好评。

近一段时间，人保财险睢宁支公司组织干部职工纷纷深入到乡村干部和群众中去，广泛征询意见，力求服务更加优质精准。在凌城镇凌东村，我们与正在调研的该公司副总经理张猛进行了交流，他说道："创新理念举措，保障农民利益，促进农业发展，是我们人保财险人的责任，也是我们最大的心愿。"听了他的话语，大家深有同感，看着他年轻的脸庞，虽略显疲惫，却透着精干和真诚。

同样在这一时期，太保产险徐州中心支公司也把听取基层意见、提升为农服务水平作为重要任务。在铜山区棠张镇蔬菜基地，太保产险徐州中支副总经理刘长杰说："在过去的多年间，围绕农民脱贫致富，我们公司做了积极努力，2021 年 10 月被省委、省政府授予'全省脱贫攻坚先进集体'称号，如今，我们要在推进乡村振兴和农民增收方面做更多工作，不辜负各级党委、政府和农民群众的厚望。"

2023 年春季，徐州保险业针对种植业保险等签单保费 2.13 亿元，已支付赔款 0.36 亿元，受惠农户 4.41 万户，有效助力春耕备耕，做好农业发展"护航手"。

绿色"颜值"带来经济"价值"。绿水青山就是金山银山。满目青绿之间，徐州逐步实现从"生态美"到"生态富"、从"绿色颜值"到"金色价值"的转换。

2022 年国庆节过后，丰县坪鑫羊肚菌种植家庭农场主张顶峰就要准备种植羊肚菌了。他通过搭建遮阳棚和小工棚，成功开展了近 70 亩的林下种植，节约了数十万元的大棚投资。他种植的羊肚菌每亩产量达 1000 斤左右，每年羊肚菌刚冒出头儿，客户就来订购了。

徐州林下经济种类繁多。有种植花生、山芋、大豆的"林粮模式"，有种植菠菜、胡萝卜的"林菜模式"，有种植猴头菇、海鲜菇的"林菌模式"，还有金蝉、鸭、鸡、羊等灵活多样的林下养殖，农民的聪明才智和积极性被充分调动起来。

由于我市农民群众参与程度高，全市高效林下复合经营面积已经达到 100 万亩左右，在全省规模最大。

绿色森林有着丰富的资源可以利用，森林旅游、森林康养在我市方兴未艾。食用林产品采摘、桃花节、梨花节、苹果节等聚集大量人气，邳州银杏观光园、博览园吸引大批游客，湿地旅游渐成气候，实现造林绿化的生态、社会和经济效益共赢。

2022 年，徐州林业 GDP 增长到 772.5 亿元，全省最高。

宜人九月，潘安湖国家湿地公园内草木繁盛，坐落于景区内的"王秀英香包工作室"淡香氤氲。来到这里的游客，总会不忘买一款"真棒香包"。

"草木植成，国之富也"。从采煤塌陷地变身 4A 风景区后，旅游产业成为贾汪区对外交流的一张名片，生态优势转变为发展优势、富民优势。农家乐、民俗店、休闲农居等旅游产品给人们带来了丰厚收入，点"绿"成金在这里成为现实。

金秋时节，秋高气爽，丰县润丰湖花海进入了最美花期。

"青眸远黛无锦绣，却是人间有谪仙。"浪漫的粉黛草随风摇曳，如云似雾，梦幻唯美，温柔又梦幻的粉色此起彼伏，荡漾开来，像是一片粉绒毯，配合茂盛的草地、湛蓝的天空，让人们惊叹如同身处油画世界，吸引了当地居民和众多游客前来游玩、拍照、打卡。

位于丰县大沙河西岸、华山闸旁的润丰湖花海，总面积1000余亩，原为一片滩涂地，环境脏乱差。丰县为了改善当地农村人居环境，提升居民生活质量，着眼生态修复，建设了这个花海项目，通过草皮护坡、花草种植等，不仅给人们提供了休闲娱乐的好去处，也更好地保护了生物的多样性。

在美丽多彩的花海内，粉黛花田、七彩花田交错相融，在这儿人们不仅可以看到如梦似幻的浪漫花海，还能体验农耕、乡俗文化，尽享幸福田园生活。

在儿子、儿媳和孙子陪伴下来花海游玩的尹大妈，刚刚拍了照，她自豪地说："没想到活了大半辈子，我们家门口也像景区一样了。真是感谢党和政府！"

我们在花海调研走访时，巧遇润丰湖花海项目承建方澳洋集团华东片总经理卜令宗正在对该项目建设情况进行回访。面对当地居民和游客的称赞，卜令宗谦虚地说："大家对我们项目建设的肯定与认可，是我们今后做好工作的动力。作为位居'中国企业500强'前列的澳洋集团，我们企业有能力、有实力把每一个项目都建设成高品质的精品项目，来回报当地政府的信任和群众的厚望。"

二、农村现代化方面

农村现代化，是在如何破解城乡二元结构、城乡差距方面提出的，主要包含农村生态环境、基础设施、公共服务、乡村治理、综合改革等工作。

推进农村现代化，我们选择以农村人居环境整治、村级集体经济发展为突破口。具体做法有三点：第一，搞好顶层设计。徐州市级层面，制定了一批政策保障文件，如农村人居环境整治三年行动计划、村庄清洁行动方案、乡村建设行动三年计划、农村人居环境整治提升行动方案、扶持村级集体经济发展意见等。第二，培树典型样板。开展徐州乡村振兴"五杯竞赛"活动，即产业兴村杯、生态美村杯、乡风润村杯、善治惠村杯、富民强村杯，形成一大批典型示范样板。第三，闭环实施推进。按照系统化、全覆盖原则，推进不留死角、全面提升。在农村人居环境整治中，综合村庄差异，分基本清洁村庄、美丽宜居村庄、特色田园乡村三个层级，逐步实现全覆盖。

近年来，徐州市严格落实中央和省委、省政府的统一部署，以实施"十大提升工程"为抓手，以"百村示范、千村达标"为引领，大力组织开展以"清洁家园、清洁田园、清洁水源，创建文明示范户、生态示范村、卫生示范镇"为主题的"三清三创"活动，牢固树立"四个坚持"工作导向，全面开展农村环境整治，整体生态氛围得到明显改善。

指导各地结合镇村规划布局调整，统筹考虑当前产业发展、公共服务、土地利用、生态保护等因素，对照特色田园、美丽宜居、整治达标三种类型，逐一确定整治方向和标准，列出项目化目标任务清单，做到因地制宜、分类施策、一村一案，全市10003个村庄制定完成了整治"项目表"和"路线图"。注重内外兼修，不断丰富乡村美的内涵，将生态宜居与产业兴旺、乡风文明、治理有效、生活富裕工作同谋划、同部署、同推进，通过治理农村"小环境"，带动城乡"大发展"。

深入贯彻落实"五级书记抓乡村振兴"的要求，市、县两级分别制定了乡村振兴实施规划、成立了实施乡村振兴领导小组和农村人居环境整治等专项工作领导小组。将农村人居环境整治列为"一把手"工程，市委、市政府主要负责同志亲自调研、亲自部署；分管领导定期调度、不定期调研。建立了市人居办牵头抓总统筹、市级相关部门各履其职、各专项工作组各尽其责的工作机制，明确了联席会议制度，实行一月一通报、一季一督查、一年一评估的推进机制，市级层面形成了工作推进的强大合力。同时，通过组织现场观摩，加大工作考核，强化舆论引导等方式，营造全社会关心支持农村人居环境整治的浓

农民住房条件改善成效好

厚氛围，构建各地齐抓共管、共同推进的生动局面。

聚焦农村生活垃圾乱堆乱放、厕所革命不深入、生活垃圾污水处理率低、环境整治形式主义等突出问题，结合省委乡村振兴专项巡视和国务院督查反馈情况，制定专项整治方案，明确包挂责任领导，细化整改内容，切实补短补软。总结推广邳州乡村公共空间治理经验，不断加大清理回收农村集体资源资产工作力度，农村区域供水入户实现全覆盖，行政村生活垃圾保洁收运体系实现全覆盖，厕所革命整改成效明显。

工作推进中，将打造特色田园乡村作为人居环境整治工作的示范工程，联动开展省、市两级特色田园乡村创建；将农房改善作为人居环境整治的标志工程，持续加大农房改善建设力度；将公共空间治理作为人居环境整治的创新工程，全域推进公共空间治理；打造出一批国字号的示范工程，铜山区倪园村被评为全国美丽宜居示范村、贾汪区马庄村被评为中国美丽休闲乡村，睢宁县高党村被评为全国美丽乡村示范村，初步形成了农房改善的"睢宁模式"、空间治理"邳州方案"、环境整治"铜山样板"等一批先进典型做法，沛县农村垃圾分类治理做法得到国务院农村人居环境整治督查组的充分肯定。

这里，我结合实例，谈谈我市农村人居环境整治情况。

农村人居环境整治是我市农村现代化建设的重要内容。近年来，我市把公共空间治理、垃圾治理、污水治理、厕所革命作为主攻方向，系统

推进、全域整治，因村制宜、分类施策，全市农村环境面貌发生显著变化。继 2020 年 6 月 5 日江苏省委、省政府在我市召开全省农村人居环境整治现场会后，7 月 24 日，全国全面建成小康社会补短板暨农村人居环境整治工作推进现场会在我市召开。中央政治局委员、国务院副总理胡春华视察我市工作并给予充分肯定。一是全面清除"乱"的现象。在全市大力推广乡村公共空间治理邳州经验，累计拆除农村违建 1180 万平方米，清理回收集体资源资产 96 万亩。二是不断彰显"绿"的底色。2020 年全市畜禽废弃物资源化利用率达到 93.8%，化肥施用量、农药使用量分别较 2015 年削减 5% 和 15%，农膜回收率达到 85%，秸秆综合利用率达到 95.7%，行政村生活垃圾保洁收运体系实现全覆盖，生活污水治理行政村覆盖率达到 70.4%，农村无害化厕所普及资源化利用率超过 97%。2021 年、2022 年我市这几方面工作又有新的进步，继续领先全省，特别是绿色优质农产品占比走在全省前列，农业绿色发展指数达到 83.6%，成效显著。三是着力塑造"美"的形态。先后建成省级美丽宜居乡村 800 个，省级特色田园乡村庄 56 个，省级传统村落 38 个，中国传统村落 4 个，初步形成了"一村一幅画、一镇一特色、一县一风光"的大美格局。四是持续放大"融"的效应。镇村公交实现行政村全覆盖，城乡供水基本实现"同源、同网、同质、同服务"。

（1）邳州乡村公共空间治理。长期以来，乡村公共空间疏于管理，很多本来应该为群众公共服务的资源，成了一部分人获取不当利益的渠道，有的甚至因争夺公共空间产生矛盾纠纷。针对这些问题，从 2016 年开始，邳州探路先行，开展乡村公共空间治理，清理回收集体土地、"四荒地"13 万亩，增加村级集体经济收入 20 多亿元，从而改善了农村环境、发展了集体经济、化解了基层矛盾。"邳州模式"得到了省委、省政府主要领导的充分肯定，被写进省委文件在全省推广。

（2）铜山"百千万"工程模式。作为徐州乡村振兴先导试验区，铜山区坚持把改善农村人居环境作为实施乡村振兴的"开幕之战"，2017 年实施"百村示范、千村整治、万户集中"工程，制定出台"十有六无"整治标准，展现了"一户一处景、一村一幅画、一镇一风光、一域一特色"

的大美铜山新貌，为全市农村人居环境整治工作作出了典型示范。铜山是全域在整治，像经济发展比较好的汉王镇南望村、紫山村的村容村貌即使与苏南相比，不仅不差，而且会令人刮目相看；像原来北部环境比较差的利国等地方，变化也很大；柳泉镇的北村村 2019 年、2020 年先后入选全国乡村治理示范村、全国乡村旅游重点村。

（3）睢宁新型农村社区建设。近年来，睢宁县紧紧抓住农房农宅统一登记、黄河故道流域农村土地综合整治、同一乡镇范围内村庄建设用地布局调整、多规合一等改革试点机遇，集成政策优势，将全县 400 个行政村、2800 多个自然村，优化调整为 232 个新型农村社区。以新型农村社区建设为抓手，聚力改善人居环境，形成了"睢宁模式"，得到省委充分肯定。睢宁的高党社区、湖畔槐园社区、官路社区等都做到了文化生活丰富、人居环境优美，社区内都建有沼气站、污水处理厂，供水、燃气、宽带、5G 基站等基础设施建设一应俱全，受到了群众的欢迎！

（4）贾汪区全域旅游整治人居环境。贾汪区通过对 13 万亩采煤塌陷地治理，结合村庄搬迁和环境整治，建成全国最大的湿地群，成为全国休闲农业和乡村旅游示范区，开创了资源枯竭城市发展全域旅游的"贾汪模式"。2017 年 12 月，习近平总书记视察徐州贾汪时，称赞贾汪转型实践做得好，贾汪真旺了，指出"只有恢复绿水青山，才能使绿水青山变成金山银山"。如今，美丽贾汪处处风景如画，令人流连忘返。

党的二十大报告指出："全面推进乡村振兴""统筹乡村基础设施和公共服务布局，建设宜居宜业和美乡村"。这是新时代新征程对正确处理好工农城乡关系作出的重大战略部署，充分反映了亿万农民过上美好生活的愿景和期盼，为全面推进乡村振兴、加快农业农村现代化指明了前进方向。

各地各部门加大乡村建设力度，农村基础设施提档升级，基本公共服务提标扩面，一个个乡村成了广大农民乐享现代生活的幸福家园。人居环境明显改善，乡村美丽蝶变。乡村振兴，生态宜居是关键。全市统筹推进厕所革命、垃圾处置和污水处理，健全完善村庄环境长效管护机制，

村庄秀丽美如画

望得见山、看得见水、记得住乡愁，各地立足实际打造美丽宜居典型示范村庄，全市 7 个镇、78 个示范村进入省级示范创建名录。2022 年，农村人居环境整治提升压茬推进，各地加快推动村庄环境从干净整洁向美丽宜居迈进。农村住房改善和乡村公共空间治理提档升级，农村民生事业取得新进展。在徐州，广袤乡村"硬件""软件"同步强化。我市启动新一轮农房改善专项行动，抓好农村危房和老旧农房改造改善，2022 年改善农村住房 2.3 万户，超额完成省定任务。深入总结邳州、新沂等地图码管控经验，聚力打造乡村公共空间治理升级版，2022 年回收集体资源资产 10 万亩。

丰县，"村亮户通"，百姓幸福指数不断攀升。路灯亮了，民心暖了。在丰县范楼镇，一盏盏路灯的照亮让一个个村庄充满了欢声笑语，勾勒出一幅美丽的乡村夜景图，这是丰县实施亮化工程的一个缩影。

为了持续改善提升农村人居环境和生活质量，顺应农民群众对美好生活的向往，切实解决农村部分村庄缺少路灯、村民夜间"出行难"问题，2021 年丰县对 23 万农户村内道路进行亮化，镇、村自发安装路灯约 2.5 万盏；2023 年 3 月对全县涉农村（社区）所有自然村已安装的照明设施进行"回头看"，全部检查损毁情况、更换新的照明设施。截至 2023 年 3 月，已新增安装 82651 盏，实现了行政村"村村亮"全覆盖。

随着"村村亮"工程的持续推进，百姓的生活环境得到改善，生活的安全指数大幅提升。亮化工程不仅是一项民生工程，更是一项民心工程，一盏盏伫立的路灯照明了道路、温暖了民心。

道路通了，百姓笑了。走进赵庄镇王龙庄村，宽敞、平坦的主路，干净、整洁的胡同映入眼帘，村路通畅了，村貌也提升了。看着家门口新铺的水泥路，村民姬玉玲笑容满面。没修路以前，她家门口只有一条羊肠小道，下雨天道路泥泞难走。如今，家门口有了平坦的大路，她觉得日子都跟着敞亮了。

据了解，丰县"户户通"村内道路总里程 4797.99 公里，截至 2022 年年底已硬化 4035.62 公里，硬化占比 84.11%。自开展"户户通"项目工程建设以来，根据该县实际情况和工作部署，"户户通"建设里程逐年增加，2019 年新建 160 公里；2020 年新建 180 公里；2021 年市下达新建任务数为 200 公里，实际建设 299 公里；2022 年市下达新建任务数为 220 公里，实际完成 1273.8 公里，完成了全市总任务的 84.6%。

沛县，垃圾分类让村庄更美丽宜居。而今，垃圾不再是完全的废弃物，也能变废为宝。"农户积攒 1 斤垃圾可获 6 分钱积分，保洁员收 1 斤垃圾可获 8 分钱积分。"杨屯镇环卫中心运营负责人说，"如今，村民争相收集垃圾，主动进行分类，村庄犄角旮旯儿都干干净净。"

走进杨屯镇环卫中心，场地宽敞洁净，垃圾按区堆放，一台台垃圾处理车从周边村庄驶入其中，并分门别类驶向不同区域。大件和可回收物分拣中心、其他垃圾压缩站、有害垃圾暂存点等区域的工作人员正井然有序地分拣、处理各类垃圾。

2022 年年底，在住建部召开的县域统筹推进村镇建设工作视频会议上，沛县作为农村生活垃圾收运处置体系建设管理方面的唯一代表交流了经验，这标志着沛县的人居环境实现了蝶变。"看了我们家的厕所，谁还能说不如城里？"栖山镇姜梨园村村民老刘自豪地说，"以前是一个坑、两块板、三面墙，春夏秋冬都挺臭。现在是坐便器、亮瓷砖、白墙壁、一年到头都没味。"沛县坚持把厕所革命作为整治提升农村人居环境的重要抓手，以切实改善农民群众生活品质为目标。截至 2022 年年底，沛县新建户厕 5419 户，整改提升户厕 19902 户，完成 66 个整村推进村，施工进度、质量全市领先。

小小厕所，方寸之间，既系着民生，又连着文明。如今，沛县各村面貌有了大变化，村民更讲卫生、讲文明了，农村改厕，"改"出了文明新生活。

乡村"新图景"

不同的村庄，呈现着不同的特色，而它们都是沛县美丽乡村建设加速蝶变的缩影。近年来，沛县围绕实施农村人居环境整治提升行动，全域推进美丽乡村建设，全县共创市级特色田园乡村 12 个、省级生态宜居美丽示范村 10 个，打造绿美村庄 12 个、美丽宜居村庄 268 个，整治达标村 1000 个，全县美丽乡村建设由"点"美向"线"美、"面"美拓展；以采煤沉陷区居民搬迁安置为突破口，探索推出"地矿融合"易地发展、"全域整治"、原址新建等不同模式，改善农房总面积 227 万平方米，安置 1.7 万农户 4 万余人，连年获苏北农房改善绩效评价优秀等次。

睢宁，修新路添新景村庄换"新颜"。走进睢宁县岚山镇丁山社区，设施完善的篮球场、遍布社区的垃圾桶、优美的墙体壁画、干净的绿水廊亭——映入眼帘。"以前这片都是土路，还有旱厕和臭水沟，环境差，自从修了新路，添了新景，出门就有很多休闲娱乐的地方，大家从心里感到舒服、高兴。"丁山社区居民老王自豪地说。

2022 年，睢宁县扎实推进乡村建设，取得显著成效。全年完成农村户厕改造 2.1 万户，新建污水处理设施 58 座，行政村生活污水治理率达 75%。实施村庄清洁行动，清理垃圾 18 万吨，生活垃圾收运体系覆盖率 100%。新增省级特色田园乡村 3 个、打造美丽宜居村庄 45 个。完成农村道路硬化 280 公里，新增绿化面积 36 万平方米。完成农房改善项目 18 个，惠及农户 3200 余户。乡村基础设施和公共服务水平明显提升。

邳州，乡村靓起来群众生活美。2023 年春节刚过，邳州市占城镇李园村 299 名村民喜搬"小洋楼"。2 月 9 日，走进李园村新型农村社区，一座座错落有致的"洋房",和谐秀美的社区环境,令人心旷神怡。大部分村民正忙着装修,新房内充满了幸福的味道。在八路镇祠堂村,白墙黛瓦与高低错落的花草苗木相映成趣,干净整洁的道路通村入户,休闲广场、健身器材、游园长廊等基础设施一应俱全……行走在八路镇祠堂村,仿佛进入一幅优美的田园画卷。八路镇祠堂村村民薛大姐开心地说:"村子道路宽阔了,路两侧的绿化、栏杆和台阶都很漂亮,还有公园,我们新农村的环境跟城里比起来,一点也不差。"

近年来,聚焦宜居宜业,邳州全面推进乡村建设。开展村庄设施提升工程,新增农村户厕 2.25 万户、公厕 180 座、新建村内道路 260 公里;加快创建美丽乡村,累计建成省级特色田园乡村 9 个、市级 14 个;加快推进生态宜居美丽示范镇村建设,建成港上、岔河 2 个示范镇及四王、议堂、桥北、育才等 24 个示范村。

新沂,以"绣花"功夫打造"幸福村"。整洁的村庄生机盎然,改造后的巷道焕然一新,马陵山镇小周村到处呈现出一派欣欣向荣的景象。这得益于该村近年来的公共空间治理,以"绣花"功夫,打造了"空间治理＋公共配套提档＋生态环境提优"的"幸福村"。

近年来,小周村以公共空间治理为抓手,"清底子","过筛子",成立攻坚治理组,对疑难问题逐个过堂、重点突破,抢抓机遇、乘势而上,不断提升乡村的"颜值"和"气质",美丽的村庄焕发出新的生机与活力。

新沂不断探索多元机制,切实保障乡村建设投入,全面推行村庄环境"216"长效管护模式,深化五个"零"容忍、村庄"五堆十乱"、大面积裸露土地等突出问题大整治,持续开展"清洁庭院""美丽庭院"创建活动,切实构建村庄环境治理常态机制。持续完善公共基础设施,实施新建农房项目,提档升级农村公路,改造农村户厕,增加垃圾分类试点镇,治理生态河道,提升燃气进农村覆盖率。加大实施"十百千"生态宜居美丽乡村示范建设工程。这些任务的推进落实,使和美乡村的美丽图画变成了现实模样。

铜山,农旅融合促发展。近年来,铜山从"融入主城区""进阶"到"建设主城区",从执行者到创造者身份的转变,使乡村面貌发生了令人惊喜的新变化。

汉王片区打造文旅生态型美丽宜居公园城市，张集方特乐园周边片区打造文旅商贸居住为主要功能的东南片区，吕梁园博园周边片区打造徐州城市生态宜居宜游"后花园"，铜山经济开发区建设滨湖生态新城、千亿级产业新城，大彭循环经济片区建成融村入镇、融镇入城的西部产城……

铜山以"一环五片"和中心镇、特色镇为重点分类指导，实施好2023年度投资110亿元的124项城建重点工程和年度投资44亿元的81项农业农村重点工程，高标准推进新一轮农房改善，加速城镇化进程，率先破除城乡二元结构。加快改善农村人居环境。以东部片区、边界薄弱村为重点，抓好48个镇村污水处理设施、2万个户厕建设，新增7个垃圾分类试点镇。深入开展公共空间治理。突出存量管理，做好增量利用，对清出的资源性资产实施图码管控，积极稳妥盘活闲置宅基地，加强规划和土地控制，做好开发利用"后半篇文章"。

贾汪，环境美了，农民精神风貌更好了。统筹乡村基础设施和公共服务布局，建设宜居宜业和美乡村。在贾汪区广大乡村，人居环境悄然发生着变化。走进大吴街道两妥社区，平坦的柏油路干净整洁，白墙黛瓦的农家小院温馨舒适。据了解，该社区通过人居环境"积分制"管理，居民们打扫房前屋后获取积分，积分可以兑换实物，培育了"整洁有序习惯好，文明程度大提高"的良好社会风气。在两妥社区居住了大半辈子的石大姐，每天起床后第一件事就是打理自家房前屋后，谈到"积分制"管理连连称赞："以前，大家伙维护公共环境的意识欠缺；现在这种方式好，促使大家伙把家庭环境、村环境都打扫好，老百姓的心情也好了。"

两妥社区积极探索实施"积分制"管理是贾汪区乡村治理拓展新路径的一个缩影。同时，贾汪区持续丰富"马庄经验"内涵，新建自然村、小区、学校、企业等不同类型的新时代文明实践点170余个。有力有序推进"十必联"工作夯实行动，深化社会治理和社会文明程度双提升，评选"贾汪正能量，身边好榜样"周度、月度榜样449人（组），实施"整洁有序习惯好，文明程度大提高"行动，开展志愿服务活动 6000 余场次，举办贾汪草根秀等"听党话、感党恩、跟党走"宣讲活动等。推广"积分制"激励机制，通过党员带头、乡贤带动、群众评判，对村民住户的日常行为进行评价并给予相应精神鼓励和物质奖励，深受群众欢迎。贾汪区将进一步总结完善"马庄经验"，不断丰富农民群众的精神文化生活，努力提升农民群众的文明素养，同时，加大乡村建设力度，推动产业发展、乡村建设、乡村治理取得新成效。

■资料链接

持续深化人居环境整治　高质量建设美丽宜居乡村

——徐州市农村人居环境整治的调研与思考

杨亚伟

改善农村人居环境，建设美丽宜居乡村，是实施乡村振兴战略的重要内容，也是农民群众的热切期盼。2017 年，全市新型城镇化创建工作动员会提出，以"百村示范千村提升"为抓手，加快建设新型社区和美丽乡村。党的十九大后，徐州市委、市政府将农村人居环境整治作为乡村振兴的当头炮，部署实施了"十大提升工程"，去年形成了邳州公共空间治理、铜山农村环境整治等一批乡村振兴徐州经验、徐州典型，涌现了睢宁高党村、贾汪马庄村等一批特色田园乡村、美丽乡村，目前农村人居环境整治已由点到面、全面展开。前段时间，按照市委组织部、市委宣传部"思想再解放、发展高质量"读书调研活动要求，结合"不忘初心、牢记使命"主题教育，我围绕"持续深化人居环境整治，高质量建设美丽宜居乡村"这一课题，深入到相关县（市、区）开展调查研究，认真总结全市面上工作的现状成绩、特色做法和短板不足，在深入学习借鉴浙江"千万工程"先进经验做法的基础上，提出下一步工作建议。

一、徐州农村人居环境整治的现状成绩

党中央、国务院提出，改善农村人居环境是当前推进乡村建设的主要抓手。作为习近平总书记十九大后首次地方视察的地级市，去年以来，徐州市委、市政府深入贯彻落实党的十九大精神和习近平总书记视察徐州重要指示，先后在邳州、睢宁、铜山召开了全市乡村公共空间治理工作现场会、全市加快改善农民群众住房条件暨新型农民集中居住区建设现场会、全市农村人居环境整治暨公共空间治理工作现场推进会，市委、市政府主要领导都出席会议并讲话。可以说，徐州将农村人居环境整治工作被摆上了前所未有的新高度，全市农村环境面貌也随之发生了新的可喜变化。

一是公共空间还于大众。复制推广邳州经验，推动乡村公共空间治理与农村人居环境整治同向发力、同频共振，河道护坡乱耕乱种、道路两侧乱搭乱建、村庄内乱堆乱放等现象得到有效治理。截至目前，全市共整治道路 8380.19 公里，清理河道（含大中沟）4391.55 公里，清理"四荒"地 6.767 万亩，治理内外三沟 2939.24 公里，拆除违建 424.09 万平方米，整理出集体机动地、荒滩荒坡、汪塘水面等集体资源 31.71 万余亩，新增房屋资产 75.3 万平方米。

二是生态底色愈发亮丽。以高水平创建国家农业可持续发展试验示范区和农业绿色发展先行区为契机，不断擦亮徐州生态底色。贾汪区顺利通过国家农产品质量安全县验收，丰县通过省农产品质量安全县验收，铜山区被列为 2019 年省级农产品安全县试点。目前畜禽废弃物资源化利用率达到 83.2%，农药、化肥施用强度分别比 2015 年降低了1.5% 和 4%，地膜利用率提高到 85%，秸秆综合利用率达到 98%。

三是农村田园更加宜居。将打造美丽宜居乡村、特色田园乡村作为乡村振兴的示范工程，联动开展省、市两级创建，目前在建省级美丽宜居村 212 个、市级特色田园乡村 37 个、新型社区 15 个，建成省级特色田园乡村 15 个、市级美丽宜居村庄 672 个。将新型农民集中居住区建设作为乡村振兴的标志性工程，积极稳妥推进农民群众按照城镇化规律集中居住，2018 年建成上房 84 个，10.3 万农民入住新居。

四是城乡融合加速推进。坚定不移走城乡融合发展之路,持续推动城镇基础设施向农村延伸覆盖。今年以来,全市新建村内道路810.6公里,村庄污水设施覆盖率达36%,基本实现城乡供水"同源、同网、同质、同服务",建成"户投放、组保洁、村收集、镇转运、县处理"的垃圾处置体系,全市配备农村保洁人员近2.1万名,落实组保洁、村收集的行政村比例基本达到100%。

二、徐州农村人居环境整治的特色做法

(一)注重规划引领,着力在"统筹推进"上下功夫。去年以来,我市立足当前、谋划长远,抓好顶层设计,围绕农村人居环境整治,先后印发《徐州市乡村振兴战略实施规划(2018—2022年)》《关于大力实施乡村振兴战略加快推进农业农村现代化的意见》《徐州市农村人居环境整治三年行动计划实施方案》《徐州市农村人居环境整治村庄清洁行动方案》《全市农村人居环境整治提升行动方案》等一批政策保障文件,进一步明确人居环境整治的时间表、路线图、任务书。坚持系统化的手段,将农村人居环境整治与改善农民住房、扶贫开发、发展现代农业相结合,部署开展以公共空间治理、垃圾治理、清洁用厕、污水治理、安全饮水、面源污染治理、乡村道路建设、综合服务、规划设计、建设管护为主要内容的"十大提升工程",并将"十大提升工程"目标细化为30项指标,进行年度分解,明确责任单位,同时制定清洁达标村、美丽宜居村庄、特色田园乡村的建设内容和标准。农村人居环境整治是一项复杂的系统工程,在具体工作中,我们特别注重系统谋划、加强工作衔接。一是注重任务之间的相互衔接。农村人居环境整治涉及多个方面,牵头部门各有不同,我们坚持以村为单位,同步推进,提升综合效果。比如,农村生活污水治理和户厕改厕就统筹起来考虑,做到互促共进。二是注重与乡村产业发展的相互衔接。结合农村人居环境整治,充分挖掘农村自然资源和特色文化,发展各具特色的休闲农业和乡村旅游业。在庭院绿化和公共绿地建设中,因地制宜种植乡土树种和经济林果,既改善了生态环境,又增加了村民收入。三是注重与生态系统保护的相互衔接。当前我市农村水体的黑臭现象还比较普遍,在农村人居环境整治中，我们将黑臭水体列入村庄生态环境整治的重要内容，明确主管部门，落实整治措施，压紧属地责任，力争在三年内基本解决农村黑臭水体问题。

（二）注重因地制宜，着力在"分类实施"上下功夫。我市地域较广，各村的自然禀赋、经济基础不同，在具体工作中，我们充分考虑村庄的差异性，将村庄分为三个层次进行整治。第一层次是建设清洁达标村庄。主要针对基础条件一般的村庄，这些村庄约占全市村庄总数的70%左右，重点做好村庄内的"三清一改"，即清理农村生活垃圾、清理村内沟塘、清理畜禽养殖粪污等农业生产废弃物，改变影响农村人居环境的不良习惯，今年年底前所有村都要达到干净、整洁、有序的要求。第二层次是建设美丽宜居村庄。主要针对基础条件较好的规划发展村庄，这些村庄约占总数的25%左右，主要任务是在推进农村环境卫生整治的基础上，加大基础设施、公共服务、道路硬化、污水治理等方面的投入，争取尽快提档升级，到2020年建成600个省级美丽宜居村庄。第三层次是建设特色田园乡村。主要针对具有较好产业发展潜力和文化特色、田园风光的规划发展村庄，这些村庄约占总数的5%左右，主要任务是下大力气打造特色产业、特色生态、特色文化，争取进入省、市级试点名录，到2020年建成60个省、市级特色田园乡村。

（三）注重试点先行，着力在"典型引路"上下功夫。典型引路是改善农村人居环境的有效路径。去年，我市印发《关于开展"五杯竞赛"活动争创乡村振兴先进村的实施意见》，在全市广泛开展以产业兴村杯、生态美村杯、乡风润村杯、善治惠村杯、富民强村杯为内容的"五杯竞赛"活动。2018年共表彰"生态美村杯"在内的单杯竞赛优胜村各10个、命名徐州市乡村振兴先进村30个，推动广大农村形成了在各个方面比学赶超、竞相发展的良好态势。我市村庄环境整治起步早，各地在工作中都有一些好的经验做法，我们始终坚持一条，就是基层有了经验，我们就要去总结推广，充分发挥这些经验典型的最大效益。去年以来，邳州乡村公共空间治理、铜山"百千万"工程、睢宁新型农民集中居住区建设做法在全市乃至全省得到了推广。一是邳州乡村公共空间治理。农村集体资金、资产和资源是农村的"家底子",是村民集体所有的共同财富。长期以来,乡村公共空间疏于管理,致使农村沟河路堰等公共空间资源底数不清,资产权属和管理权属不够明确,很多本来应该为公共大众服务的资源,却成了一部分人获取不当利益的渠道,有的甚至因争夺公共空间产生矛盾纠纷。针对这些问题,从 2016 年开始,邳州探路先行,通过厘清资产权属、规划治理重点、公开交易资源资产、整治脏乱差,推进农村公共空间治理,改善了农村环境、发展了集体经济、化解了大量基层矛盾。2018 年 7 月,市委、市政府召开现场推进会,总结复制邳州经验,在全市进行了全面推广,目前治理工作已基本完成。二是铜山"百千万"工程。作为全市乡村振兴先导试验区,铜山坚持把改善农村人居环境作为实施乡村振兴的"开幕之战"、融入中心城市的"一号工程"、推进全域旅游的"第一支撑",高起点规划、高标准整治,制定出台"十有六无"整治标准,实施"百村示范、千村整治、万户集中"工程,摆脱了过去"扫扫地、刷刷墙、种种树"的路径依赖,展现了一户一处景、一村一幅画、一镇一风光、一域一特色的大美铜山颜值,为全市作出了标杆。三是睢宁新型农民集中居住区建设。近年来,睢宁紧紧抓住不动产登记、农房农宅统一登记、黄河故道流域农村土地综合整治、同一乡镇范围内村庄建设用地布局调整、多规合一等改革试点机遇,集成政策优势,将全县 400 个行政村、2800 多个自然村优化调整为 232 个农民集中居住点(含 50 个保留村),以新型农民集中居住区建设为抓手,持续改善人居环境,初步走出了一条符合睢宁实际、具有地域特色的农村人居环境整治和乡村振兴之路。去年 6 月,省委主要领导同志来徐州调研时给予充分肯定。

(四)注重问题导向,着力在"补齐短板"上下功夫。按照中央、省工作要求,结合目前我市工作进度,今年我市重点弥补这几方面的人居环境整治短板。一是村内道路建设。村内道路硬化道路建设 2019 年继续列入市政府为民办实事工程,鉴于省涉农资金整合打包到县,为抓好项目落实,市政府以会议纪要的形式明确了经费渠道,对已列入农民群众住房条件改善的项目,按照农房改善计划,统一实施,配套到位;对未列入农民群众住房条件改善计划，但列入为民办实事工程或农村人居环境整治计划的项目，按原补助标准从农民群众住房条件改善资金中切块使用。二是村庄污水治理。与苏南地区比，我市农村污水处理设施普及率比较低。如果不能做到污水的集中收处，农村户厕改造和公厕建设都难以到位。为此，我们鼓励各地采取政府投资、委托社会专业公司运营方式或PPP合作建设模式，合理选择镇村接管集中式处理、村内联网集中式处理、户户联网分散式处理等污水处理模式，推动城镇污水管网向周边村庄延伸覆盖。三是农村厕所建设。长期以来，我市农村改厕多以旱厕改造为主，许多因年久失修，而不能使用。在新一轮户厕改造中，我们注重同步实施修缮工作，切实把好事办好，同时结合村庄公共设施布局，合理规划设置公共厕所。四是垃圾治理提升。为建立村庄保洁长效机制，全面推广铜山"每人每月一元钱，农村垃圾全扫完"做法，即县、镇财政分别按农村人口每人每月一元钱的标准安排保洁经费，动员村民每人每月交纳一元钱筹集保洁经费，撬动社会资本参与村庄保洁服务，以市场化手段提升农村保洁管护水平。

三、徐州农村人居环境整治存在的问题

在肯定成绩的同时，我们也清醒地看到，对照三年行动方案确定的目标任务和农民群众的期盼要求，我们的工作还存在一些差距和问题。突出表现在：一是点上开了花，但面上还没有都结果。农村人居环境整治开展以来，各地相继打造了一批特色鲜明的样板村，发挥了很好的示范作用，但是整体推进、全域铺开做得还不够充分。一些地方对农村人居环境整治的实质内涵和目标要求理解得不够透彻，存在重点轻面的问题。二是数字成绩较好，但群众对具体指标感受一般。因欠账较多，总体上我市农村基础设施还比较薄弱，与乡村振兴要求和群众需求相比差距还比较大。一些数字指标不低，但实际进展与群众感受不一致，比如：省乡村振兴专项巡视就发现农膜综合利用率和无害化卫生户厕普及率这两个指标的完成度，与在实地调研时群众反映有差距。三是干部积极性较高，但群众参与还不够充分。开展农村人居环境整治，中央、省、市均明确了坚持农民主体地位，但在实际工作中，"干部干、群众看"不在少数。这里有

政府大包大揽、宣传发动群众不足的原因，但更深层次的还是各地引导农民参与的渠道不畅，依然简单沿用城市建设管理的模式。

四、推进农村人居环境整治的几点建议

农村人居环境整治是一个复杂的系统性工程，涉及经济、社会和政治等多个方面，涉及多个部门，涉及广大农民群众，我们要以历史思维保持工作定力，以战略思维科学进行推进，以政治思维把握人民立场，坚决打好农村人居环境整治攻坚战，夯实乡村振兴战略的根基。

一是在时间上，要持之以恒、久久为功。农村人居环境整治的各项基础性工作，如村庄规划、建设机制、管护机制等，要做扎实、打牢固，稳扎稳打，不急于求成。当前，我市要紧密结合国土空间总体规划编制，加强与土地利用总体规划、土地整治规划、村土地利用规划、农村社区建设规划的衔接，明确重点村、特色村和一般村的分类与布局。各县（市、区）要统筹谋划村庄发展定位、产业布局、建设项目、生态保护等工作，因地制宜编制多规合一的村庄规划，在村域内形成"一张蓝图、一本规划"，为综合整治夯实基础。村庄规划中，要特别注重体现苏北农房特色，体现徐州风土人情，不要简单照搬苏南、徽派或浙派设计风格。要建立一套务实管用的管护运行机制，探索财政补贴、村集体补贴、农户适量付费相结合的管护经费保障机制，做到有制度管护、有资金维护，实现自我运转、可持续运行。

二是在空间上，要尊重差异、不搞"一刀切"。我市农村各地情况不同，在推进农村人居环境整治中，一定要充分尊重这种差异性。首先，要注重城乡差异。如在村庄建筑风格上，不能简单把乡村变成城市的缩小版；在建筑形态上，乡村要像乡村，要注重人居和自然协调，要望得见山、看得见水、记得住乡愁。其次，要注重地区差异。丰沛、邳新、睢铜、贾汪的地形地貌、风俗文化、经济水平略有不同，农村人居环境整治要各有侧重，标准有高有低，进度有快有慢。比如，有的要突出解决短板，有的要突出乡村旅游打造，有的干净整洁即可，有的可以全面提升。再次，要注重单个村庄的差异。目前，我市尚有51个省定经济薄弱村尚未脱贫，脱贫攻坚依然是这些村庄的首要任务，对于这些村庄，农村人居环境整治和脱贫攻坚能结合在一起做的，能做的则做，没有精力做的，人居环境整治达到干净、整洁、有序即可。

三是在主体上，要依靠农民、调动其积极性。农村人居环境整治，农民群众是获益者，也是参与者、建设者，不能"政府干、农民看"。要在充分尊重农民意愿的基础上，积极发挥农民的主体作用，调动好农民的积极性、主动性、创造性。一方面要发挥好农村基层党组织作用。大力实施"党建＋"农村人居环境整治工程，充分激发村党组织书记干事创业的激情和活力，使其成为人居环境整治工作的主心骨。另一方面，要积极发挥返乡创业人群作用。大力实施人才下乡、能人返乡、资本兴乡"三乡工程"，充分发挥老教师、老模范、复退军人、经济文化能人等返乡创业人才的亲缘、人缘、地缘优势，鼓励引导返乡人才将更多的资金、技术等投入到人居环境整治中。同时要发挥村规民约作用，帮助乡村修改完善村规民约，把环境卫生纳入村规民约，鼓励和引导村民摒弃乱扔、乱吐、乱贴等不文明行动，提高文明卫生意识，培育文明健康生活方式。

（全市"思想再解放、发展高质量"读书调研活动调研报告，2019 年 11 月 8 日）

■资料链接

报告！这是徐州"农村人居环境整治" 交出的一份答卷……

这是一扇窗，向全国人民打开……

这里，是不一样的徐州农村。

2020 年 7 月 24 日，全国全面建成小康社会补短板暨农村人居环境整治工作推进现场会在我市举行，与会人员分别前往我市铜山、贾汪的部分农村实地参观考察。

如果说把"农村人居环境整治"形容成"乡村振兴"中的一门考试，那么，这门课，徐州交出了怎样的答卷？

2018年以来，徐州市把改善农村人居环境作为实施乡村振兴战略的"第一场战役"，以实施"十大提升工程"为抓手，以"百村示范、千村达标、万户集中居住"为引领，大力组织开展以"清洁家园、清洁田园、清洁水源，创建文明示范户、生态示范村、卫生示范镇"为主题的"三清三创"活动，自此徐州大地的农村发生了巨变。

要知道，这场巨变，肉眼可见。

厕所，又脏又臭；污水，随地倾倒，不您说的这些已经留在了上个世纪。

村容村貌"颜值高"：行政村生活垃圾保洁收运体系实现全覆盖，"每人每月一元钱，农村垃圾全扫完"的长效市场化保洁机制逐步完善，农业生产面源污染治理持续推进，农药、化肥施用强度逐年降低，秸秆综合利用率超过了90%，农村"脏乱差"的状况逐步改观。

村民的"宜居家园"：4.2万户农民住房条件有效改善，户厕公厕新建改造全域推开，"四好农村公路"建设扎实推进，行政村双车道四级公路覆盖率达到72.6%，农村区域供水入户率达到99.9%，城乡供水一体化入户率达到92%，群众生活条件持续提升。

农村土地"高效利用"：创新抓好公共空间治理这一自选动作，累计拆除违建793万余平方米，清理回收集体土地71.6万亩，房前屋后、沟道两旁各种"乱象"得到有效遏制，既化解了一批权属不清的资产纠纷，又理顺了村民的不满情绪，村风民风更和谐。

在这门考试中，如果说徐州农村，基础差底子薄，那么如今，这位同学，成功实现了逆转，并逐步形成了特色亮点突出"徐州模式"。

对于这份答卷，参会嘉宾会打出怎样的分数？

农业农村部参会人员赵可利说，他对徐州农村环境的细节印象深刻，他注意到，这里农村的垃圾桶分类详细，每个桶上也对具体的垃圾种类进行了划分，这种细节在很多地方都是做不到的，尤其在农村地区，这样持续下去，对垃圾分类在农村地区的开展，十分有帮助。

交通运输部参会人员杨承进说，自己是第一次来到徐州，苏北农村的面貌刷新了自己认识,尤其在贾汪区马庄村,这里打生态牌,坚持走生态路,发展乡村旅游,改善人居环境,走出一条自己的乡村振兴之路,做得很好,值得全国很多地方借鉴。

徐州探索出"徐州模式"是什么,徐州又有哪些经验走向了全国?

经验一:徐州市通过乡村"公共空间治理"推动人居环境改善和干群关系和谐。划清空间的公、私界限,恢复完善农田水利、生产道路等基础设施;划清资产资源的公、私界限,清理出被挤占和非正常的大量公共资源;化解了一大批因农村资产资源界定不清引发的社会矛盾,社会公平了、干群关系和谐了。

经验二:沛县、铜山区"一人一月一元钱,农村垃圾全扫完"的农村市场化保洁机制。县(区)财政按农村人口一人一月出一元钱、镇财政出一元钱,动员村民按一人一月一元钱的标准筹集垃圾处理费(低保户除外),通过招标选择物业公司承担农村保洁,建立起可持续的市场化保洁机制,保障全县垃圾收运体系和农村生活垃圾分类工作的正常运行。

经验三:睢宁县以农民集中居住提升农村人居环境。打造"1+5+10+138"居住模式。全县规划为1个主城区、5个中心镇、10个特色镇和138个集中居住点,通过进城入镇、搬迁新建、改善提升等模式,改善农民住房条件,提升农村人居环境。

经验四:铜山区以"百千万"工程示范引领农村人居环境整治。强力打造一批示范典型,引导形成村庄产业发展新业态,把生态变成摇钱树,把田园风光、湖光山色、秀美乡村变成聚宝盆,引领全区农村人居环境整治有序有力推进。

经验五:沛县探索农村垃圾减量化、资源化、长效化治理新路径。积极探索垃圾分类设施建设模式和处置方式,建立了"户分类投放、村分拣收集、镇回收清运、有机垃圾生态处理"的治理模式,实现了农村垃圾治理减量化、资源化、长效化。

(中国江苏网,2020 年 7 月 25 日)

三、农民现代化方面

乡村振兴，关键在人。农民作为农业农村经济社会发展的主力军，是实现农业农村现代化的根本路径和不竭动力。

"坚持把增加农民收入作为'三农'工作的中心任务，千方百计拓宽农民增收致富渠道""健全种粮农民收益保障机制""让广大农民在改革中分享更多成果"……中央农村工作会议把保障农民的收益摆在突出位置，彰显人民立场。

徐州市委农村工作会议强调，农民富是徐州建设高质量淮海经济区中心城市的本质要求。梳理近几年我市农村居民可支配收入，可以看到一条明显的上升曲线，农业农村工作，说一千、道一万，增加农民收入是关键。2022 年我市农民人均可支配收入达到 25210 元、增长 6.4%，其中农村低收入人口人均可支配收入达到

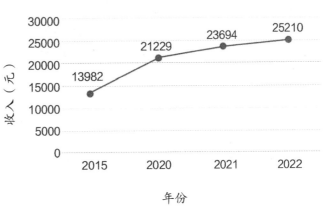

徐州农村居民人均可支配收入

1.6 万元、增长 15%，城乡居民收入比缩小到 1.69∶1。

2022 年我市启动实施"彭城新农人"培育工程，创新开展"亲近田园寻味乡趣"2022 暑期乡村休闲体验游活动，吸引大专以上高学历人才下乡返乡 7095 人，带动农民就业创业 5.8 万人。

多年来，徐州市委、市政府高度重视农民增收和村集体经济发展，千方百计增加农民收入、集成发力壮大集体经济、城乡统筹优化公共服务，农民群众的获得感、幸福感显著增强。一是全面打赢脱贫攻坚战。占全省总数 1/4 的 62.78 万农村低收入人口实现脱贫，人均可支配收入达到 12250 元、年均增长率超过 20%。269 个经济薄弱村全部达标，村均收入达到 61.5 万元、年均增长 59.2%；丰县、睢宁两个省级重点帮扶县全部

摘帽，湖西片区发展面貌显著改观，我市村部建设、健康扶贫、集体增收、对口帮扶等工作走在了全省前列，扶贫工作连续 5 年在全省考核中位列第一等次。二是扎实推进富民强村帮促行动。组织开展村级集体经济"18万 +"行动，2021 年村均集体经营性收入达 75 万元，30 万元以上的村占比超过 85%。农民人均可支配收入实现十年"翻番"，年均增长 9.7%，增幅持续位居全省前列，2021 年达到 23694 元，增幅 11.6%。三是深入推动基本公共服务均等化。社会保障体系实现城乡全覆盖，城乡居民基础养老金标准、居民医保财政补助标准、农村低保标准分别提高到每年 192元、640 元、670 元。农村民生事业持续改善，建制镇卫生院全部通过示范验收，1820 个村卫生室达到规范化建设标准。近五年全市新建中小学139 所、幼儿园 504 所，实施改扩建项目 419 个，累计创建义务教育标准化学校 1211 所，基本实现全覆盖。行政村双车道四级公路实现全覆盖，城乡供水入户率、镇村公交开通率均达 100%。

接过脱贫攻坚的接力棒，踏上乡村振兴的新征程，市委、市政府正带领 1000 多万徐州人民把乡村振兴摆在重要位置，坚持农业农村优先发展，咬定青山不放松，只争朝夕勇担当，务实落实善作为，加快农业农村现代化，用实干担当和砥砺奋进绘就一幅农业高质高效、乡村宜居宜业、农民富裕富足的新画卷。

农民现代化，我们主要做了三个方面的工作。

（1）培育新型农民。重点是在农民生活理念现代化、农民生产方式现代化、农民生活方式现代化、农民文化素质现代化上做文章，为乡村振兴打造新农人。近年来，我市每年培训新型职业农民 3 万人以上，提升农民科学种养技能水平。培育一批农村土专家，形成职业体面、收入稳定的新农人队伍。努力打造新型经营主体，保护引导传统农户，适度扩大规模经营，逐步减少小而散的分散种养模式。

（2）提升民生福祉。重点把握三个方面：一是增加农村公共服务供给。优先发展农村教育事业，着力提升乡村医疗卫生水平，推动人才资源要素向农村倾斜。二是提高农村社会保障水平。加快构建基本保障全面覆盖、补充保障协调发展、兜底保障无缝对接的农村社会保障制度。三是促进农民增收。深入实施"八项富民"工程，巩固工资性收入、提高经营性收入、拓展财产性收入和转移性收入，确保农民收入水平稳步提高。

（3）做好巩固拓展脱贫攻坚成果与乡村振兴有效衔接工作。在新一轮脱贫攻坚工作中，全市建档立卡低收入农户危房改造全面完成，全市62.78万农村低收入人口全部脱贫，269个经济薄弱村全部达标，丰县、睢宁县如期摘帽退出省级扶贫开发重点帮扶县。徐州市脱贫攻坚战取得全面胜利后，工作机制、政策举措、机构队伍等衔接有序推进，脱贫成果得到了巩固拓展。考虑到部分脱贫地区群众收入水平仍然较低，脱贫基础还比较薄弱，市委、市政府对全面推进乡村振兴重点工作及时作出部署，要求守牢保障粮食安全和不发生规模性返贫这两条主线，统筹推进乡村发展、乡村建设、乡村治理和农村改革等重点工作，持续推动农民和村集体"两个增收"，聚力推动乡村振兴取得新进展、农业农村现代化迈出新步伐，为"建设产业强市、打造区域中心"提供有力支撑。

实施富民强村帮促行动。2021年市委办、市政府办制定下发了《关于开展富民强村帮促行动的实施方案》，做好过渡期低收入人口认定、脱贫人口小额信贷、医保、教育等政策制定和落实，实现政策体系平稳过渡转型。通过"线上＋线下"数据比对，全市共排查出返贫致贫风险户806户，"一户一策"帮扶举措全部落实，未发生脱贫低收入人口返贫现象。创新推广"防贫保"，惠及全市406万农村人口，已投入"防贫保"资金4101万元，赔付金额1962.8万元，赔付人数2735人次。同时，全力做好过渡期内脱贫人口小额信贷发放工作，2021年全市共发放扶贫小额信贷4.1万笔、16.6亿元，占全省发放总量的38.9%，位居全省第一。开展富民强村帮促行动，使得帮扶政策平稳有过渡，持续放大"防贫保"资金池和覆盖面，全年农民人均可支配收入增幅达11.6%，位居第一。

2022年，我市重点拓展两项增收，即推动农村居民和村集体持续较快增收。全市持续巩固拓展脱贫攻坚成果，对脱贫不稳定户、边缘易致贫户开展动态监测与帮扶，有效防止了年收入严重下跌的现象发生。同时，通过推进农民就近就业、发展乡村产业、鼓励返乡创业、深化农村改革等措施，推动农村居民人均可支配收入增幅继续走在全省前列；发展新型农村集体经济，推行村村抱团、企村联建、村社融合模式，确保了全市集体经营性收入增幅保持在 10% 以上。2022 年全市农民人均可支配收入达到 25210 元、增长 6.4%，其中农民低收入人口人均可支配收入达到 16000 元、增长 15%，城乡居民收入比缩小到 1.69：1。

大力发展村级集体经济。2021 年，通过大力推进"企村联建"行动，全市村级集体经济较快发展，全市 2445 个村（涉农社区）集体总资产 240.23 亿元，村级集体总收入 33.50 亿元，其中村级集体经营性收入 23.32 亿元，村集体经营性收入超过 50 万元的村 350 个。2022 年，进一步深化公共空间治理，全面推广"图码管理"新体系，优化村级资源资产管理模式；深化推进"企村联建"，推动村企合作项目落地见效；发展融合经济、绿色经济、服务经济等，积极化解新冠疫情带来的不利影响，村级集体经济稳步发展。

全市 2445 个村（涉农社区）村均集体经营性收入达 76 万元。其中，村级集体经营性收入超过 50 万元的村有 819 个，占比 36.11%；超过 100 万元的村有 129 个，占比 5.69%；超过 500 万元的村有 5 个。总体来说，

村民们又分红了

有接近四成的村（居）集体经营性收入已提前达到省定目标。

实施乡村建设工程。2021年，徐州市在全省率先出台乡村建设行动实施方案，启动实施农村人居环境整治提升五年行动，持续、深入开展人居环境整治，实施美丽乡村建设，补齐基础设施短板，提升了美丽乡村建设水平。

全市新建农村公厕1094座，农村公共无害化厕所普及率97.2%。新建和改造乡镇生活垃圾转运站25座，新增农村生活垃圾分类试点镇7个，全域实施生活垃圾分类镇40个，开展生活垃圾分类行政村占比达35%。农村生活污水处理设施覆盖行政村2024个，覆盖率84.4%，入户率达到46.1%。创新开展乡村公共空间治理实践，创建省级特色田园乡村10个、市级18个。新建农村道路248公里、农村桥梁61座，建设完成村内道路1380.7公里，累计实施农房改善72701户。全面推进县域紧密型医共体建设，建成15个县域医共体、规范化乡镇卫生院129个，改造提升农村卫生室1820个。

2022年，徐州以建设黄河故道生态富民廊道示范带、五环路都市农业示范带为契机，统筹抓好特色田园乡村和生态宜居美丽乡村建设，新增省级特色田园乡村13个、省级生态宜居美丽示范镇村65个。铜山区获批创建首批国家乡村振兴示范县。新回收各类集体资源资产10万亩，完成省定13.4万座农村户厕新建改造任务，农村公厕自然村覆盖率达到95%，新增省级绿美村庄90个，4个村庄入选中国传统村落。新改善农村住房2.6万户，总量位居全省第一。持续提升农村公路和村组道路建设水平，农村居民临近通达率超过95.9%。乡村繁荣发展的生动实践正逐步走深走实。

徐州坚持以乡村公共空间提升为牵引，全域开展生态宜居美丽乡村和特色田园乡村面上创建，统筹推进数字乡村建设工程和村级综合服务设施提升工程，深入开展山水林田湖草生态空间系统治理，加快打造一批借水铸魂、依山塑形、傍田生景的美丽田园乡村。释放转型升级的发展空间。深入实施集体资源资产"收治管用"系统治理。围绕"收"，开展空间治理前期成果"回头看"；围绕"治"，进一步拓展耕地和集体建设用地后备资源；围绕"管"，全面落实规划约束；围绕"用"，推行"小田并大田"。打造功能完善的生活空间，统筹推进乡村建设行动和农村人居环境整治提升行动，推动广大乡村由干净整洁向美丽宜居跃升。

■资料链接

构建防返贫机制 巩固提高脱贫成果

杨亚伟

2020 年，是全国脱贫攻坚收官之年，是全省实施脱贫致富奔小康工程最后一年，也是全市脱贫攻坚巩固提高之年。脱贫攻坚工作的总体思路是：按照习近平总书记提出的"摘帽不摘责任、摘帽不摘政策、摘帽不摘帮扶、摘帽不摘监管"的要求，结合乡村振兴，在"1261"框架下突出"脱贫攻坚一件大事"，重点围绕巩固提高脱贫成果、建设防返贫机制开展工作，坚持疫情防控和脱贫攻坚"两手抓""两不误"，坚持问题、目标、结果导向，狠抓责任、政策、工作落实，在巩固提高低收入人口脱贫成果的基础上，重点扶持发展经济薄弱村集体经济，确保高质量全面完成脱贫攻坚任务。具体任务是：全市建档立卡低收入人口年收入稳定达到 6000 元以上，人均收入超过 7000 元；269 个经济薄弱村集体经营性收入稳定达到 18 万元以上，村均超过 25 万元；丰县湖西片区基础设施进一步完善提高，公共服务水平超过全市平均水平。

着力巩固脱贫攻坚成果

建立常态化"回头看"排查制度和动态监测系统，对已脱贫人口进行全面排查，确保"两不愁三保障"政策落实不出现短板弱项。精准扶贫资金收益分配政策、"两不愁三保障政策"。

"一户一策"帮扶政策、结对帮扶、孝老爱亲等针对低收入农户增收政策保持不变。在持续做好前几年扶贫项目收益的基础上，进一步筛选出一批相对较弱的经济薄弱村,继续给予扶持,做大做强集体经营规模。按照省里统一部署,继续选派帮扶工作队员,帮扶重点向经济薄弱镇、经济薄弱村、低收入村倾斜。

着力提升脱贫攻坚质量

认真落实"摘帽不摘政策"要求,充分利用和完善现有政策举措。继续抓好产业扶贫、就业扶贫、消费扶贫,规范资产收益扶贫,推进行业和社会扶贫,确保各类政策的稳定性和连续性,进一步提升脱贫攻坚成效。持续做好丰县湖西片区水利、交通、公共服务等建设工作,加强片区产业发展,做好集中居住搬迁扶贫,实现"一好六个全覆盖"的目标。推动脱贫攻坚与乡村振兴战略的有效衔接,探索帮扶方式由精准帮扶向整体帮扶转变,帮扶措施由日常帮扶向常态化民生帮扶转变,帮扶内容由福利性扶贫向发展性帮扶转变。

着力建立防返贫机制

把巩固成果和防返贫工作放在同等重要的位置,找准返贫症结,坚持对症下药,建立解决相对贫困的长效机制。在前几年连续提高低保标准的基础上,进一步统筹城乡低保标准,将政策兜底标准再上新台阶;在丰县、沛县、睢宁、新沂开展"防贫险"保险的基础上,全市全面推广"防贫险";建立政府防返贫救助基金,探索政府救助和社会救助相结合的救助机制,升级"阳光扶贫 +"平台分析预警功能,探索建立防返贫预警机制;创新预警 + 保险 + 救助 + 兜底的防返贫帮扶机制,确保在脱贫路上做到"一人不少一户不落"。

我们认真贯彻落实习近平总书记关于脱贫攻坚系列重要讲话精神和省、市委的工作部署,不忘初心、牢记使命,尽锐出战、决战决胜,力克疫情影响,巩固提高脱贫成果,多创脱贫经验,为全市全面建成小康社会、建设"强富美高"新徐州作出新的更大贡献。

（《徐州日报》,2020 年 3 月 19 日）

四、农村改革创新方面

大力推动资源要素上山下乡。创新开展"三乡工程"建设，通过三年多的积极推动和探索实践，成效明显，社会反应良好。

持续深化农村土地制度改革。在全面完成农村土地承包经营权确权登记颁证工作的基础上，积极探索承包地、宅基地的"三权分置"有效实现形式，建立健全土地经营权流转和宅基地有偿退出机制，引导土地资源合理配置利用。

稳步推进农村产权制度改革。全面完成农村集体资产清产核资和行政村（居）股份量化。大力推广新沂"一图一码"管控办法，优化农村资源管理模式，巩固提升农村产权制度改革成果。拓展"阳光村务"平台功能，农村"三资"管理更加规范。

深入推进农村金融改革创新。切实巩固稻谷、小麦、玉米三大主粮作物保险覆盖面，积极推进水稻收入保险试点，确保了三大主粮作物农业保险覆盖率稳定在 85% 以上。创新生猪养殖保险模式，进一步扩大农业机械保险覆盖范围，加快开发了一批满足新型农业生产经营主体需求的保险产品。积极推进农业保险与信贷、担保、期货（权）等金融工具联动，用农业保险为农户增信，切实帮助农民群众解决了"贷款难、贷款贵"的问题。

这里，介绍一下我市各地"小田变大田"的探索情况。

耕地保障是粮食安全生产的根基，只有不断提高土地的利用率，才能扎实推进现代化农业高质量发展。

2023 年中央一号文件《中共中央 国务院关于做好 2023 年全面推进乡村振兴重点工作的意见》明确提出要拓宽农民增收致富渠道，总结地方"小田变大田"等经验，探索在农民自愿前提下，结合农田建设、土地整治逐步解决细碎化问题。

针对地块小、小户种植成本高、大型农机进不去等难题，徐州市多地农田在悄然变形，"巴掌田""皮带田"减少甚至不见了，成方连片的"大田""整田"相应增加了，这些变形的背后体现了"小田变大田"的徐州探索。

（1）"小田变大田"，让农户省心，又实现粮食高产。在新沂市新店镇小湖村，远远望去，一块约80亩连片成方的农田格外显眼，一株株嫩绿的水稻秧苗稳稳地立在水田里，水田披上了绿装，秧苗随风摇曳，

村民代表议事呈现着和谐氛围

洋溢着勃勃生机。而这，就是一块经过小并大、短变长、弯取直等化零为整的田块。

"原先承包的田块，大小不一、歪七扭八，打药、施肥很不方便。"种植户老许说，"把田地交给宜丽合作社统一管理后,水稻比以前增产不少。"

据了解，小湖村通过土地流转，实施"小田变大田"，将原有1700多亩小田块合并成1800多亩的大田块，进行标准化种植，通过科学种植、现代化管理，整合零散地块，把过去种植产量低、很难承包流转出去的土地摇身变成了"肥田"。新店镇通过"小田变大田"将细碎田块增产增收的做法，表面看是简单的重整与合并，实际形成了"1+1>2"的叠加效应。

近年来,新沂市率先探索"小田变大田"试点工作,因地制宜实施"一户一田"土地综合改革，通过土地托管、土地流转、土地置换三种模式融合，把全市各村零散土地整合集中起来，由过去传统的一家一户单兵作战发展为规模化、集约化种植，走特色农业发展之路。据新沂农业农村局统计，截至2023年年初，新沂全市"小田变大田"完成面积近万亩，2824块小地块整合成53块大地块。通过这一举措，农作物平均每亩节约成本约60元，农作物机播、机收平均每亩节约成本约80元，小麦每亩增产82斤。

（2）"一户一田"，让农民增收，又让集体有了增收来源。2023年麦

收时节，我们在丰县顺河镇调研时，一位村民向我们感慨道："以前俺家8亩地零散分成5块，播种、田管等都不方便，麦收时最头疼，'巴掌地'农机下不去，一亩以下按一亩收费，夏收要三四天。现在8亩地并成一块大田后，用大型收割机半天就能收完。"

2021年，丰县顺河镇在巩大庄村试点推广"一户一田"政策。

这一试，有利于农业增效。巩大庄村党支部书记巩敦宣说，"一户一田"试点后，巩双庙自然村、巩大庄自然村农户自种的260亩土地，由248块零散田整合为50块大田，其余500亩田地进行流转。"试点期间，村里先把优质土地提供给自种农户互换整合耕种，剩下地势和肥力稍差的土地由村里因地制宜改善土壤、配建设施后用于流转，从而整体提升土地耕种的规模化、机械化水平。"

这一试，有利于集体增收。"一户一田"实施后，村集体借此机会流转自营一部分土地，找到了集体增收的来源。"2022年我们村流转自营了220亩土地，种植了小麦、大蒜等农作物。今年大蒜行情不错，村集体收入预计可增加15万元。"巩敦宣说。

这一试，有利于农户增收。"以前夏收时零散地农机作业费每亩要收80元，并成大田后每亩只需75元。另外，村里会引导农户集中采购农药、

丰县顺河镇"一户一田"试点工作取得良好成效

化肥等物资,粗略算下来,现在自种农户每亩每年可节省生产成本60元。"刚忙完农活的种粮大户老巩接过了话茬。巩伦舵承包的上百亩土地此前分散为几十块,实施"一户一田"后,土地整合连片,基本实现耕种机械化操作。"我把夏收农机作业费谈到每亩65元,加上集中管理、集中采购,现在每亩地每年能省生产成本150多元。"算完账,老巩一脸微笑。

在丰县,像顺河镇探索推行"一户一田"改革受到农民群众欢迎的地方还有很多。如,在宋楼镇、范楼镇、华山镇、首羡镇等地,不少农民群众总结出这样几句话,颇能反映推行"一户一田"政策的效果。他们说:"一户一块田,受益看得见;多块变一块,省时又增效;小田变大田,增收笑开颜。"

据了解,"一户一田"实施后,以一季小麦种植计算,散户亩均成本649元、大户亩均成本485元,种植成本均有所下降。另外,在试点的过程中,农户间零散地块的田埂、沟垄得到利用,一些不必要的机耕道被复垦,无形中增加了土地资源。

(3)"党建+股田制",推动富民增收,更增强了农民发展的信心。近年来,铜山区推动"大田"整合,取得不错成效。棠张镇跃进村成立合作社后,引导农民带地入股,发展土地股份合作社。该村党总支书记马杰介绍,全村2500亩粮田全部入股,一亩计一股,由合作社进行托管耕种;每亩1000斤粮食作保底,每年纯收入以3∶3∶4的比例进行分红,其中村集体提取30%,合作社提取30%的公益金,其余40%用于合作社社员即全体村民分红。

跃进村还为此成立了农机合作社,配置插秧机、播种机、收割脱粒机、无人植保机等30余台。"三夏"大忙时节,以前需要几百名劳动力的土地种植,现在只要几个人就能轻松完成,其他村民卸下了耕作重担、腾出了致富双手。

在现有土地政策不变的前提下,铜山区以"党建+股田制"突破小田分割的界限。通过对沟路渠等重新整合布局,有效推进农业适度规模经营,增加耕地面积3%~5%。以经营规模1000亩为例,按照"六个一"的经营管理要求,种植粮食作物(稻、麦),通过农资团购可节省成本约

1.6 万元，通过推行机械化，可节省开支约 2 万元，通过新品种新技术运用，每亩增产 10%~15%，加上平整土地多出的土地收入，每亩可实现纯收入300 元左右。

房村镇创新推动"党建＋股田制"的实施，实实在在做到了强集体富百姓。房村镇 13 家"党建＋"土地股份合作社累计流转土地近万亩，主要用于小麦、玉米、水稻、大豆、浅水藕和药草等农作物种植及稻虾（泥鳅）混养种植。窦家村、八王村、马家村和鹿湾村合作社的示范带头作用日益凸显，亩均纯收益约为 2500 元。八王村引进豆丹种养，一年三茬，亩纯收入约为 10000 元。窦家村、鹿湾村、八王村全年经营性收入均超过 60 万元，马家村全年经营性收入超过 100 万元，其他村集体经济收入稳步增加。

截至 2023 年 6 月底，铜山区实施"党建＋股田制"的村已发展到 89个，经营土地面积达 7.9 万亩，所有试点村历年经营业绩均实现盈利。

据统计，2022 年全区实施"党建＋股田制"一年以上的 32 个行政村，通过股田制经营村级集体共获得分红 899 万元，平均每村增加集体经营性收入 28.1 万元，增收最多的村达到 80 多万元。共释放农业劳动力 2.5万多人，带动 3000 多人实现在家门口务工，每人每年可增加工资性收入3000 多元。

徐州以提高农村土地利用率为目标开展的"小田变大田"探索，是进一步推动土地流转、促进农村生产力解放的新动向，体现了农村基层的创新力量。这项探索将在尊重农民意愿的前提下审慎稳妥推进，因地制宜分类探索，确保工作程序，始终保证让农民受益，实现富民强村之路。

下面，重点谈谈"三乡工程"建设的实践与成效。

2019 年 9 月，市委、市政府印发《关于实施"三乡工程"鼓励引导全社会力量参与推动乡村振兴的意见》。所谓"三乡工程"，就是指人才下乡、能人返乡、资本兴乡工程，主要目的：补短板，求创新，促改革，添动能。依托"三乡工程"这个平台载体，挖掘释放我市农村各类资源增值增收潜力，破除要素下乡障碍，鼓励引导全社会力量参与推动乡村振兴，努力打造具有徐州特色的城乡互补、工农互促、三产融合、共同富裕的乡村振兴之路。

（1）总体目标。

通过实施"三乡工程"，创建一批特色示范村镇、农业园区、产业基地和农旅景区，争取吸引百亿级工商资本投入农村，推动万余名人才下乡和能人返乡创业就业，推动创业、拉动就业、兴旺产业，最终实现"人、钱、地"有效流动融合的徐州乡村振兴模式。

（2）配套政策。

① 对符合要求的"三乡工程"人员，实施生活、租房、交通、公共租赁住房、购房等奖补激励；全市每年选拔 200 名左右表现突出的"三乡工程"人才，优先推荐入党或提名为村"两委"班子候选人。

② 对企事业单位选派专业技术人员到县以下挂职、兼职，所在县（市）区发给一定的工作经费和交通补助，原单位待遇不变。

③ 各类涉农项目资金向"三乡工程"倾斜，市、县年度土地利用计划单列 5% 左右的比例，用于支持"三乡工程"建设和农村融合发展。

④ 放活集体建设用地使用权，允许城镇周边有条件的村，利用集体存量建设用地招商引资、建设租赁房等经营性场所。

⑤ 允许市民对租期 10 年以上农房进行修缮和翻建，允许市民下乡以租赁、合作方式利用农村空闲农房，发展休闲创意、养老养生、农家乐等产业。鼓励通过依法吸纳或恢复为集体经济组织成员、赋予相关权利等方式，吸引机关企事业退休人员回乡居住、反哺家乡。

⑥ 各县（市）区财政按照不低于 2000 万元的标准设立"三乡工程"专项资金。金融机构建立土地经营权和宅基地使用权抵押贷款制度。

⑦ 实施乡土人才三年培训计划，市财政对乡土人才培训给予奖补。

⑧ 对参与"三乡工程"的单位或个人发放"三乡工程"服务卡，各有关部门建立绿色通道，优先安排项目扶持。

（3）工作成效。

一是形成了一批配套支持政策。按照市委、市政府部署要求，各地各部门相继制定出台 110 项（市级 16 项，县级 94 项）吸引人才下乡、能人返乡的激励政策，设立"三乡工程"专项资金 2.1 亿元，市政府要求各县(市)区要设立专项资金至少 2000 万元。铜山、新沂都安排了 3000 万元。各地结合实际，探索实施一批创新性举措，比如新沂市以人才安居为切入点，专门面向下乡人才预留了一定数量的人才公寓，打造了拴心留人的暖环境。贾汪区建立"三乡工程"大数据平台，可实时展现示范基地(企业)生产场景，并动态发布政策信息、资源信息和供求信息，为下乡人才、返乡能人创新创业提供参考。

二是创新了一批金融支农方式。在金融创新上积极探索，市农业农村、财政部门联合江苏农担徐州分公司创办"三乡工程助力贷"金融产品。沛县打造出以"润农金"为代表的金融产品"沛县模式"；睢宁县 2020 年成功发放全国保险系统第一笔以生猪为标的的活体抵押融资贷款。

三是打造了一批农村改革模式。农村产权制度改革加快推进，各地积极整合土地资源、盘活闲置宅基地，农村集体建设用地入市实现零的突破，在全省率先完成交地发证。睢宁县"11841"经营模式(即"1 个县农业公司、18 个镇农业公司、400 个村集体合作社和 1 万名新型职业农民"为主要内容的"11841"新型农业生产经营体系)在全市推广。铜山区汉王镇依托自然资源优势，整理空闲农房 260 余栋，打造玉带水街"三乡工程"创业长廊；紫山村大力盘活闲置农房，吸引能人返乡、资本兴乡，发展玉器加工、文创产业等，乡村旅游越来越红火，越来越有内涵。

四是树立了一批试点示范典型。比如，以丰县科技特派员、沛县"七大员"(组织 200 余名机关干部入驻基层帮助推进"三乡工程"，担任党建指导员、党风监督员、企业服务员、项目帮办员、工作督查员、信访调解员、学校辅导员，简称"七大员")、邳州市"回乡直通车"等为代表的机制创新典型和以铜山区"三乡工程驿站"、贾汪区新型职业农民协会、新沂市草桥"能人返乡论坛"等为代表的平台创新典型，为"三乡工程"全面推开积累经验。

在政策的支持引领下，各地在人才下乡、能人返乡、资本兴乡方面都涌现出了不少典型。

像棠张镇"90 后"大学生刘欢欢，就是返乡创业的一个典型。这是一个有思路有干劲并且非常体贴家庭的年轻人，虽然腿有残疾，并已在上海找到了合适的工作，但考虑到家庭供他上大学不容易，还欠下那么多钱，于是他筹款9万元，回乡流转了10多亩地种植羊肚菌，每亩效益达2万多元，并带动100多农户种植羊肚菌致富，他的创业事迹还登上了中央电视台。

铜山区何桥人朱静，常年在外从事餐饮行业，积累了一定资金，在"三乡工程"政策的吸引下，她回到家乡创业，成立了徐州泰硕药材种植有限公司，流转了600亩耕地、投资800万元用于中药材瓜蒌种植。2021年初，朱静又投资了300万元，新建了瓜蒌子生产车间，购置了瓜蒌子加工设备，延伸了瓜蒌种植产业链。据朱静介绍，她的瓜蒌园亩均收益在6000元以上，每年带动附近农民200多人就业。

"80后"高级园艺师范楠楠，作为邳州碾庄镇"三乡工程"引进人才，2020年，她结束了在上海的打拼生活，回到家乡成立了大庄农业科技发展有限公司，承包330亩土地从事蔬菜种苗育苗产业，主要做西兰花育苗。她的公司一年培育3000多万株苗子，销售收入达2000多万元。一个人才带动一方农户。在做好自身产业发展的同时，她积极组织农户参加种植方面的知识培训，主动上门技术指导。在她的带动下，碾庄镇2021年设施农业增加了1000多亩。

新沂市棋盘镇宋庄组走出了一条农旅融合的路子。宋庄组充分利用农村闲置农房和宅基地，依托丘陵山区优越的自然景观及农业资源，结合当地人文特色，盘活废弃的18户宅基地，招引新沂市一家农业休闲观光专业合作社投资建设，开发宋庄民宿旅游度假项目，常年失修的老宅经改造、重建，华丽变身为精品民宿。同时他们还建设了旅游配套设施（手工体验馆、会务吧、长廊、咖啡吧等），修复了废旧水库，提升了环境，引进了农家乐，修建了公园。每到周末和节假日，游人如织、热闹非凡。可以说，既改善了人居环境，又把传统融入现代，让乡愁记在心间，还让村民在家门口挣上了钱。

走进这个农旅融合的村落，院墙之上爬满青苔地衣，便道两旁花草斑斓，院落背后竹林葱茂，院子周边小溪环绕、自然流淌。大家想想，此时，坐在小窗前，品尝着小西红柿、小黄瓜、蓝莓以及农产品制作的干果，眺望即将丰收的田间景色，那是一种怎样的心境和体验啊！以上只是举了几个小例子，其实这样的典型在徐州各地都很多。

在 2020 年突出解决"人"的问题，2021 年突出解决"钱"的渠道的基础上，2022 年重点做好"地"的文章。强化承包地流转管理。做好承包地流转经营，防止耕地"非粮化""非农化"，保障粮食生产安全，全市农业适度规模经营水平达到 60.3% 以上。做好农村土地承包经营纠纷调解仲裁工作，完善土地流转纠纷仲裁制度、统一仲裁规范、提升仲裁能力，指导各地全部成立农村土地承包经营纠纷调解仲裁委员会，化解土地流转矛盾纠纷。稳慎推进农村宅基地改革管理。建立完善宅基地审批制度，全面建立一个窗口对外受理、多部门内部联动运行的农村宅基地用地建房联审联办制度，分阶段逐步开展线上审批。创新探索农村闲置宅基地和闲置住宅盘活利用的有效途径和政策措施。盘活集体建设用地。抓好沛县、新沂集体建设用地改革试点，争取更多集体建设用地线上交易，支持"三乡工程"建设。

通过纵深推进实施"三乡工程"，2022 年全市招引 281 亿元工商资本落地农村，推动 5155 名人才下乡，完成比例 103%，引导 3634 名能人返乡创业，完成比例 125%，农村劳动力自主创业 23060 人，带动农民就业超过 5.77 万人，农业科技服务村级覆盖率达到 100%，持续打造一批"三乡工程"重点镇、园区、村，为全市乡村振兴注入强大动能。

推动人才下乡，补齐乡村振兴"最短板"。2022 年初，市委办公室、市政府办公室制定下发《徐州市"三乡工程"2022 年度工作要点》，明确各地各单位的职责分工、任务节点，坚持系统思维，大力实施全民创业行动，营造全社会创业创新的浓厚氛围和良好环境，沛县、新沂市等地分别出台了《沛县人才工作领导小组 2022 年工作要点》《新沂市"凤还巢"工程实施意见 (试行)》。创新组织实施"彭城新农人"见习计划，努力把"彭城新农人"见习计划打造成为徐州乡村人才振兴的靓丽名片。有序开展农村宅基地日常审批，实行一个窗口对外受理、多部门联审联办的工作机制，公布办事指南，明确审批要件和流程要求，规范开展审批业务，全市累计已审批宅基地 1717 宗、368.98 亩。指导沛县开展农村宅基地资格权认定、出台《沛县集体建设用地有偿退出工作实施意见》《沛县农村宅基地有偿退出实施办法（试行）》等文件。依法稳妥审慎扩大农村集体经营性建设用地入市试点规模，2022 年入市 30 宗、1639.86 亩。

鼓励能人返乡，选强乡村振兴"领头羊"。支持和引导外出能人返乡自主创业、积极搭建"乡贤"返乡平台，联合举办"庆八一建军节、展退役军人风采"活动，活动分现代农业、传统产业及生活服务业、新兴产业三个展区，通过领军人物的倍增效应，进一步激发退役军人退役不褪色、建功新时代的激情和豪情，让广大退役军人在乡村振兴、高质量发展、科技兴市等方面发挥生力军作用。团市委联合市农业农村局顺利完成由共青团江苏省委举办的 2022 年"让全国看见你"青年创新创业项目路演暨"创青春"江苏青年创新创业大赛，通过市县联动、分层分类开展各类项目路演活动，共推报 57 个项目参与省赛，取得令人瞩目的成绩：11 个项目在全省斩获奖项，其中二等奖 4 项，三等奖 7 项，徐州团市委荣获优秀组织奖。成功举办徐州市第三届"逐梦乡村·创享彭城"大赛总决赛暨"十佳重点镇""十佳创新创业园区""先进村、优秀村"评选活动，大赛共评出一等奖项目 6 项、二等奖项目 9 项、三等奖项目 16 项。持续在"精准"上做文章，不断深化能人返乡创新创业行动，讲好徐州创新创业政策，激发创业思维，激活创业"活水"，努力打通返乡创业"最后一公里"。

聚合资本兴乡，点燃乡村振兴"加速器"。2022 年以来，市农业农村局会同市委组织部、财政局、人力资源社会保障局、自然资源和规划局、人民银行等部门，聚力破局乡村振兴"资本兴乡"难点痛点。通过加强财政资金引导、破除资本下乡藩篱、创新金融政策投资模式等，相继制定出台系列政策举措。"三乡工程"专项资金方面。市县两级财政设立"三乡工程"专项资金 2.1 亿元，全市共设立县域农业担保分公司 4 个，基层网点建设工作走在苏北地区前列。招商引资方面。2022 年纳入省重大项目管理系统项目 262 个，年度计划投资 242 亿元，入选省级示范项目 14 个，项目个数和投资额均居全省第一。金融信贷担保方面。在夏收夏种关键阶段，加大信贷资金投放力度支持夏收夏种，保障农民"粮出手，钱到手"，市邮储银行通过搭建"储蓄＋支付结算＋信贷＋信用卡＋对公业务"的服务模式，积极开展粮农综合金融服务工作，创新服务"三农"，为夏收夏种开展预授信1.5亿元，提供信贷资金2000万元，服务粮农超过1000户。进一步推广"农宅贷"，发放（授信）33笔210万元。联合江苏农担徐州分公司及相关金融机构开展"三乡工程"政策宣传活动，宣讲镇级覆盖率100%，发放宣传单、宣传手册十万余份，持续指导江苏农担徐州分公司聚焦痛点、破解堵点、难点，持续宣传"三乡工程助力贷"相关政策，推动农担体系建设，提升精细管理水平，保持业务质量与规模稳步提升。全市"三乡工程助力贷"共投放1105笔，金额超6.97亿元。

2022年11月，徐州市农业农村局联合市财政局等单位按照《徐州市2022年"三乡工程"工作要点》（徐委办〔2022〕14号）要求，在镇级申报、县级审核的基础上，组织评审专家进行综合评定，圆满完成了2022年徐州市"三乡工程""十佳重点镇""十佳创新创业园区""十佳人才下乡先进村""十佳能人返乡先进村""十佳资本兴乡先进村""十佳综合优秀村"评选工作，并经公示后予以公布。

2022年徐州市"三乡工程""十佳重点镇""十佳创新创业园区""先进村、优秀村"名单

十佳重点镇（12个）
丰县范楼镇
睢宁县官山镇
铜山区汉王镇
邳州市邹庄镇
邳州市四户镇
新沂市草桥镇

新沂市邵店镇

沛县大屯街道办事处

铜山区单集镇

沛县朱寨镇

睢宁县李集镇

贾汪区茱萸山街道办事处

十佳创新创业园区（11个）

沛县安国镇"三乡工程"创新创业园区

沛县胡寨镇"三乡工程"创新创业园区

经开区徐庄镇"三乡工程"创新创业园区

丰县江苏荣羡产业园

铜山区伊庄镇"三乡工程"创新创业园区

睢宁县岚山镇"三乡工程"创新创业园区

邳州市邢楼镇"三乡工程"创新创业园区

铜山区棠张镇"三乡工程"创新创业园区

新沂市草桥镇"三乡工程"创新创业园区

贾汪区现代农业产业园区创新创业园区

港务区柳新镇东城村"三乡工程"创新创业园区

十佳人才下乡先进村（10个）

沛县河口镇丁溜村

经开区徐庄镇来安村

丰县大沙河镇宗集村

睢宁县魏集镇徐庄村

邳州市邹庄镇卞湖村

新沂市马陵山镇小周村

铜山区何桥镇张集村

港务区柳新镇苏家村

贾汪区现代农业产业园区郑庄村

睢宁县姚集镇张尹村

十佳能人返乡先进村（10个）

铜山区伊庄镇马集村

沛县五段镇七段村

新沂市瓦窑镇双庙村

睢宁县金城街道邱圩社区

经开区徐庄镇山黄村

邳州市八义集镇苗楼村

睢宁县李集镇西圩社区

丰县孙楼镇孙楼村

港务区柳新镇马楼村

贾汪区汴塘镇朱古村

十佳资本兴乡先进村(10个)

沛县魏庙镇魏庙社区

睢宁县双沟镇官路村

铜山区房村镇房村村

新沂市时集镇白石村

丰县范楼镇齐阁村

新沂市阿湖镇桃岭村

邳州市车辐山镇埠上村

贾汪区大吴街道办事处鹿庄村

丰县梁寨镇新腰里王村

铜山区大彭镇权寨村

十佳综合优秀村(10个)

沛县敬安镇吴庄村

新沂市高流镇老范村

铜山区柳泉镇北村村

邳州市邳城镇新山河村

睢宁县姚集镇陈井村

邳州市邢楼镇东庄村

铜山区棠张镇跃进村

丰县王沟镇单楼村

沛县鹿楼镇赵庄村

贾汪区潘安湖街道马庄村

如今在徐州广袤的农村，"三乡工程"已成燎原之势，为深入推进乡村振兴注入了强劲动能。

聚能人，激起产业兴旺一池春水。初秋时分，正是菌菇生长的好季节。徐州经开区徐庄镇来安村徐州千菇园现代农业有限公司的千菇园内，一个个大棚里，杏鲍菇、香菇、鸡腿菇等鲜嫩饱满，密密匝匝。近年来，千菇园合作社从种蘑菇低端产品，逐步向茶树菇、羊肚菌、灵芝等珍稀食用菌领域扩产；2019年，借着"三乡工程"东风，合作社和来安村党支部结对共建，升级为蘑菇产业园，实现了集制种、栽培、采摘、深加工、电商、配送的一体化生产。至2022年9月，徐州千菇园现代农业有限公司已成功招引博士2名、管理人才4名，园区年产值超2000万元，就业人数超过500人。

在铜山区棠张镇新庄村果果部落生态园，38岁的丁松看着眼前的一片温室大棚，内心翻涌着希望与梦想。几年前，丁松还在某金融机构任职。2019年下半年，他回到家乡。恰逢徐州实施"三乡工程"，他流转了近200亩土地，开始打造农业庄园——果果部落。仅仅7个月，园区已建成温室大棚3万余平方米，徐州—上海蔬菜外延基地成功在园区挂牌，带动周边100多名农民进园务工。"我有很深的乡土情结，对现代农业有很大热情。和过去在期货市场上的打拼相比，我更喜欢现在这种简单的生活。"丁松说。

"三乡工程"实施以来，一批批能人陆续下乡、返乡创业。对他们来说，

汉王镇"三乡工程"创新创业园区

借助这个良机一圆创业梦；而对亟待繁荣的乡村而言，找到了腾飞的翅膀。

搭平台，打造乡村振兴"生力军"。"丰县龙地果蔬种植家庭农场种植了近千亩猕猴桃、洋葱等果蔬，因近年行情较好，开始考虑扩大农场规模，但资金却周转不过来。听说丰县农业农村局推出'三乡工程'助力贷服务，于是就到丰县'三乡工程'领导小组办公室填写申请，不到一周，贷款就批了下来。120万元'三乡工程'助力贷款到账了，解了我的燃眉之急。"农场负责人陈翠侠带着感激的神情说。

实施"三乡工程"以来，聚焦乡村建设难点痛点，首先着力写好的就是"人"的文章，为此，我市相继制定出台《徐州市支持返乡人员创业实施办法》等激励政策举措，对符合要求的"三乡工程"人才能人实施工作、生活、租房、交通、购房等系列奖补激励政策。各地均设立"三乡工程"专项资金，用于人才激励、项目奖补等。2022年，我市又推出"彭城新农人"见习计划，吸引各类乡土人才。

邳州市邹庄镇常年在外从事炒货人员达4万余人。近年来，在邳州市委、市政府大力引导、扶持下，邹庄镇完善产业链，打造"中国干炒之乡"产业集聚区，已成功吸引1200多人返乡，带动创业就业近3000人，为推动乡村振兴打造了一支强有力的"生力军"。

立足"政府搭台、企业（人才）唱戏、农民受益、合作共赢"的运作模式，我市建成覆盖市、县、镇、村四级的"三乡工程"信息平台，建立在外能人库、返乡创业项目库、创新创业园区库，实现各类人才能人与乡村各类资源要素无缝衔接。依托现代农业产业园、农产品加工园、高新技术产业园等平台，集中力量、集聚资源、集成政策、集约土地，规划布局了"三乡工程"创新创业园区。

扩项目,厚植产业发展新动能。在推进"资本兴乡"工作中,徐州坚持把项目建设作为切入点和着力点,注重将人才、能人、资金的引进与乡村产业发展相结合,厚植产业发展新动能。

2022年初,我市印发乡村产业项目招引工作方案,明确任务目标和重点工作。围绕优质稻麦、高效水果、绿色蔬菜、规模生猪、生态肉禽市级重点全产业链和一批县域特色产业链,梳理每个链条重点招商区域、重点招引企业和重点科研院所,绘制农业全产业链招商地图,编排上半年外出小分队精准招商活动计划。前三季度全市开展外出小分队精准招商活动238次,拜访企业244家,签订协议93个,签约投资额171亿元。同时,针对各地申报投资额5000万元以上农产品加工业和冷链物流项目新开工项目,组织开展了两轮现场核查认定,共认定新开工项目57项,总投资108亿元。

坚持宜农则农、宜商则商、宜游则游,各地充分发挥主观能动性和创造性,因地制宜规划建设项目,探索形成符合实际、各具特色的发展模式,不断推进农产品加工业提档升级。对投资额较大的加工项目实施全程动态管理,逐一排查摸底、登记造册、全程督查。据统计,2022年入库农产品精深加工项目86个,占比33.07%;新形态乡村产业项目70个,占比26.92%;高技术农业项目38个,占比14.62%。"加、新、高"项目共计194项,占比75%。与此同时,我市坚持城乡融合发展,将脱贫攻坚成果巩固、农村人居环境整治、农房改善、美丽乡村建设等"三农"重点工作有机衔接,着力引导工商资本投入农村污水处理、公共空间治理、基础设施及公共服务提升等民生工程。

总体来看,2019年以来,全市上下聚焦农业高质高效、乡村宜居宜业、农民富裕富足,认真贯彻市委、市政府关于实施"三乡工程"建设的决策部署,搭平台、强载体,出政策、强机制,多措并举、综合施策,加快推动各项工作落细落实,营造了全社会关注、参与、支持的良好氛围,取得了显著成效,打造了全省实施乡村振兴战略的"徐州模式"。

■资料链接

创新实施"三乡工程" 助力乡村全面振兴

杨亚伟

民族要复兴,乡村必振兴。习近平总书记在中央农村工作会议上强调,要坚持把解决好"三农"问题作为全党工作重中之重。省第十四次党代会报告提出,努力建设农业强、农村美、农民富的新时代鱼米之乡。近年来,徐州市委、市政府认真贯彻落实中央、省委决策部署,创新实施以人才下乡、能人返乡、资本兴乡为主要内容的"三乡工程"。如今,"三乡工程"初见成效,人才、土地、资金等乡村发展要素被不断激活,推动乡村产业振兴。

聚才智,入乡创业支持政策更精准

乡村振兴,人才是基础。近年来,农村劳动力不断向非农产业转移,农村生产人员老龄化、后继乏人问题突出。据统计,2020年徐州籍外出务工人员达 90 多万人。如何做好农村人才的培养与引进工作,是推动乡村振兴迫切需要解决的问题。通过建平台、强激励、优培训,徐州鼓励引导社会各界人才能人投身乡村建设,近年来,累计吸引 9600 余名人才下乡,鼓励 9000 余名能人返乡创业,带动农民就业超过 20 万人。

搭建招才引智平台。打造覆盖全市、互联互通的"三乡工程"信息系统,建立"三乡工程网",充分挖掘乡村闲置资源,发布企业人才需求信息,推动各类人才与乡村资源无缝衔接。健全能人库、人才库、项目库等信息库,建立新型职业农民协会,打造返乡论坛、人才双选会等形式多样的沟通交流平台。规划布局一批"三乡工程"创新创业园区,推动项目集中、土地集约、政策集成。

出台奖补激励办法。出台多份文件,对符合要求的"三乡工程"人员实施生活、租房、交通、公共租赁住房、购房等奖补激励。每年选拔一批在带领村民致富、推动产业发展、促进村集体增收等方面成绩突出的"三乡工程"个人，优先提名为村"两委"班子候选人；支持和鼓励企事业单位专业技术人员到县以下挂职、兼职或参与项目合作，期间取得的成绩可作为职称评审、岗位竞聘、考核的重要依据。

创新人才培育机制。实施乡土人才三年培训计划，以"三乡工程"培训基地为平台，开设"产业办学"，实行"订单教育"，每年培训新型职业农民不少于 3 万人次。以市内农产品销售市场为培训基地，开展全流程生产技术培训和驻场营销技能、市场考察培训，重点培养一批 45 岁以下、有一定种养殖技术、有意愿留在农村的土专家队伍和经纪人队伍。

抓改革，多重用地保障体系更坚实

乡村振兴的发力点还是土地，激活土地要素，唤醒这些"沉睡的资本"，是实施乡村振兴战略的关键一环。为解决农业二三产业用地指标不足问题，徐州提出把调整布局、存量挖潜等手段作为解决发展用地的主导路径。2020 年以来，全市保障农村一二三产业融合发展建设用地达 3100 余亩，率先在全省完成了农村集体经营性建设用地挂牌入市工作。

加大农业用地保障力度。强化国土空间规划对"三乡工程"专项规划的指导引领作用，新编国土空间规划安排不少于10%的建设用地指标，用于保障农村一二三产融合发展项目用地。市县每年安排不低于5%的新增建设用地指标保障农业农村发展需求。优化项目选址、征地报批、用地审批等服务，对农业生产设施、附属及配套设施用地，在不占用永久基本农田的前提下，纳入设施农用地管理。

盘活农村闲置宅基地。加大农村闲置宅基地和农房盘活力度，对区位优势好、资源禀赋高、有产业基础和历史传承的村庄，主动引导各类社会资本依法合规参与乡村建设。鼓励市民以租赁、合作方式充分利用闲置农房发展休闲创意、养老养生、农家乐等产业，允许对租期10年以上农房进行修缮翻建。抢抓国家农村宅基地改革试点机遇，积极探索宅基地使用权抵押担保、自愿有偿退出、有偿使用等机制。

开展集体建设用地入市。抓住农村集体经营性建设用地入市试点政策机遇，探索完善城乡统一建设用地市场运行机制和收益分配制度。鼓励村集体依法把有偿收回的闲置宅基地、废弃的集体公益性建设用地转变为集体经营性建设用地入市，允许城镇周边有条件的村利用集体存量建设用地招商引资，建设租赁房等经营性场所。截至目前，全市共完成挂牌入市交易 42 宗、2610 亩，成交额 5.6 亿元。

巧创新，金融保险服务渠道更广泛

实施乡村振兴战略，必须解决钱从哪里来的问题。通过强化资金统筹力度、提升金融保险服务水平，2021 年徐州市涉农贷款余额达 2941.3 亿元，同比增长 18.82%，有效缓解了入乡创业"融资难""融资贵"的难题。

强化涉农资金统筹。加大土地出让收入用于支持乡村建设的力度，统筹推进农业科技、乡村建设等财政资金与"三乡工程"有效衔接。各县（市）区均按照不低于 2000 万元标准设立"三乡工程"专项资金，用于人才激励、项目奖补等，撬动社会资本投入乡村建设。农业农村、教育、卫生等领域均安排专项资金支持专业技能人才等入乡创业就业。

提升金融服务水平。强化金融政策支持，积极探索创新抵押融资模式，为"三乡工程"项目提供长期稳定的金融服务和差别化的信贷支持。构建"银保担"风险共担的农村普惠金融服务体系，创新推出免抵押、免担保、低利率、可持续的"三乡工程助力贷"等金融产品。积极拓宽农业农村抵质押物范围，推动大型农机具抵押、活体畜禽抵押、农业保单融资等信贷业务。

创新农业保险政策。推动政策性农业保险扩面、增品、提标，拓宽财政补贴险种，扩大农业大灾保险、完全成本保险和收入保险试点范围。鼓励保险公司因地制宜发展地方优势特色农产品保险，探索发展农产品价格保险、气象指数保险等，稳步扩大"保险＋期货"试点。2020 年以来，先后推出 11 个创新保险项目，全国首笔"生猪活体抵押"融资贷款、首单家庭农场综合保险等先后落地徐州。

重规划，工作推进机制更科学

立足政府引导、市场运作、农民主体，按照"一年打基础，两年有发展,三年见成效"工作部署,出台"三乡工程"专项实施意见、实施方案和考核细则,分年度编排工作要点,稳步实施"宣传发动—试点示范—全面推开"分阶段工作推动路径图。

坚持高位推动。建立组织推动体系,成立由市长任组长,市委、市政府分管领导任副组长,市有关部门主要负责人为成员的工作领导小组,各级各部门同步成立专项工作机构,建成"市级牵头抓总、县级统筹协调、部门协同推进、镇村全面实施"的组织网络体系。同时,建立起专项考核办法和督查督办机制,确保高质量推动。

突出项目引领。聚焦重点产业、重点区域、重点企业及一二三产融合业态,每年至少开展4次"三乡工程"专题农业招商活动。强化营商环境建设,做好项目建设全过程、项目运转全周期的服务。以本地优质特色农业产业为依托,通过直接投资、参股经营、订单购销、互惠合作等方式,招引一批设施类农业项目和农产品加工、冷链物流等龙头企业。

强化典型选树。举办特色创建活动,开展"逐梦乡村·创享彭城"大赛、乡村振兴青年先锋标兵评选、乡村旅游重点村评选等活动,树标杆、立典型,营造"比学赶超"的生动局面。建立现场观摩机制,及时召开现场推进会,总结"三乡工程"推进实施情况和典型经验做法,检验各地建设成果,进一步凝聚共识、狠抓落实、开拓创新,推动"三乡工程"加力提速。

(中共江苏省委《群众》,2022年第2期)

五、办好中国农民丰收节

中国农民丰收节,是第一个在国家层面专门为农民设立的节日,时间为每年农历秋分。这个节日的设立,是习近平总书记主持召开中央政治局常委会议审议通过,由国务院批复同意的。设立一个节日,由中央政治局常委会专门审议,这是不多见的,充分体现了以习近平同志为核心的党中央对"三农"工作的高度重视,对广大农民的深切关怀,传达了党中央实施乡村振兴战略、打赢脱贫攻坚战、推进农业农村现代化的坚定决心。

农民是中国人口的最大多数，是中国共产党执政的基础，广大农民在革命、建设、改革等各个历史时期都作出了重大贡献。习近平总书记强调，任何时候都不能忽视农业、忘记农民、淡漠农村。中央决定，在脱贫攻坚的关键时期、全面建成小康社会的决胜阶段、实施乡村振兴战略的开局之年，设立"中国农民丰收节"，这顺应了新时代的新要求、新期待，极大调动了亿万农民的积极性、主动性、创造性，提升了亿万农民的荣誉感、幸福感、获得感，汇聚起了脱贫攻坚、全面建成小康社会、实施乡村振兴战略、加快推进农业农村现代化的磅礴力量。

徐州市委、市政府对我市办好农民丰收节高度重视，自 2018 年以来，始终坚持因地制宜办节日、节俭热烈办节日、农民主体办节日、开放搞活办节日，突出徐州特色，避免铺张浪费，让农民成为节日的主角，也让全社会、全民都感受到了丰收的快乐。同时，通过举办中国农民丰收节，也充分展示出我市农业农村改革发展的巨大成就，展示出徐州广大农民的伟大创造，增强了加快建设社会主义现代化农业强国的决心和信心。

2018 年 9 月 21 日上午，徐州市汪区马庄村神农广场上弥漫着悠扬的秋韵，来自徐州各地的农民在这里喜庆首届中国农民丰收节。

2018年9月21日，徐州市在贾汪区马庄村喜庆首届中国农民丰收节

100 余种徐州特色农产品成了当天的明星，70 多斤的冬瓜巨无霸，2 米多长形如美人的睢宁白莲藕，价格不菲的七彩银杏湖稻米……享受着"长枪短炮"的聚焦，快门声此起彼伏。

2 米多长形如美人的睢宁白莲藕

农专家、农创客、农秀才、农巧匠及农业龙头企业在这里进行状元农产品展示，庆丰收、展丰收、晒丰收，吸引了广大市民的眼球，不仅拉近了农民之间的距离，更增强了大家投身"三农"事业的积极性。

近年来，徐州传承发扬优秀农耕文化，大力发展现代农业和绿色农业，建设美丽乡村，"三农"面貌发生了巨大变化。

如今，丰县牛蒡、邳州白蒜和银杏、新沂水蜜桃等近 20 个农业品牌，享誉全国。2017 年，徐州农业总产值、增加值均居江苏第一，形成了"483"现代农业产业体系：粮食、蔬菜、林果、畜牧 4 大主导产业；大蒜、花卉、奶牛、山羊、观赏鱼等 8 大特色产业；农产品加工、休闲农业、智能农业 3 大融合产业。

特别是 2017 年以来，12 家徐州—上海蔬菜外延基地在徐州先后挂牌，30 多个徐州特色农产品直销窗口在上海相继设立，使徐州的"菜园子"连起了上海市民的"菜篮子"，鼓起了徐州农民的"钱袋子"。

现场，由徐州市人民政府主办的徐州品牌农业口碑榜颁奖仪式举行，"十强农业龙头企业""十大名特优农产品品牌"名单揭晓。"十强农业龙头企业""十大名特优产品品牌"是于 9 月 3 日组织开展的，意在展示我市科技强农新成果、产业发展新成就、乡村振兴新面貌。活动开展以来，广大市民积极参与，一时间徐州人朋友圈被"徐州品牌农业口碑榜"霸屏。

"没想到身边有那么多优质的农业龙头企业和名特优产品，"江苏师大"三农"研究所负责人说："身边的朋友都参与了这项活动，为心目中的农业品牌投了票。活动的参与性强，更能凸显品牌的魅力。"

获评"十强农业龙头企业"的是：徐州黎明食品有限公司、江苏忠意食品集团有限公司、徐州绿健乳品饮料有限公司、江苏华升面粉有限公司、徐州市张场米业有限公司、江苏云雪粮油科技实业有限公司、徐州康汇百年食品有限公司、徐州鸿宇农业科技有限公司、邳州市东方养殖有限公司、徐州弘通源保健品有限公司。

推出的"十大名特优农产品"是：新沂水蜜桃、玫瑰花冠茶、"鑫珂旺"牌白条鸭、鸿宇蛹虫草、"云雪"面品、马陵山牌马陵山茶、七彩银杏湖大米、丰县白酥梨、马庄香包、佳顺锦鲤。

2019年9月23日，"牢记重托"庆丰收——徐州市2019年"中国农民丰收节"活动在贾汪区马庄村举办。

此次活动由市委、市政府主办，市农业农村局、贾汪区委、贾汪区政府承办。活动吸引来自徐州各地的农民代表和农业企业代表500多人参加。

活动现场，观众席由近400位马庄村民组成了一个红红的"70"字样，表达了广大农民对祖国的深深祝福。马庄文化广场上飘扬着一面巨大的国旗，面积足有360平方米；舞台后方的空地上，数百根玉米摆出了"丰

"牢记重托"庆丰收

收"两个大字；每个观众手中都拿着一面五星红旗，中国红遍布全场，千言万语汇成一句共同的心声——爱我中华。

近年来，徐州围绕产业兴旺、生态宜居、乡风文明、治理有效、生活富裕的要求，扎实推进社会主义新农村建设，加快城乡融合发展，农村面貌发生了翻天覆地的变化。2019年，徐州市夏粮总产21.9亿公斤、秋粮总产达27.6亿公斤，粮食生产再次实现丰收；上半年全市农民人均可支配收入达到10230元，同比增长9%。丰产丰收的喜庆洋溢在农民群众的脸上，激荡在彭城大地上。

马庄村是徐州新农村建设的典型。近年来，马庄村致力于发展经济、富裕百姓，不断优化人居环境，开展丰富多彩的文体活动，全村已形成"夜不闭户、路不拾遗、富裕文明、安乐祥和"的局面，成为中国新农村建设的一颗璀璨明珠。

2019年徐州市"牢记重托"庆丰收活动被农业农村部纳入2019年"全国70地庆丰收全媒体直播"活动。此次直播活动在全国遴选出包括马庄在内的70个最具特色、最具代表性的乡村，由"人民视频"面向全国联动直播各地庆祝活动。

徐州市2019年"中国农民丰收节"庆祝活动围绕"牢记重托"庆丰收这一主题，分为"牢记重托促振兴、非遗文化永传承、淮海民俗今犹在、徐州大地乐丰收"四个篇章，通过节目表演、图片展和农产品实物展，体现徐州市农业农村领域70年来取得的变化和成就。活动当天，组委会还公布了徐州农业品牌口碑榜十强龙头企业、十佳职业农民、十大名特优农产品品牌和特色状元农产品名单。

徐州是中国大蒜之乡、银杏之乡、苹果之乡、中国根茎类农产品之乡，全国五大蔬菜产区之一和国家商品粮基地。全市绿色食品、有机食品、地理标志产品达4000个，一大批名特优农产品驰誉国内外。

在丰收节现场，徐州雨润农副产品全球采购中心、江苏君乐宝乳业有限公司、徐州两汉农业发展有限公司、新沂众客食品有限公司、维维食品饮料股份有限公司、徐州市天观农业科技有限公司、江苏福多美生物科技有限公司、天益食品（徐州）有限公司、江苏香道食品有限公司、江苏佳盛源农业发展有限公司等十强农业龙头企业从参评的全市众多企业中脱颖而出。

2019 年农民丰收节，活动组委会还开展了"十佳职业农民"的评选。经过各县（市、区）推荐、群众网络投票和市农业专家筛选，共评选出张诺、朱守华、薛丽、陈欢、孙丹、靳春伟、贾强、彭坡、位桂芳、程建等十位优秀新型职业农民。

十大名特优农产品"ZLM"牌保鲜大蒜的生产厂家——徐州黎明食品有限公司的销售经理李兆基表示，邳州的大蒜以个头大、味道辣而闻名，"ZLM"牌大蒜已出口到世界上 40 多个国家和地区，深受消费者的喜爱。出口量位居江苏省同类农产品的首位，在全国也处于领先的一个位置，每年的出口量有 10 万吨以上。

1.6 米长的冬瓜、重达 6 公斤的甲鱼、2 米多长的莲藕……舞台上一批特色状元农产品吸引了观众的目光。随着农业现代化的加速推进，徐州的农业产业结构进一步优化，粮食生产总量居全省第二，高效设施农业面积、占比继续保持全省第一。3 家果品基地、17 家蔬菜基地先后挂牌徐州—上海蔬菜外延基地，年入沪蔬菜交易量达到 100 万吨左右，"品质徐州"农业品牌建设逐步驶入快车道。

2019 年中国农民丰收节徐州市"牢记重托"庆丰收活动，现场组织了 140 多家企业，1000 多种优质农产品的展销展示，通过 3 个"十"的评选，进一步加大力度，使徐州的名特优农产品销往全国并走出国门。

稻花香里庆丰收，增收致富奔小康。2020 年 9 月 22 日，2020 年中国农民丰收节徐州会场活动在铜山区汉王镇紫山广场举行，徐州大地处处瓜果飘香、人人喜笑颜开。在这个丰收的季节，人们用玉米、花生、现代农具、乡村游、状元农产品等"三农"元素装扮舞台，表达丰收的喜悦。

年初以来，徐州市以实施乡村振兴战略为总抓手，扛稳粮食安全重任，围绕"农业产业融合发展、农村人居环境整治、农业农村改革"等重点任务，守正创新、奋勇争先，推动全市农业农村工作打开新局面。

农村抗疫防洪和稳产保供"两手抓"。徐州市创新打造"疫控通"短信平台,对农村疫情防控实行网格化管理,对重点人员实施"四包一"措施,确保了农村疫情防控总体稳定。率先在全省出台"四优先三补助两减免"政策,及时发放蔬菜畜产品运输证,破解了农产品流通中的"中梗阻"。抢抓春管备耕。通过"益农信社"平台,组织农技专家进行远程服务。加大农业机械应用,疫情期间累计投入农业机械 1.2 万台套、植保无人机 500 余架,农机施肥施药占比达 70%,有效冲抵了新冠疫情带来的不利影响,为全市经济社会发展提供了稳的基础、保的支撑。

粮食生产和生猪生产"双丰收"。粮食实现丰产丰收,全市小麦单产 399.9 公斤、夏粮总产 21.18 亿公斤,达到历史新高。蔬菜园艺量效齐增。截至 8 月底,全市蔬菜总产量 1022 万吨、播种面积 323 万亩,保障了极端状况下的本地蔬菜的有效供给。生猪生产加快恢复,截至 8 月底,全市生猪存栏已完成省定 200 万头任务的 111.7%。1-8 月份累计出栏 198.2 万头。全市秋粮生产单产预计 495.9 公斤,秋粮总产将超 31 亿公斤。蔬菜、水产、禽蛋、牛奶生产稳中有升,分别增长 0.8%、2%、67.6% 和 84%。

乡村产业发展和科技装备质量"双提升"。市级以上农业龙头企业复工率达 98%,产能恢复率达 92.2%,销售额超 123 亿元。徐州市加快产业结构调整,27 个蔬菜外延基地提质增效显著,新增稻田综合种养面积 6.6 万亩,加快国家农业绿色发展先行区建设。编排 73 个、总投资 216.60 亿

稻花香里庆丰收　增收致富笑颜开

元的农业重大项目，截至 8 月底，37 个包挂项目实际投资 41.6 亿元，占当年计划投资的 53.96%。年内新建高标准农田 61.4 万亩，财政投资达 11.2 亿元，投资总量占全省的 17%，投资增量居全省第一，投资增幅居苏北第一。加快推进农业机械化，上半年共争取省级以上农机惠农资金 3.3 亿元。

贫困户脱贫和经济薄弱村增收"双巩固"。巩固提升低收入人口收入，大力促进经济薄弱村增收，脱贫攻坚迈出新步伐。围绕农民增收，组织劳动力输出地与输入地"点对点"对接和"一站式"运送，引导本地企业加快复工复产，开展"回乡创业直通车"活动，全市农村居民人均可支配收入 10559 元。全市计划到村到户项目 45 个，总投资 2.99 亿元，已开工项目 35 个。创新防止返贫长效机制，制定出台《徐州市防返贫机制建设实施方案》，动态监测脱贫不稳定户和边缘易致贫户。已落实帮扶措施 4049 户、11477 人，接续推进村集体经济"18 万 +"扶持计划，启动实施村级集体经济收入突破 50 万元三年行动计划，大力开展"企村联建共走振兴路"行动，截至 8 月底，已有 201 对企村签订联建协议、落实联建项目。

美丽乡村试点和人居环境整治"双迈进"。坚持点面结合，大力推进人居环境整治，农村环境面貌加速改善。扎实推进"十大提升工程"。各行政村生活垃圾保洁收运体系已实现全覆盖，"每人每月一元钱，农村垃圾全扫完"的长效市场化保洁机制逐步完善，农业面源污染治理持续推进，农村"脏乱差"的状况逐步改观。4.2 万户农民住房条件有效改善，户厕公厕新建改造全域推开，"四好农村公路"建设扎实推进，行政村双车道四级公路覆盖率达到 72.6%，农村区域供水入户率达到 99.9%，城乡供水一体化入户率达到 92%。

"三乡工程"和农村综合改革"双突破"。截至 8 月底，已启动"三乡工程"项目建设 445 个、投资总额 214.7 亿元，直接带动农民就业超 5.2 万人。深入推进农村集体产权制度改革。全市所有行政村全部完成清产核资，93.0% 村（居）完成集体产权制度改革。稳步推进农村"三块地"改革。探索构建承包土地"三权分置"制度配套体系，稳妥推进宅基地"三权分置"改革，大力推广新型农业经营"双沟模式"。

本次丰收节的活动主题为"庆丰收、迎小康"，意在通过传统农耕文化展示、民俗表演、农事体验、特色游购、美食品尝等方式，为广大市民带来一场集吃、喝、玩、乐、游、娱、购于一体的丰收盛宴。

与前两届丰收节活动相同，特色农产品展示依然是本次丰收节活动的重头戏。品牌强农是提升农业竞争力的重要手段。本届丰收节上 70 余家徐州市特色农副产品进行了现场展销，除了汉王镇的本土特产外，还有来自丰县、沛县、睢宁、邳州、新沂、贾汪等地的优质农副产品，是徐州特色农产品的一次集中展示。

与前两届丰收节活动不同，2020 年是脱贫攻坚的收官之年，反映广大农民在致富奔小康道路上的坚实步伐是本次丰收节上的一大亮点。活动现场展出了美丽乡村照片、丰收油画、农耕文化等，展现农民幸福小康生活的本真面貌。

丰收节，丰收的除了农产品外，还有农民的文化生活。精妙绝伦的京剧表演《变脸》、2008 年北京奥运会开幕式上震惊四座的《汉缶》、轻盈优美的《墨舞》、惊心动魄的《楚汉相争》舞台表演，展示了我市农民积极向上的精神风貌和农村改革发展的丰硕成果。同时，现场还通过"丰收、运动、健康、幸福、小康"五大互动区域，带领大家体验农村生活的乐趣。

2021 年是中国共产党成立 100 周年，也是中国农民丰收节写入《中华人民共和国乡村振兴促进法》的第一年，当年的中国农民丰收节具有特殊意义。2021 年 9 月 23 日上午，中国农民丰收节江苏主场活动首次来到苏北地区，在徐州新沂棋盘镇举办，主题为"同庆丰收感党恩　强村富民促振兴"。

2021 年中国农民丰收节江苏省主场活动采取"1+N"模式，通过邀请十佳农民乘坐飞机空中看秋收盛景，邀请省农技专家、本土"三乡工程"代表与群众面对面交流，组织农民广场舞大赛、农民趣味运动会等特色活动，充分展示农村丰收场景与农民丰收喜悦、中华农耕文明与稻作文化、农村改革发展的巨大成就和乡村全面振兴的美好愿景，提升农民的获得感、幸福感、光荣感，激发农民的积极性、主动性、创造性，凝聚推动乡村振兴战略的强大合力。

秋风送爽，稻花阵阵飘香。新沂市时集镇稻香科普基地内创意稻田画进入最佳观赏期，从空中俯瞰，以水田为"画布"，彩稻作"画笔"，绘制"中国共产党成立100周年·稻花飘香富美时集"稻田画，为美丽乡村加分添彩。

稻香科普基地占地面积300亩，稻田画采用不同颜色的水稻，按照既定的间距和区间播栽秧苗来完成。其中绿色的为杂交稻，其他颜色是多彩水稻，所有图案通过手工插秧绘制而成。时集镇稻香科普基地还建设稻香科普展馆，馆内通过VR数字娱乐互动、智能投影、3D模型等展示方式，介绍稻米文化和历史以及中国的农耕文明。时集镇稻香科普基地的打造，进一步助推"时集好大米""新沂苏农合香米"等优质稻米品牌做强做大，夯实乡村振兴基础。

一蟹上桌百菜淡，秋到浓时蟹愈鲜。新沂市新店镇五营村的螃蟹养殖基地迎来了捕捞供货的黄金期。蟹农们穿梭在水田间，忙着收网装筐，一篓篓鲜活的螃蟹被拎出水面，在蟹笼里"横冲直撞"，活力十足。

"螃蟹的长势很好，一亩300斤左右，价格行情也可以，利润估计达到八九万块。"蟹农老吕脸上洋溢着丰收的喜悦。

贾汪区塔山镇有"大运河畔水美乡村"的美誉，生态环境优良，盛产优质稻米和小麦。全镇水稻种植面积超3.2万亩，年产优质水稻2.08万吨。塔山镇建成了集中连片、设施完善、农电配套、土壤肥沃的高标准农田。在标准化示范区内大力推广增施有机肥测土配方施肥、绿色防控病虫害、氨氮拦截、水稻秸秆离田、无人机喷洒农药作业、智能化墒情监测等技术。通过实行机械化生产、标准化作业、规模化经营，水稻机插率提高到98%、机收率提高到95%，水稻田间作业综合机械化率提高到98%。全镇超过3万亩稻米获得绿色食品认证。"塔山大米"获评中国好米榜银奖，畅销湖北、广东、福建、新疆、山东、河南等省市，深受广大消费者青睐。

丰县首羡镇王堂村辣椒种植基地，蓝天白云下，火红的辣椒挂满枝头，长势喜人。村民们正忙着采摘，好一派喜人的丰收景象。首羡镇辣椒种植面积已经达到30000余亩，经济产值达1.5亿元，有效带动了村

丰县首美镇：火红的辣椒挂满枝头

民增收致富。

仲秋时节，邳州炮车街道古栗园迎来板栗丰收季。俗语说"涝收栗子旱收枣"，当年雨水充沛，板栗果实饱满、色泽诱人，沉甸甸的栗蓬压满枝头，栗农们采摘收获忙，俨然一派丰收景象。走进古栗园，遍地的板栗树上一串串栗蓬张开了笑脸。栗农们用一根长长的竹竿敲打树冠，一个个成熟的栗蓬便噼噼啪啪地掉下来，不一会儿，树下的栗农就捡满了一筐。已60开外、身体健壮的栗农张大哥脸上写满喜悦："祖祖辈辈都打栗子，打了四五十年了。一棵树的栗子能卖1000元左右，一年收入大概10多万元，收成还是不错的。"

丰收，在点滴耕耘中，在春华秋实中。在这个收获的季节里，广大农民群众在全面展示农民丰富的物质和精神文化生活的同时，也让社会各界感受到农业是有奔头的产业，农民是有吸引力的职业，农村是安居乐业的家园！

播下春天的种子，收获秋天的饱满；播下乡村振兴的种子，绘就美丽乡村画卷；有播种就有希望，有辛劳方能收获。向农民致敬，为丰收礼赞！

秋分时节，千里镶黄，万亩开镰，稻谷满仓。2022年9月23日，2022年中国农民丰收节徐州市主场活动暨乡村文化旅游节在沛县湖西农场韩楼村举行。

在春生、夏长、秋收、冬藏中，秋收无疑是最具有满足感与收获感的。"丰收"一词，裹着被阳光烤晒过的浓浓五谷香味，承载着家家户户翘首以盼的期许，不仅意味着农民付出辛勤劳动换来的物质充裕，更代表着人们凭借自我奋斗端牢饭碗后的精神富足。

一分耕耘，一分收获。所有丰收，都源于浇灌。奋斗路上，喜悦从田间不断蔓延至农民心间。

中国农民丰收节是亿万农民的节日，微山湖西畔的沛县湖西农场在秋日渐渐变得五彩斑斓，千亩荷塘与蓝天白云相互映衬，鱼虾在稻田中自由穿梭，白鹭不时结伴从水面掠过。

在汪汪绿水哺育出的大片稻田旁，被精心修剪成小龙虾及谷仓造型的植被引得人们纷纷合影留念。正中央的主舞台被打造成错落有序的庭院，浓郁的国风味道给人以宾至如归之感。

在这一年一度的盛会上，《绿水青山总是情》《幸福乡村》《走进新农村》等农民自编自演的文艺节目悉数登场，勤劳朴实的农民群众齐聚一堂，致敬劳动、礼赞丰收、释放情感、传承文化，用瓜果飘香、穰穰满家的收获之景汇聚起对那片田、那座山、那汪水的炙热情谊。

农业机械化为丰收插上科技的翅膀

活动现场，沛县敬安镇黄皮牛蒡、栖山镇小米、鹿楼镇菌菇、张寨镇葡萄、安国镇红薯粉条等知名农产品依旧广受欢迎。除了应有尽有的粮食、蔬菜、瓜果、肉禽外，在这幅天然的稻田画卷中，最古老的乡间符号正在用最时尚的方式展现在人们面前——

栖山镇速食冷面、河口镇牛蒡饮品、汉兴街道荷叶凉茶、汉源街道柳编制品等特色创新农产品被有序放置在展台上，不同街道、镇街摆出的桌子前人潮涌动，每个展位前皆有不同年龄段的群众排队试吃、选购，参展单位的工作人员也在卖力介绍着。一时间，古老的技艺和新鲜的创意同台展示，场面颇为热闹。

欢声笑语话丰年，日子的"甜"，在账本上体现得实实在在。

金秋九月，看着饱满圆润的石榴从树上被接连摘下，很快将运输车厢装得满满当当，徐州榴阳红生态农业科技有限公司负责人王后伦特别踏实。"今年喜获丰收，收入提升，让我们信心更足。从十几年前的小规模种植到如今的100多亩大棚，得益于沛县及沛城街道的一路扶持。我们希望能够带动更多群众就业，让百姓都能吃上放心水果。"王后伦说。

不远处的蔬果展架上，紫红色的"八月瓜"朝着大家咧开了嘴。绽放的颗颗果实就像牙齿，仿佛在用最灿烂的笑容回应劳动带来的甘甜。

"我们是沛县种植'八月瓜'的农户，很高兴有这样的机会向大家展示。'八月瓜'具有较高营养价值，上架后极易成活，产量也很可观，平均每斤售价能达20元。"沛县沛城街道任庄社区老谢介绍说。

2021年，沛县黄皮牛蒡被授予农产品地理标志登记证书。丰收节上，平均一米多长的黄皮牛蒡外观顺直、均匀，让不少围观者忍不住上手掂量两下。"运用我们的技术，一亩地可增收2000多元。"天马敬安食品有限公司董事长胡传银介绍，公司自主选育的黄皮牛蒡品种已成为行业先行者，敬安镇共有30000多亩黄皮牛蒡种植地，成为当地农户主要的经济来源。

此时，鸡头米也正当令。丰收节上，这团黑黢黢的"尖嘴植物"让许多游客倍感新奇。湖西农场负责人指着酷似尖嘴鸡的"九月江南第一鲜"鸡头米介绍说，该物又名芡实，一亩地大概能产两三千斤，每斤能卖30

湖西农场的标志性建筑，彰显自己的农产品品牌：小龙虾

多元，每亩毛收入 1 万多元。2021 年，湖西农场开始带领村民试种鸡头米，2022 年已发展 600 亩左右，充分带动了农民增收。

"三乡工程"促进新型农业发展，一批批返乡的"新农人"让古老土地焕发新颜。

随着小龙虾成为"新晋网红"，湖西农场的小龙虾产业也闯出了大名堂。农场已推广 15000 亩稻虾养殖，每亩纯收入突破 3000 元，400 余户村民因此走上致富之路。

"在产业发展的同时，农场经纪人队伍也在日渐壮大，他们主要负责虾苗的收购、销售、配送、对接等工作。"据湖西农场发展部负责人介绍，如今，每个承包大户年收入平均超过 10 万元。

春种秋收，春华秋实，一位位拼搏奋斗的追梦人，终会在金秋时节的热土上圆梦。

六、为乡村振兴塑形铸魂

徐州市农业农村局坚持以习近平新时代中国特色社会主义思想为指导，深入学习贯彻习近平总书记关于"三农"工作的重要论述，贯彻落实新时代党的建设总要求和习近平总书记关于党的建设的重要思想，认真落实党的十九大、二十大精神，扎实开展"两学一做"学习教育、"不忘初心、牢记使命"主题教育、党史学习教育和学习贯彻习近平新时代中国特色社会主义思想主题教育，组织开办乡村振兴大讲堂，引导激励广大党员干部担当作为、奋力先行，以高质量机关党建服务保障农业农村高质量发展，为全面推进乡村振兴、实现农业农村现代化贡献力量。

突出政治铸魂，强化理论武装，始终坚持党对"三农"工作的领导。坚持把党的政治建设摆在首位，深刻领悟"两个确立"的决定性意义，增强"四个意识"，坚定"四个自信"，做到"两个维护"，不断提高政治领悟力、政治判断力、政治执行力。坚持不懈用习近平新时代中国特色社会主义思想凝心聚魂，以习近平总书记关于"三农"工作的重要论述统领我市乡村振兴战略的实施，做好深化、内化、转化工作，筑牢信仰之基、补足精神之钙、把稳思想之舵。全面对标对表贯彻落实党中央关于"三农"工作的决策部署和省市委工作要求，从讲政治的高度看"三农"、抓"三农"，以"三农"发展成效体现政治品格，做到学思用结合、知信行统一。

突出主题主线，深化融合互促，始终坚持党建引领乡村振兴。围绕中心抓党建、抓好党建促业务。紧盯建设农业强市目标，紧扣全面推进乡村振兴这个"三农"工作的主题主线，构建"党建+业务"聚合体，聚焦农业农村领域重点任务，推动机关党建与中心工作、业务工作同频共振、相融互促，形成党建、业务目标同向、部署同步、工作同力"一盘棋"。

坚持"三农"工作重中之重地位不动摇，坚持农民主体地位不动摇，持续深化"三个表率"模范机关建设，压紧压实党建三级责任体系，以"书记项目"推进农业农村重点工作，以"支部项目"推进部门重点工作，以"双联双促"推进乡村难点工作，以党员志愿服务队推进为农服务工作，全市农业农村系统党员、干部、专家在脱贫攻坚、特色产业发展、富民强村、农村人居环境整治和服务农民群众等方面，主动担当、积极作为，为促进村级集体增收、农民增收和农业农村发展作出了重要贡献。

突出强基固本，抓好队伍建设，始终坚持锻造坚强有力的新时代战斗堡垒。树牢抓好党建是最大政绩的理念，锻造坚强有力的党支部，充分发挥党员先锋模范作用，让党徽在担当有为中闪光，让党性在无私奉献中淬炼，让党旗在乡村振兴一线高高飘扬。

全面落实基层党建工作联系点制度，市农业农村局领导班子成员均联系一个基层党组织，定期调研指导基层党建和业务工作，带头讲好党课、带头廉洁自律、带头解决难题、带头服务基层，以点带面推动基层党组织全面进步、全面过硬。

严格按照"一岗双责"的要求，明确职责，按照主要领导负总责、分管领导抓各线，一级抓一级、层层抓落实的原则，确保了全局党风廉政建设工作的有序开展。

突出党管干部，坚持好干部标准，抓好党员教育培训工作，树立正确用人导向，围绕"懂农业、爱农村、爱农民"的要求，打造出一支政治过硬、本领过硬、作风过硬的高素质专业化"三农"党员干部队伍。

坚持党建带群建，扎实开展爱心助农、技术指导、志愿服务等活动，自觉接受群众监督，扎实办好民生实事，推进精神文明建设，激活发展新活力，凝心聚力促振兴。

百年征程波澜壮阔，百年初心历久弥坚。

2021年6月29日，为隆重庆祝中国共产党成立100周年，回顾党的光辉历程，讴歌党的丰功伟绩，展示农业农村发展成就，由市委农办、市农业农村局、市乡村振兴局主办，徐州绿健乳业集团协办的徐州市农业农村系统庆祝中国共产党成立100周年文艺汇演《为了大地的丰收》，在市级机关大礼堂隆重举行。市委、市政府领导同志，市委、市政府相关秘书长、办公室主任，徐州市委宣传部、市委市级机关工委、市党史学习教育第三巡回指导组负责同志应邀参加活动。

文艺汇演共分四个篇章，在大合唱《歌唱祖国》中拉开序幕，以此献礼党的百岁华诞，礼赞伟大的党，颂扬美好新时代。

"峥嵘岁月"篇章展现中国共产党艰苦卓绝的民族复兴之路。诗朗诵

《为了大地的丰收》——徐州市农业农村系统庆祝中国共产党成立100周年文艺汇演

《青春中国》展现中国共产党人为了信仰顽强斗争、不畏牺牲的坚定意志。歌伴舞《怀念战友》生动展现军民水乳交融、生死与共的精神。

"颂歌向党"篇章展现了党呕心沥血的兴国之路。口技《建党百年颂》模拟伟人跨越时空的讲话，讴歌共产党人心怀理想、为国为民、锐意革新的高贵品质。男女二重唱《我和我的祖国》唱出了"三农"人的家国情怀，大合唱《母亲是中华》唱出了"三农"人对祖国母亲的依恋和祝愿。

"大地丰收"篇章集中展现了党披荆斩棘的强国之路。独唱《走进千家万户》表达了基层党员干部对群众的疾苦牵肠挂肚，将百姓的希望扛在肩上的为民情怀。舞蹈《春风里阳光下》展现了欢庆丰收、感恩大地的情感。诗朗诵《妈妈，稻子熟了》，以"共和国勋章"获得者袁隆平对支持自己专心科研的母亲深切怀念，表达了农业科研工作者报效祖国、为民奉献的赤子之情。

"继往开来"篇章展现新时代"三农"人一心向党、再创辉煌的坚定信念。其中，二重唱《走向复兴》表达出加快实现民族复兴理想的心愿。

《为了大地的丰收》——徐州市农业农村系统庆祝中国共产党成立100周年文艺汇演圆满成功

最后，全场起立，齐声高歌《没有共产党就没有新中国》，将庆祝活动推向高潮。

为扎实开展好这次活动，局党委高度重视，多次召开会议研究部署、精心策划汇演节目方案。最后所定节目，均是在局机关各党支部、局属单位各党组织和各县（市）区农业农村局选送基础上，经预选赛形式选定。参演人员，全部是全市农业农村系统党员干部。

演出现场，农业农村系统参演人员，用雄壮嘹亮的歌声、高亢激昂的颂词和优美华丽的舞姿，回望了党的奋斗历史和光辉岁月，抒发了对党和祖国的无限热爱，诠释了不忘初心、牢记使命、永远忠诚于党的政治信念，展示了忠诚于党、服务"三农"、凝心聚力、砥砺前行的昂扬斗志，赢得了观众的热烈掌声和高度赞誉。

市农业农村局机关及局属各单位全体人员、各县（市、区）党政分管负责同志和党员代表500多人参加了活动。

文艺汇演获得极大成功，收到良好效果，进一步激发了全市农业农村系统广大党员干部服务基层、服务农民群众的热情。在观看演出过程中，不少同志为演员们真挚的表演所感动而多次热泪盈眶，特别是以"杂交水稻之父"袁隆平同志的散文《妈妈，稻子熟了》为素材编排的情景式诗朗诵，在土肥专家邱淮海富有感情的表演下，更是催人泪下。汇演结束后，党员干部纷纷表示，一定学习先烈先辈先进人物的事迹，投身"三农"、服务好"三农"，把论文写在田野大地上，为推进乡村振兴多作贡献。

　　人无精神不立，国无精神不强。

　　"实施乡村振兴战略要物质文明和精神文明一起抓，特别要注重提升农民精神风貌""我们要传承好人民军队的红色基因，好好回报人民，让人民过上幸福美好的生活"……五年多来，习近平总书记的话语犹在耳畔回响。

　　乡村振兴，既要塑形，也要铸魂。加强农村精神文明建设，是全面推进乡村振兴的重要内容。

　　2017 年 12 月 12 日，习近平总书记在马庄村考察时指出："农村精神文明建设很重要，物质变精神、精神变物质是辩证法的观点，实施乡村振兴战略要物质文明和精神文明一起抓，特别要注重提升农民精神风貌。"

　　五年多来，徐州坚持以社会主义核心价值观为引领，以新时代文明实践中心建设为抓手，持续加强农村精神文明建设，培育文明乡风、良好家风、淳朴民风，建设邻里守望、诚信重礼、勤俭节约的文明乡村。

　　在贾汪区潘安湖街道马庄村，出彩的文化文艺活动，让村民的生活更加充实，精神风貌不断提升，如今村里的节会能吸引周边上万人前来观看，小小的香包缝制已培育成产值超 800 万元的产业，马庄村正全力打造乡村旅游产业综合体。

　　自 2017 年起，新沂市草桥镇就广泛组织各村进行好媳妇、好婆婆、文明家庭、美丽庭院等荣誉评选，用身边的好人好事感染村民，塑造淳美乡风。"东西丢了能找回、出现困难有人帮，崇德向善已成为全体村民的行动自觉。"村民乔梅说。

　　按照《徐州市移风易俗推进办法（试行）》要求，丰县推行"喜事堂"和"丧事一碗汤"，让红白喜事省钱省力。新沂市邵店镇朱圩村推行移风易俗"八条约定"，村民之间的红白事，由"坐席"改为"出礼"。事主在收到礼金后，回赠价值50元左右的米面油等生活用品，省了力又省了钱。村民们纷纷点赞。

五年多来，徐州深入学习贯彻习近平总书记关于"三农"工作的重要论述和视察徐州重要指示精神，牢记嘱托，感恩奋进，广大农村逐步展现出"强富美高"的现实模样。在2021年度全省乡村振兴实绩考核中，我市荣获第一等次。

五年多来，徐州总结推广"马庄经验"，全域建设新时代文明实践场所，深化拓展文明创建活动，县级以上文明村占比达到71.6%。深化拓展文明创建活动，累计创建市级以上文明乡镇49个、文明村（社区）886个，县级以上文明村比例提高到60%。

坚持物质文明与精神文明一起抓，积极探索党建引领、"三治融合"的乡村善治徐州路径。全市设立"党员中心户"1.5万余个，建立综合网格党支部3587个。培育打造移风易俗示范点12个，村规民约和红白理事会实现村级全覆盖，省级和谐社区达标率提高到92.3%，1县、1镇、6村获评全国乡村治理试点示范单位。

徐州还制订实施乡风文明三年行动计划，积极培育文明乡风、良好家风、淳朴民风，促进乡村善治，农村高价彩礼、人情攀比等陈规陋习得到有效遏制。

徐州创新身边好人培树机制、宣传机制和激励帮扶机制，积极打造好人文化品牌，树立道德标杆，到搭平台、强队伍、抓载体，全面推进新时代文明实践中心建设，打通宣传群众、教育群众、关心群众、服务群众的"最后一公里"。

徐州"好人园"内，33座好人塑像犹如33座道德丰碑，广大市民群众近悦远来、励学躬行。

■资料链接

充分发挥党建引领作用 全力打造乡村振兴区域样板

——市农业农村局召开上半年党建工作调度会暨意识形态工作研判会

为总结上半年党建、党风廉政建设和意识形态工作成效,分析研判面临的形势和存在的问题,以更新的理念、更大的力度、更实的举措,推进好下步工作,推动党史学习教育活动健康有序地向纵深开展,为实施乡村振兴战略,打造贯彻新发展理念区域样板作出积极贡献,7月16日,经局党委研究,市农业农村局召开上半年党建工作调度会暨意识形态工作研判会。市委农办主任、局党委书记、局长杨亚伟同志出席会议并讲话,市纪委监委派驻一组副组长李颜同志出席会议,局党委委员、副局长、机关党委书记周伟同志主持会议。局党委委员、机关各支部、局属各党组织书记参加了会议。

会议听取了局属十六个党组织2021年上半年党建工作、党风廉政和意识形态工作的情况汇报。周伟同志对各基层党组织的工作进行了点评。对存在的问题,归纳为"五个不到位":一是个别支部党建主体责任落实还不到位;二是一些支部党建制度落实还不到位;三是党员教育管理还不到位;四是为群众办实事还不到位,五是创先争优还不到位。

杨亚伟同志在讲话中指出,今年以来,全局上下以习近平新时代中国特色社会主义思想为指导,以党的政治建设为统领,以庆祝建党百年为契机,认真贯彻落实中央和省、市党建工作部署要求,以全面从严治党为主线,以党史学习教育为抓手,坚持不懈抓好党的政治建设、思想建设、组织建设、作风建设、纪律建设,把制度建设贯穿其中,深入推进反腐败斗争,牢牢把握意识形态主动权,不断提高党的建设质量,充分发挥党建引领作用,推动我局各项工作取得了阶段性进展和成效。一是各总支、支部对党建工作更加重视，做到有计划、有部署、有落实、有检查。二是对党建工作的差距和薄弱方面有了更加清醒地认识，更加重视了坚持问题导向，谈问题更有针对性。三是坚持党建与业务工作一同部署推进，更加富有成效。四是三农工作服务群众的这一特质，在全体党员的努力下得到有力彰显。

杨亚伟同志指出，我局党建工作尽管取得了一定的成绩，但还存在一些不容忽视的问题。一是一些支部理论学习抓得不实，学用结合不紧密。二是个别支部抓党建工作的意识还不够强，重业务轻党建现象依然存在。三是作风建设还有差距，部分干部规矩意识还树得不牢。四是部分支部"三会一课"还不规范，部分党员组织观念还不够强。五是党建工作干部队伍建设有待加强，能力素质还需进一步提升。六是党建和党风廉政建设及意识形态工作的特色亮点彰显的还不够，创新创优的意识和能力还需增强。

对今后的工作，杨亚伟同志强调重点抓好以下几个方面：一要提高政治站位，切实增强做到"两个维护"的定力和能力；二要建强支部战斗堡垒，树立一切工作到支部的鲜明导向；三要开展好主题党日活动，增强党组织的凝聚力战斗力创造力；四要强化责任担当，继续推动"我为群众办实事"走深走实；五要持之以恒正风肃纪反腐，着力推动全局党风廉政建设工作再上新台阶；六要切实抓好意识形态工作，牢牢掌握意识形态工作的领导权主动权。要全面推动党建工作从规范化向高质量提升，在打造贯彻新发展理念乡村振兴区域样板中争当标兵，为开启农业农村现代化新征程提供坚强政治保障。

周伟同志对会议的贯彻落实提出三点要求：一要迅速组织传达学习。二要压紧压实主体责任。三要咬定目标狠抓落实。

（徐州市委市级机关工作委员会《徐州机关党建》，2021 年 7 月 19 日）

■资料链接

杨亚伟同志调研指导市农业综合行政执法支队党建工作

6月30日下午，徐州市农业农村局党委书记杨亚伟到基层支部联络点徐州市农业综合行政执法支队党总支第二支部调研指导党建工作，市农业农村局党委委员、副局长孙厚权陪同调研。市农业综合行政执法支队党总支书记、支队长王本奉和支队党总支以及第一、第二党支部相关负责人、部分党员干部参加了调研座谈。

座谈会上，杨亚伟同志在听取了王本奉同志就支队党建工作的汇报后，对支队党建工作取得的成绩给予充分肯定，指出，支队政治站位高、工作标准高、队伍建设抓得严、创新创优精神强、工作成效明显，充分彰显了徐州市农业综合行政执法支队党建引领创优争先、聚力打造一流铁军的核心理念和精神风貌。杨亚伟同志要求，支队党总支及基层支部，要深入学习贯彻习近平新时代中国特色社会主义思想，进一步强化党建工作意识，以全国示范窗口建设为载体，继续保持发扬优良作风，全面提升队伍整体形象；以开展专项农业执法行动为抓手，进一步为基层农民搞好服务，全面提升群众满意度；以增强综合素质，破解能力恐慌为目标，继续加强学习，全面提升执法人员的能力水平；以党建工作为统领，全面提升支队整体建设水平。杨亚伟同志强调，要将党建工作与业务工作紧密结合，同部署、同落实，统筹安排，协同推进，以党建工作促进业务工作，通过业务工作体现党建工作的成效。

孙厚权同志就进一步做好支队党建工作提出了四点要求：一是强化党建工作优势；二是继续保持优良工作作风和良好工作状态；三是进一步提高工作水平和能力；四是廉洁执法清廉做人。

王本奉同志做了表态发言。他表示，支队全体党员、干部职工将进一步强化党建统领意识，全面落实党建工作主体责任，以更强的责任担当、更实的创新举措、更好的工作成效，推动徐州市农业综合行政执法支队各项工作再上新台阶。

调研期间，杨亚伟同志观看了支队党建文化宣传片，现场查看了诉前调解工作室、执法装备室、询问室等标准化办公建设情况，对支队党建文化、农业法律诉前调解等工作提出了具体要求。

（徐州市农业农村局网，2022 年 7 月 1 日）

第三章

徐州市当前和今后一个阶段推进乡村

振兴的重点任务

强国必先强农，农强方能国强。习近平总书记在党的二十大报告中提出要"加快建设农业强国"。2022 年 12 月，习近平总书记在中央农村工作会议上指出，全面推进乡村振兴、加快建设农业强国，是党中央着眼全面建成社会主义现代化强国作出的战略部署。中共中央、国务院发布《关于做好 2023 年全面推进乡村振兴重点工作的意见》，进一步明确了全面推进乡村振兴、加快建设农业强国的目标任务、战略重点、主攻方向和工作要求。这为我们抓好以乡村振兴为重心的"三农"各项工作指明了前进方向，为加快建设农业强国提供了重要遵循。

徐州是省域副中心城市，又肩负着高水平建设淮海经济区中心城市的使命任务，我们既要巩固全省农业大市的传统地位，又要放眼淮海经济区，发挥好农业农村引领带动作用。基于这一考虑，我市立足当前、放眼长远，提出了"高质量打造淮海经济区现代农业强市"的目标定位，规划了黄河故道生态富民廊道示范带、大运河农文旅融合示范带和五环路都市农业示范圈、市域边界全面振兴示范圈"两带两圈"的发展格局，明确了"夯实稳产保供一个根基，创新农业科技和物质装备两轮驱动，落实产业发展、乡村建设和农村改革三项举措，实现农业农村现代化阶段性目标"的工作思路，制定了粮食产能提升、乡村产业提级、科技装备提档、绿色发展提优、农村改革提质、富民强村提速、乡村建设提标、精神风貌提振、乡村治理提效等"九大工程"作为具体抓手。在统筹兼顾、全面推进的基础上，我们将瞄准农业强国建设目标、重点难点，努力在五个方面做好徐州贡献。

第一节　全方位夯实粮食安全根基
扛稳扛牢稳产保供责任

习近平总书记指出："保障粮食和重要农产品稳定安全供给始终是建

徐州扛稳扛牢重要农产品稳产保供责任

设农业强国的头等大事。"

徐州市委、市政府始终把抓好粮食生产和重要农产品供给摆在首要位置，目的就是深入贯彻落实中央农村工作会议和一号文件精神，高水平把牢粮食安全主动权，把自己的饭碗端得更稳更牢固。2023 年市委一号文件要求，坚决扛牢粮食安全政治责任，全方位夯实粮食安全根基，全面落实粮食生产储备利益调节机制，健全完善种粮激励扶持政策，确保全市粮食播种面积稳定在 1150 万亩以上，确保粮食总产量稳定在 100 亿斤以上。全市蔬菜播种面积确保稳定在 615 万亩、产量稳定在 2000 万吨以上。加强生猪产能逆周期调控，推进标准化生态健康养殖。落实最严格的耕地保护制度，提升农业防灾减灾能力。

坚决守牢粮食安全底线，充分挖掘增产潜力，发挥好稳产保供的主力军作用。

一是稳定粮食播种面积。严格落实《徐州市粮食安全工作责任制清单》，层层分解下达粮食播种面积及产量目标任务，把粮食播种面积纳入粮食安全责任制、高质量发展、乡村振兴战略实绩考核范围，以考核夯实粮食播种面积责任落实。进一步落实好耕地地力保护补贴、稻谷补贴、种粮农民一次性补贴、大豆玉米带状复合种植补贴等政策，切实保护种粮农民利益，提高农民种粮积极性。建好徐州"两河两湖两路"（大运河、黄河故道，微山湖、骆马湖，310 国道、徐海路沿线）粮食安全产业带，稳定三大主粮播种面积，稳步扩大大豆玉米带状复合种植和油料种植面积，全市粮食播种面积稳定在 1150 万亩、产量 100 亿斤以上。

二是提高粮食综合产能。着重在水稻、玉米、大豆等秋粮作物单产提升上落实举措、实现突破。完成 2 万亩"旱改水"任务，逐步推动低洼易涝田块旱作物改种水稻，实现"以改促增"。完成 13 万亩直播稻种植面积控减任务，预计带动水稻单产提升 1% 左右。突出玉米、大豆两个产能提升最迫切、单产提升潜力最大的作物，落实好 3 个部级玉米、大豆单产提升整建制推进县建设任务（丰县玉米，沛县、睢宁县大豆），充分挖掘地种肥药各要素、耕种管收各环节的增产潜力。抓好绿色高质高效示范创建，建设 95 个省级粮油绿色高质高效示范片，示范面积 100 万亩，带动大面积均衡增产。坚持增产减损两端发力，加强气象灾害监测预警，健全农作物病虫害防控体系，实现"虫口夺粮"保丰收。总的来讲，就是要通过良田支撑、良种推广、良技服务、良机应用，力争到 2025 年，小麦单产继续保持全省第一，水稻、玉米和大豆单产分别达 600 公斤、450 公斤、185 公斤左右。

三是丰富食物供给来源。统筹强化"菜篮子"产品稳产保供，合理安排设施农业生产布局，多途径开发食物来源。发展高产高效现代设施种植业，坚持存量改造与增量拓展并重，实施存量老旧低效设施宜机化改造，推进增量设施应用现代信息技术和设施装备，在全市合理布局"菜篮子"工程绿色蔬菜保供基地，并加快建设和改造提升。发展高效集约现代设施畜牧业，稳定生猪产能，加快畜牧设施养殖提档升级，确保年生猪出栏 400 万头以上，能繁母猪存栏保持在 22 万头以上，规模猪场保有量稳定在 1300 家以上。发展生态健康现代设施渔业，实施池塘生态化改造，改善池塘养殖的基础条件，水产养殖面积稳定在 24 万亩以上，水产健康养殖比重达到 80%，养殖池塘标准化改造 5 万亩，名特优水产品养殖面积达到 85%。盘活土地后备资源，充分利用冬闲田、丘陵坡地、边际土地种植油菜、花生、芝麻等特色油料，引导有条件的地区发展羊肚菌种植、金蝉养殖等林下经济特色产业。

■**资料链接**

江苏徐州：良种筑"粮基" 良田要"粮用"
良法促"粮增" 奏响丰收曲

高考期间，在睢宁现代农业（稻麦）科技综合示范基地和凌城镇小麦绿色高质高效创建示范片，滚滚麦浪中，一场特殊的"高考"也正在举行。

农业农村部小麦专家指导组在对徐州推荐的小麦高产攻关田开展实打测产，经过专家组4个多小时的实收测产和闭门计算，各个不同品种小麦测产亩产数据终于出炉：768.8公斤、726.5公斤、744.3公斤、690.2公斤……一派成功的喜悦映红了人们的脸庞。

今年的夏粮生产历经冻害、干热风、连阴雨等逆境影响，仍然取得丰产丰收，徐州采取了哪些创新举措？粮食丰收背后的"法宝"又是什么……带着这些问题，记者深入徐州"三夏"生产一线探寻答案。

良种筑"粮基"

768.8公斤！前不久，新品种徐麦2100（大豆茬）折实亩产768.8公斤创徐州小麦单产最高纪录，这一高产品种未来也有望大规模推广。

农以种为先，种子是稳产增收增效的关键内因。徐州着力推进种业振兴，把当家品种牢牢握在手中。市农业农村局相关负责人介绍说，徐州发挥良种增产潜力，大力推广"高产、优质、多抗"小麦品种，加快优质专用品种更新迭代，秋播重点推广了徐麦33、淮麦33等优质中强筋小麦品种。一大批高产优质、绿色抗逆、专用特用的"种子选手"为徐州提升粮食产能擦亮种业芯片。

水稻方面，全市水稻优良品种种植以"一湖两河两路"国家粮食生产安全示范带为整体布局，科学筛选推广粳稻、籼稻优良品种。粳稻品种有金粳818、苏秀867、徐稻10号等，籼稻品种有九优粤禾丝苗、徽两优898等品种。同时徐州市农业综合行政执法支队加大种子市场监督检查力度，提高商品种子供种比例，优良品种覆盖率达到98.6%以上。

品种好不好，田间看表现。徐麦33等是推广应用多年的高产稳产品种,每年亩产量稳定超过600公斤,都具有700公斤以上的产量潜力。徐麦33品质较好,更适合稻茬种植。徐麦35市场认可度好,高产又抗灾。

良法促"粮增"

从规模上看,徐州小麦与稻米产业生产规模大。今年夏收小麦种植面积530.2万亩,约占全国种植面积的1/70;2023年度水稻种植面积270万亩,其中粳稻种植面积约占水稻种植总面积的六成以上,杂交籼稻约占三成半。

今年全市把粮食绿色高质增效创建作为指导大面积粮食生产的平台,努力提高创建示范片标准,提升高产创建水平,增强生产技术辐射带动。2023年,在落实好省级水稻高质增效创建示范片任务清单的基础上,全市创建小麦绿色高质高效示范片23个,创建面积5.7万亩,平均单产622.05公斤,示范带动小麦大面积平衡增产。

"三分种,七分管,十分收成才保险。"在生产技术上,徐州强化绿色高产高效轻简化和全程机械化技术推广应用,重点推广小麦机械条(匀)播高产栽培等技术,全市小麦机械条(匀)播面积461.27万亩,占比87%。落实了种子包衣以及测土配方施肥措施,基肥使用做到因土施肥,合理肥料运筹,提高了出苗质量,保证了苗全、苗匀、苗壮,小麦平均亩成穗数42.6万穗、比上年增加0.03万穗,穗粒数29.9粒、比上年增0.3粒。

在水稻高产创建过程中,徐州围绕优质稻米生产,集成整地、播种、育秧、插秧、管理、施肥用药、收获、烘干等各个环节绿色节本高效技术,推广水稻规模化集中育秧、水稻机插高产栽培技术、控减直播稻13万亩、水稻侧深施肥一体化技术、病害绿色防控技术、病虫害统防统治专业化服务等技术,高效创建达到明显的示范效果。

"水稻机栽比直播稻效益亩均高出100多元,亩产高出70公斤左右。"丰县农业农村局农技人员告诉记者。通过新品种展示、新技术应用、建立高产攻关等生产引领示范,各地着重解决"优粮优产",将生产优势转化为产业优势。

(《徐州日报》,2023年7月4日)

第二节 强化农业科学技术支撑
大力提升物质装备水平

推进农业农村现代化，离不开科技创新和物质装备水平的支撑。着眼于农业科技的"强化"与"提高"，徐州将启动农业生产全程全面机械化整体推进市创建，持续推进"宜机化"生产技术条件在农田建设、农业园区和设施农业中的应用，提升农业机械化水平。推进种业振兴行动，实施"良种供给"和"企业扶强"两大工程。组织攻关农业关键核心技术，加快核心种源、生物育种、智能农机装备、数字农业等领域核心技术突破。推动农业农村数字化建设，启动市级农业农村大数据平台建设，积极对接"苏农云"和"苏乡云"数字化平台，建立数据资源开放、共享、应用新机制。加快推进高标准农田建设，到 2030 年，全市规划建设高标准农田 474 万亩，发展高效节水灌溉 25.5 万亩，财政总投资 104.08 亿元。其中，2023 年至 2025 年全市规划建设高标准农田 143.79 万亩（其中新建 50.87 万亩、改造提升 92.92 万亩），发展高效节水灌溉 3.69 万亩，财政总投资 36.48 亿元。探索多种形式管护模式，确保工程效益长久发挥。加强农田水利设施建设，实现农田能灌能排、旱涝保收。

2023 年 5 月 12 日，中共中央政治局委员、国务院副总理刘国中到徐州调研，先后考察了徐州市农业科学院、种业企业、农业科技服务组织等，详细了解农业科技研发和成果推广应用等情况，对我市农业科技创新、种业发展给予肯定。他强调，科技创新是推进农业现代化的关键。要遵循农业科技规律，聚力攻关农业"卡脖子"技术，深入实施种业振兴行动，加快推进高标准农田建设，补上短板弱项。要发挥新型举国体制优势，整合资源力量，健全创新体系，支持创新平台和人才队伍建设，强化产学研协同攻关，提升农业科技创新整体效能。

徐州重视发挥科技带动作用提升农业发展水平

今后一个时期,我市要坚持补短板、强弱项,努力在农业科技和物质装备上实现更大突破和提升。

一是强化农业科技支撑。充分发挥全国农业科技成果转移服务中心淮海分中心、淮海经济区农业科技创新与转化联盟作用,利用好徐州工程学院、徐州生物工程职业技术学院、徐州市农科院的科研优势,每年实施市现代农业重点研发计划项目 15 个、市级以上农业关键技术攻关项目 5 个,推广实施成果示范项目 10 个。加强农业新品种、新技术、新装备、新模式"四新"技术推广应用,积极引导农业科技专家牵头培育建设一批农业科技创新团队和农业科技推广示范基地,到 2025 年,全市建成现代农业科技示范展示基地 42 个、省级现代农业产业技术体系基地 40 个、国家级农业科技展示基地 1 个,全市农业科技进步贡献率达 72% 以上。

二是全力推进种业振兴。充分发挥徐麦、徐薯、徐椒、徐豆等育种制种优势,建好沛县国家区域性良种繁育基地和国家级甘薯资源库、省级根茎类蔬菜资源库,建设好 40 个蔬菜供种育苗基地,粮食作物良种繁田面积达到 15 万亩左右。加强畜禽良种体系建设,建立完善生猪、奶牛、徐州黄牛、白山羊、肉(蛋)鸡、肉鸭等畜禽种苗繁殖中心。加强水产良种体系建设,重点支持河蟹、南美白对虾、青虾等品种的保种、选育和应用研发。培育保丰集团、大华种业、恒润高新等一批种业重点龙头企业。

到 2025 年，全市农业种业产业链总产值超过 200 亿元。

三是提升物质装备水平。开展农业生产全程全面机械化整体推进先行市创建，加快建设技术装备强、基础支撑强、服务应用强、人才技能强、创新引领强的农机强市。充分发挥徐工集团装备研发制造优势，建设特色农业智能农机应用场景，打造农机装备研发制造推广应用示范高地。加快推进无人化、智能化农机装备的推广应用，促进无人驾驶、大数据物联网技术、信息技术等应用在农机化领域的推进和拓展。到 2025 年，农作物耕种收综合机械化率稳定超过 90%。

四是推进数字农业建设。加强物联网、大数据、云计算、人工智能等与现代农业的融合创新，加强数字技术在产前、产中、产后的应用，推进农业"智改数转"，打造一批"链通数融"的特色产业链。运用"互联网 +"推动农产品出村进城，发展农村电商"云营销"。依托"苏农云"大数据平台，完善市智慧农业中心功能，推进农业数据资源共享，促进数字资源协同管理。到 2025 年，全市数字农业农村发展水平超过 70%。

■资料链接

江苏徐州："智"惠农业，科技赋能乡村振兴
加"数"前行

推进数字乡村建设是实现乡村振兴的重要举措，也是推动农业农村现代化的重要途径。近年来，徐州贯彻落实《数字乡村发展战略纲要》，加快推进数字乡村建设，乡村数字基础设施更加完善，全面提升乡村 5G 网络覆盖水平和固定宽带接入能力。

从乡村信息基础设施建设"提档升级"到赋能产业"提质增效"，从治理模式不断创新到民生服务持续丰富……江苏徐州四大运营商致力乡村数智设施建设，为全面乡村振兴提质增"数"发挥重要作用。截至 2022 年年底，徐州 5G 基站近 1.5 万个，其中农村基站数量超 5000 个，

农村地区宽带平均接入速率已达到 100 兆以上,基本实现各县(市、区)5G 连续覆盖。

农业数智化是现代农业发展方向,数字乡村平台连接乡村生产生活新应用,也是实现乡村振兴的重要基础。在睢宁沙集镇,从传统电商的"人找货"到新电商的"货找人",从位置偏僻、交通不发达的村落到全国赫赫有名的淘宝村、富裕村。徐州运营商在对沙集镇区、东风村等电商聚集区完成网络全覆盖的基础上,又陆续实现了村内淘宝加工厂集中区域宽带全覆盖、淘宝村宽带全覆盖等。

"村里得到数字乡村平台技术支持后,我们可以随时掌握种植信息。"铜山区庙山村村委会相关工作人员说,番茄种植大棚内悬挂着可以智能检测实时温度和湿度的仪器——"小喇叭",农户可以通过手机终端直接看到棚内作物种植情况。平台也能够第一时间提醒种植户打药施肥,养殖户及时收网。据了解,这个"小喇叭"背后连接的是徐州联通提供的"数字乡村平台"。

邳州市赵墩镇郭口村鱼塘主老葛正坐在家里悠闲地看着手机,他是通过徐州电信"小翼管家"App 随时观察鱼塘的动态。"安装了'天翼看家'云监控,现在管理鱼塘既方便又省心,即使人不在鱼塘,也能随时随地发现鱼塘的各种变化。"老葛说。

随着大数据、物联网、人工智能、云计算等数字化技术的日益普及,传统农业"靠天吃饭"的生产方式正悄然退场,乡村人才数字素养与技能不断提高,农民也切实尝到了智慧农业的甜头。徐州涌现出丰县现代农业(果品)产业园管理平台、沛县安国镇高标准智能温室、铜山区国家现代农业示范园区、邳州金水杉智能温室水果番茄工业化栽培等一批智能化程度较高的农业物联网创新应用基地,已接入或即将接入省农业物联网管理服务平台。截至 2022 年上半年,接入江苏省农业物联网管理服务平台应用主体达 322 家,上传数据量达 1290 万条。新沂益客未来牧场等 7 家单位入选江苏省智能农业百佳案例,全市规模设施农业物联网技术推广应用比例达到 35%,同比增长 52%。

(《徐州日报》,2023 年 2 月 8 日)

第三节　大力推动乡村产业高质量发展
扎实推进农民农村共同富裕

农业农村工作，说一千、道一万，产业兴旺是关键。产业兴旺是推动乡村振兴的动力源泉。聚焦乡村产业振兴"重中之重"，徐州市委、市政府提出加快农业全产业链建设、拓展乡村产业发展空间等具体要求。徐州将聚焦延链、补链、强链，提档升级粮油加工、畜禽加工、果蔬加工 3 大主导产业，新增规模以上食品及农副产品加工企业 40 家左右，食品及农副产品加工产业集群产值达到 900 亿元以上。做强农业龙头企业和农产品品牌，力争"农香徐来"市域公用品牌授权产品销售额突破 1 亿元。更高水平培优新型农业经营主体。加快农业重大项目建设，新招引投资亿元以上精深加工项目 20 个。发展现代乡村服务业。深入实施"数商兴农"和"互联网 +"农产品出村进城工程。

深入实施富民强村帮促行动，健全衔接项目和资产联农带农机制，强化 269 个乡村振兴重点帮促村和 57 个省际边界村帮扶，进一步完善农村低收入人口"两不愁三保障"政策，筑牢兜底保障防线。徐州将实施农民收入十年倍增计划，支持农民就业创业增收。实施农民工素质提升工程和稳就业职业技能培训计划，落实各项稳岗纾困、创业扶持政策，促进返乡下乡农民工、农村新增劳动力充分就业。

发展新型农村集体经济是做好"三农"工作的关键。徐州将支持多形式盘活集体资源资产资金，积极探索物业租赁、资产盘活、生产服务、农旅融合、入股合作等措施，确保全市村均集体经营性收入增幅高于全省平均水平。强化农村集体"三资"管理，发挥农村产权交易市场作用，规范农村集体资产、资源流转交易行为，推动农村集体资源资产全部实现线上交易。

进一步加强对农业产业化发展的研究，充分发挥徐州市农业产业化研究会和农业科研院所的作用，不断推进理论研究和实践创新。

聚焦延链补链强链，分链发展、聚链成群，推动徐州乡村产业实现跨越发展。

一是优化县域产业布局。重点培育丰县奶业、果业，沛县生态肉鸭、生态牛蒡，睢宁县优质籼稻、食用菌，邳州市大蒜、银杏，新沂市水蜜桃、鲜食毛豆，铜山区设施蔬菜、中强筋小麦，贾汪区草莓等19条县域全产业链，培育8~10个10亿元以上县域优势特色产业。

二是壮大优势特色集群。加快推进农业农村重大项目招引建设，大力实施农业产业化龙头企业"十百千"工程和食品及农副产品加工产业集群三年发展行动计划(2023—2025年)，聚焦"331"产业发展方向，重点发展粮油加工、畜禽加工、果蔬加工3大主导产业，开发休闲食品、功能食品、酒品饮料3大潜力产品，突破预制菜新兴领域。到2025年，全市规模以上农产品加工企业力争超过900家。

三是做强产业平台载体。推进1个国家现代农业产业园、9个省级农业示范园和9个省级农产品加工集中区优化要素配置、提升服务水平、营造产业生态，老旧园区重点加强闲置厂房(设施)和低效用地的盘活利用，推动腾笼换鸟、园区再造，新建园区严把项目准入类型和门槛，确保高标定位、高点起跳。

四是全力打造农业全产业链。聚焦"特色强、链条强、功能强、主体强、政策强"，挖掘农业多重功能，开发乡村多元价值，把农业全产业链建设作

丰县顺河镇白庙村藕虾共作基地让群众走上致富路

为乡村产业发展聚要素、补短板、增实力、抗风险的关键，整合创新链、优化供应链、提升价值链、畅通金融链，促进生产、加工、流通、消费链式发展。

五是不断提高"两个收入"水平。深入实施农民收入十年倍增计划，针对我市农民"四项收入"短板，加强分析研判、强化政策落实，努力提高务工性收入水平、拓展经营净收入空间、挖掘财产净收入和转移净收入潜力，确保农村居民人均可支配收入增幅高于全省平均水平。实施农村集体经济发展三年攻坚计划，强化对 269 个乡村振兴重点帮促村、57个省际边界重点帮促村和 616 个低收入村的帮扶力度，到 2025 年，高质量消除村集体经营性收入低于 30 万元的村。

■资料链接

徐州：以重大项目建设全面推进乡村振兴

春意渐浓，俯瞰徐州大地，从沃野田畴到秀美村庄，乡村产业蓬勃发展，农民收入稳步增加，一幅农业高质高效、乡村宜居宜业、农民富裕富足的和美画卷正在这块土地上徐徐铺展。

3 月 14 日，2023 年全市农业农村重大项目集中开工活动在沛县举行，动员全市抢抓工期，大抓项目，抓大项目，以昂扬奋进的姿态、实干为民的担当，全面推进乡村振兴，全力打造农业强市。

重大项目增势赋能

阳春三月，在沛县胡寨镇大华种业项目工地，十余台挖掘机与铲车轰鸣，工人们正在紧张地进行建设。今年以来，沛县农业招商队抢抓招商有利时机主动"走出去"敲门招商，分赴上海、福建、江西等地区瞄准冷链物流、现代种养、预制菜等重点领域开展"引进来"招商活动，5 批次招引项目签约 11 个，其中大华种业等 5 个项目已落地开工。据了解"该项目将持续研发供给高产、高效、优质绿色、抗病抗逆农作物新品种，加快建设区域繁育基地，为徐州地区农业发展、农民增收供应精品种源。"

此次全市集中开工的农业农村重大项目中，沛县共 12 个，总投资 12.41 亿元。其中江苏大华种业被沛县的招商政策所吸引，在沛县建设大华种业项目基地，投资 1.5 亿元，引进烘干、仓储、冷库等设施，建成后可繁育种子 5 万吨，在胡寨镇及周边乡镇建成 8 万亩小麦及 10 万亩常规水稻、2 万亩杂交水稻的优质种子繁育基地，产品销往苏鲁豫皖等省，有效解决全市及周边地区农民种子安全问题，成为全市领先的制种中心。即将挂牌的研发中心，将成为新品种选育、新品种测试，通过平台搭建、人才引进，将建成种子繁育、销售加工等为一体的现代农业企业。

在邳州，润农大蒜深加工项目正在进行主体工程建设，恒谷生物饮料及植物提取添加剂项目厂房、办公楼正在装修，地下排水系统、电气排线已完成，隆发食品大蒜冷储加工项目、立华阳雪食品加工项目正在进行基础建设，炒货产业园项目正在进行土地平整……邳州把农业农村重大项目实施情况纳入乡镇年度综合考核，持续完善项目建设协调、管理机制、统筹涉农条线力量、有力保障重大项目落地推进。邳州 36 个农业农村重大项目，目前全市已开工 14 个农业农村重大项目，完成投资 6.62 亿元。

黄河故道生态富民廊道和五环路都市休闲农业示范带建设是今年徐州市乡村振兴的重点工作。按照全市乡村振兴"两带"核心区、示范区的总定位，铜山区聘请了专业设计公司和农业农村部规划设计院，开展黄河故道生态富民廊道及五环路都市休闲农业示范带专项规划设计工作，截至目前已完成黄河故道生态富民廊道东段编制工作，编制《铜山区 2023 年黄河故道生态富民廊道重点建设项目计划》，涵盖现代农业、生态旅游、基础设施、资源与环境保护、改革创新、公共事业六大类，共计 43 个项目，总投资达 36.76 亿元。铜山区还围绕五环路沿线编制了总共 24 个项目，总投资 29.35 亿元，2023 年计划投资 15.16 亿元，全力以赴打造五环路都市农业示范带。

放眼全市，农业农村重大项目遍地开花。今年一季度，娃哈哈果汁饮料、徐州—上海蔬菜外延基地净菜加工、江苏淮海番茄育种研发中心等86个项目已开工或具备开工条件。徐州市坚持农业开工项目抓进度、续建项目抓投产、签约项目抓跟踪、储备项目抓前期，通过谋划一批、开工一批、在建一批、投产一批，加快形成了大项目顶天立地、小项目铺天盖地的良好态势。

主导产业加速集聚

市委农村工作会议指出，紧紧扭住精深加工这一关键环节，加快补齐产业链短板，把食品及农副产品特色创新产业集群打造成为全市产业发展的新亮点。各地从主导产业集群入手，集中发力，补齐产业链短板，让"拳头"产品在市场上真正形成竞争力。

睢宁县以推进主导产业提档升级、潜力产品全面发展、新兴领域加快突破为目标，明确发展路径和任务，其中粮食加工产业集群重点打造官山、邱集、凌城等标准化原料生产基地，引育6~8家稻麦精深加工项目入驻加工集中区，构建"1+N"粮食加工产业布局，果蔬加工产业集群重点依托食用菌龙头企业发展食用菌精深加工，依托梨、桃等特色果品发展果品精深加工两个链条，畜禽加工产业集群重点盘活养殖、屠宰、加工、配送、销售一体化经营链，延伸肉制品深加工环节链，补强乳制品加工侧支链，逐步形成三大集群全产业链条发展格局。截至目前，列入市级产业集群7个项目已开工6个。

丰县加快推动食品及农副产品加工产业培育，以园区建设为载体、以项目带动为支撑、持续加大特色园区和平台载体建设力度，努力做优做强食品及农副产品加工产业。在范楼镇布局的淮海经济区中央厨房产业园全力招引食品及农副产品加工企业，现已入驻企业13家。在顺河、宋楼、大沙河、首美等镇规划布局食品加工产业园，其中宋楼镇预制菜（净菜）加工产业园主体已建设完成，入驻企业已开展试运营。首美镇粉丝产业园已开工建设，大沙河、梁寨、顺河食品加工产业园正在开展规划设计，力争上半年开工建设。

企业开展"二次创业"也是农业产业重大项目建设的重要推动力。新沂引导推动鲁花花生、新沂大米、卫岗乳业、新沂小微盆景等不断提升产业规模和品牌知名度、美誉度，今年以来已有6个项目列入市级方案中,其中明月东——薯类快消食品、新沂港粮食仓储物流、益客白羽鸡养殖基地项目都已超序时推进。

(《徐州日报》,2023 年 3 月 20 日)

第四节　高水平推进农业绿色发展
加快建设宜居宜业和美乡村

徐州市委、市政府提出高水平建设国家农业绿色发展先行区,推进农业绿色低碳发展。同步推进稻田甲烷减排、畜禽低碳减排、渔业减排增汇、农机绿色节能,加快侧深施肥、精准施药等机械装备推广应用,推动可再生能源替代,促进农村可再生能源开发利用和农业资源保护利用。大力推进受污染耕地安全利用和风险管控,确保全市今后一个阶段受污染耕地安全利用率稳定在 93% 以上。实施农业生态保护修复,促进农田生态环境改善。

建设宜居宜业和美乡村是农业强市的"应有之义"。徐州市深入实施乡村建设行动,加快城乡基本公共服务均等化。按照"收得彻底、治得有序、管得规范、用得高效"的要求,全面实施农村公共空间治理行动,确保各类集体资源资产应收尽收。完善农村人居环境整治长效管护机制,常态化开展村庄清洁行动。按照"集中连片、整村推进"的原则,有计划地推进农村户厕新建改造工作。因地制宜开展农村生活污水治理和资源化利用,提档升级农村基础设施,持续改善农村住房条件。

农村现代化,不仅物质生活要富裕,精神生活也要富足。徐州将健全完善乡村治理体系,发挥农村基层党组织战斗堡垒作用,提升乡村治理能力现代化水平。持续深化推广"马庄经验",统筹推进文明创建、文明实践和文明培育，促进城乡精神文明建设融合发展。开展文明婚庆、文明殡葬、文明祭扫集中行动，深入推进移风易俗。推进平安法治乡村建设，健全农村地区立体化、信息化治安防控体系。

深入学习运用浙江"千万工程"经验，持续实施乡村建设和农村人居环境整治提升行动，实现徐州广大乡村由表及里、形神兼备的全面提升。进一步加大徐州市国家农业绿色发展先行区建设力度，不断提高资源利用水平，改善产地环境质量，增加绿色产品供给，增强农业减排固碳能力。

一是着力提升绿色优质农产品比重。集成推广绿色生产技术模式，推进稻田甲烷减排，推广高产、优质、低碳水稻品种，因地制宜推广稻田节水灌溉技术，提高水资源利用效率。推进畜禽低碳减排，以畜禽规模养殖场为重点，推广低蛋白日粮、全株青贮等技术，改进畜禽粪污处理设施装备。推进渔业减排增汇，发展稻渔综合种养、鱼菜共生、大水面增殖等生态健康养殖模式。推进标准化生产，建立农业绿色生产标准体系，推动新型农业经营主体按标生产，发挥示范推广作用，带动农业大规模标准化生产。着力增加绿色优质农产品生产基地面积，积极开展绿色食品精深加工企业和养殖类绿色食品基地创建。到2025年，全市获证绿色食品500个、有机农产品60个，绿色优质农产品比重达到75%。

二是大力推进农业清洁生产。推进化肥减量增效，建立健全主要农作物氮肥施用定额管理制度，引导农民把施肥量控制在合理区间。推进测

宜居宜业和美乡村

土配方施肥，示范推广缓释肥、水溶肥等新型肥料，提高化肥利用效率。发展绿肥种植、增施有机肥、生物固氮，打造新技术、新肥料、新装备"三新"集成配套典型，鼓励整县推行统测、统配、统供、统施"四统一"服务。到 2025 年，主要农作物测土配方施肥技术覆盖率达到 90% 以上，主要农作物化肥利用率达到 45% 以上。推进农药减量增效。加快构建区域农作物病虫害监测预警系统，扶持发展专业化防治组织，大力推进病虫害统防统治，推广高效低风险农药，集成应用绿色防控技术和新型植保机械，促进绿色防控与统防统治融合发展，到 2025 年，绿色防控产品使用面积占比达到 90% 以上，主要农作物农药利用率达到 45% 以上。持续推进养殖粪污减量排放。改造提升畜禽养殖、节水清粪等设施装备，减少畜禽粪污产生量。加快养殖池塘标准化改造，因地制宜发展工厂化循环水养殖、大水面生态增养殖、稻渔综合种养等生态健康养殖模式，减少养殖尾水排放。

三是积极推进农业废弃物全量利用。加强畜禽粪污资源化利用，支持各地开展畜禽粪污资源化利用整县推进，建设粪肥还田利用种养结合基地，加强规模养殖场粪污资源化利用计划和台账管理。全市畜禽类污综合利用率稳定在 95%。加强农作物秸秆综合利用。以饲料化、能源化、基料化和原料化为主攻方向，全市秸秆综合利用率稳定在 96% 以上。建设一批秸秆综合利用展示基地，推广应用可操作可落地的秸秆利用模式。按照合理运输半径，建设县有龙头企业、乡镇有收储组织、村有收储网点的秸秆收储运体系。加强农膜回收利用。推广加厚高强度地膜，集成应用地膜机械捡拾、适期揭膜等高效回收技术。依托县乡村三级农资销售服务网络和经营服务网点，拓展农药包装废弃物、废旧农膜回收等业务，落实农药农膜生产、经销主体回收处置责任，推动将没有利用价值的废旧农膜纳入农村垃圾收集处置体系。全市废旧农膜回收率保持在 90% 以上。

四是纵深推进公共空间治理。全面推行"图码管控"，推动数字赋能乡村公共空间治理，对治理出来的公共空间全面实行"一表一图、一码一证"管理，进一步厘清公共空间权属、美化公共空间环境、建好公共空间台账、打造公共空间经济，到 2023 年年底，农村集体资产资源清理全面见底、全部公开。

五是整治提升农村人居环境。完善"红黑榜"发布制度，用好"随手拍"平台，扎实开展村庄垃圾清理专项行动，统筹抓好美丽宜居乡村建设、农村厕所革命、基础设施提升等工作，全面提升全市农村人居环境品质。到2025年，全市行政村农村生活污水治理率达到100%，全市农村生活污水治理率达到55%以上。

六是强化和美乡村示范引领。抓实生态宜居美丽乡村示范建设。围绕"三美一高"要求，组织实施好农村人居环境整治提升示范县和生态宜居美丽示范镇、村建设，2023年全市计划建设4个生态宜居美丽示范镇、46个生态宜居美丽示范村，带动农村人居环境整体提升。抓实特色田园乡村建设。建立省级特色田园乡村培育名录。抓实市级特色田园乡村建设，严格建设标准遴选创建村庄名单、组织验收等工作，提高建设实效。到2025年，创建省级生态宜居美丽示范镇村230个、省级特色田园乡村90个以上。

■资料链接

人居环境换新颜　乡村美景如画来

——丰县以人居环境整治赋能乡村振兴

走进丰县孙楼街道三教堂村，一幅美丽宜居的人居新景扑面而来，平坦笔直的水泥路、干净整洁的院落，道路两旁的绿树与美观的墙画相映成趣，为宁静的村庄增添了生机与灵动。

农村人居环境的整治提升是实施乡村振兴战略的重要内容，自去年以来，丰县通过压减非急需重点工程支出，将结余资金集中投向乡村振兴、民生改善等领域；以村内道路"户户通"工程为抓手，一体化推进户厕改造、污水治理、安全饮水、绿化亮化、坑塘治理等工程，农村环境明显改善，村容村貌焕然一新，交出了一张提升乡村"颜值"的亮

丰县顺河镇新型社区

眼成绩单。

精准施策，
做好生态"水文章"

在孙楼街道张庄，昔日"臭水沟"已变成一湾碧水渠，百米步行道从林间蜿蜒而来，连着凉亭、广场。

"河河清，沟沟净"，治理农村黑臭水体，需要"对症下药、靶向治疗"。一年多来，丰县不断加强农村沟渠的清淤疏浚，并在此基础上规划"村头游园"，以水为"媒"，将水环境治理与改善农民居住条件结合在一起。

做好"水文章"，污水处理也是关键一环。"去年，我们在 12 个镇 2 个街道建设 180 套农村污水处理设施。经过处理的生活污水排入沟渠后通过氧化即能浇地，实现了水资源的循环利用。"丰县农业农村局相关同志介绍说，目前，该县农村生活污水治理率已达 49.31%。

见空栽绿，扮靓乡村"绿经济"

水清山绿景更美，丰县在闲置公共空间"见空栽绿"，为农村人居环境"一键美颜"。

78 岁的杨金宝家住宋楼镇杨楼村，说起村里的"庭院经济"，他连连点赞。"以前到处光秃秃的，家门口的院子里不是柴堆，就是建筑垃圾；现在有花有树，真好看！"

杨金宝口中的门前美景，正是杨楼村实施"上乔木、中灌木、下花草"种植规划的结果。目前，杨楼村栽种 5000 棵石榴树、3000 棵山楂树、10000 株黄花菜，果树变"果海"，村庄绿化面积显著提升。

见空栽绿不仅扮靓了村民庭前屋后的小院，更增加了村集体收入，充分调动了乡亲们的积极性。去年，丰县建设完成"绿美村庄"11 个，乡村绿量持续攀升，特色田园乡村、生态美丽宜居示范村正逐步串点成线、连线成片。

服务到家，提升人居"新环境"

在孙楼街道孙三楼村，道路两旁立着一盏盏 8 米高的路灯，且均为太阳能光伏发电，全村亮化"全覆盖"，方便村民夜晚出行。

户户通、村村亮、服务到家，建设"美丽农村路"是丰县不断优化村庄公共环境的关键一笔，也是老百姓最期盼的事，自去年 3 月大力推进村内道路"户户通"工程以来，该县村内道路"户户通"总里程达 4035.62 公里。

今年，丰县在 343 个涉农村（社区）全面实施"村村亮"工程，持续改善提升农村人居环境和生活质量；在此基础上，丰县还加强农村电力、通信、广播电视"三电"线路整治，排除线路安全隐患，并在修缮道路的同时，增设完善无障碍设施。

暧暧远人村，依依墟里烟。一幅美丽乡村"新画卷"正在丰县缓缓铺开。据了解，丰县还将聚焦建设生态宜居的和美乡村，全面开展村庄清洁行动，持续巩固人居环境整治提升实效，切实改善农村人居环境和生活品质，让乡村振兴"底色"更美，"成色"更足。

（《新华日报》，2023 年 6 月 8 日）

第五节　加大财政支农投入力度

强化政策保障和改革创新

徐州市委、市政府提出，进一步加大财政支农投入方面的力度，确保力度不减、总量增加、结构更优。统筹安排土地利用计划，对农村村民住宅用地计划应保尽保，单列不低于 5% 的新增建设用地计划专项用于支持农村一二三产业融合发展项目用地。优化金融惠农服务，引金融活水助乡村振兴。

建设现代农业强市，有力的政策拉动不可或缺。徐州市将进一步深

徐州广袤的田野上，一派欣欣向荣的新气象

化农村改革创新，不断强化"三农"政策支撑保障力度。深入推进沛县国家级农村宅基地制度改革试点，积极推广农村闲置宅基地和闲置农房盘活利用成功经验，全面建立农村宅基地线上审批制度。深入稳妥推进集体经营性建设用地入市试点，优先盘活利用废弃的集体公益性建设用地。指导有条件的地方，按照群众意愿积极推广农户承包地"小田变大田"，推广"股田制"经验做法，引导土地经营权有序流转，发展农业适度规模经营。持续加强农村改革试验区建设，努力开展农村综合改革试点。巩固供销、林业、农业综合水价等改革成果。推进县域城乡融合发展。

强化"两带"引领示范，规划建设黄河故道生态富民廊道示范带，扎实推进现代农业、文化旅游、基础设施、生态环境四大类重点工程，打造一批富有黄河故道地域特色、承载田园乡愁、体现现代文明的特色田园乡村和"水美乡村"。规划建设五环路都市农业示范带，通过连接若干个小循环或大循环的旅游线路，实现景、镇、村、路有效衔接，构建"聚力亮点、以线串点、织线带面"的城郊都市农业风景线。

乡村振兴人才是关键。为培养农村人才队伍，徐州市深入实施"彭城新农人"培育行动，充分发挥徐州市新农乡村振兴研究院和江苏省农业科学院新农学院（徐州）作用，整合培训资源，面向基层干部和新型农业经营主体开展专题培训。深入实施"乡村振兴青年先锋培育"三年行动计划和"大学生志愿服务乡村振兴计划",健全乡村振兴青年先锋人才库。

围绕破解乡村振兴"人、地、钱"发展瓶颈,进一步加大改革创新力度。

一是激活人才要素。深化拓展"彭城新农人"培育工程,实施大学毕业生到乡见习创业、能人回乡服务发展、农民工返乡就业创业、企业家入乡带民致富"四大行动",落地落实各项扶持激励政策,让各类人才愿意来、留得下、能干成事。

二是激活土地要素。大力推广沛县闲置宅基地、农房流转"三审五书"成功经验,全面建立农村宅基地线上审批制度。稳妥推进农村集体经营性建设用地入市试点,加快建立合理规范的土地收益分配机制。积极开展"小田变大田""股田制"等试点,在保持农村土地家庭承包制度不变的前提下,不断探索实现农业适度规模经营的有效形式。

三是激活金融要素。充分发挥乡村振兴基金支农作用,大力推广"苏农贷""彭城农数贷"等支农金融产品,确保涉农贷款增速不低于各项贷款平均增速。扩大农业保险保障范围,推动产粮大县水稻、小麦、玉米三大粮食作物完全成本保险实现全覆盖,持续开展"辣椒制种完全成本保险"等特色险种创新。

■资料链接

描绘"施工蓝图" 定制"操作手册"
徐州全面推进乡村振兴

农为邦本,本固邦宁。近日,2023 年徐州市委一号文件《关于做好2023 年全面推进乡村振兴重点工作的实施意见》(简称《意见》)印发。《意见》提出,深入贯彻落实党的二十大精神,在新征程上全面推进中国式现代化徐州新实践,必须坚持不懈把解决好"三农"问题作为重中之重,立足市情农情,加快建设农业强市,为建设农业强省贡献徐州力量。

《意见》从 8 个主要方面推出了 41 条具体措施,为徐州加快建设农业强市、全面推进乡村振兴描绘了"施工蓝图"、定制了"操作手册"。八个主要方面分别是：全力保障粮食和重要农产品稳定安全供给、持续提升农业科技和物质装备水平、大力推动乡村产业高质量发展、高水平建设国家农业绿色发展先行区、扎实推进农民农村共同富裕、加快建设宜居宜业和美乡村、健全完善乡村治理体系、不断强化政策保障和体制机制创新。

夯实粮食安全根基，有序推进"菜篮子"工程

民以食为天，确保粮食安全是农业工作的"头等大事"。《意见》指出：要巩固提升粮食综合产能，坚决扛牢粮食安全政治责任，确保全市粮食播种面积稳定在 1150 万亩以上，确保粮食总产量稳定在 100 亿斤以上。要抓好重要农产品稳产保供，加快新建一批蔬菜种苗基地，有序推进 8.8 万亩"菜篮子"工程绿色蔬菜保供基地建设，确保全市蔬菜播种面积稳定在 615 万亩、产量稳定在 2000 万吨以上，切实发挥 24 个国家级和 4 个省级生猪产能调控基地能力。要健全完善种粮激励扶持政策，落实最严格的耕地保护制度，提升农业防灾减灾能力。

徐州作为粮食主产区，在上一轮千亿斤粮食产能提升行动中，承担了 4.64 亿斤增产任务、实际完成 13.98 亿斤，为保障国家粮食安全作出了贡献。今年，徐州市将全方位夯实粮食安全根基，扛起稳产保供政治责任，在抓好粮食生产的同时，统筹推进重要农产品生产保护区、特色农产品优势区建设，实施设施农业现代化提升行动。

构建全产业链，高效农业扬帆起航

产业振兴是乡村振兴的重中之重，推动乡村产业高质量发展，徐州将从一方水土中找资源、挖富矿。《意见》明确：要壮大食品及农副产品加工产业集群，提档升级粮油加工、畜禽加工、果蔬加工 3 大主导产业；要做强农业龙头企业和农产品品牌，深入实施"十百千"工程；要培优新型农业经营主体，提升农产品质量安全水平；要加快农业重大项目建设，围绕"5+N"农业全产业链，启动实施农业农村重大项目建设"三年攻坚"行动；要发展现代乡村服务业，深入实施"数商兴农"和"互联网+"农产品出村进城工程。

徐州市委农办主任、市农业农村局党委书记、局长黄浩介绍，"市

委、市政府把食品及农副产品加工业纳入全市'343'创新产业集群建设整体布局，就是要紧紧扭住精深加工这一关键环节"。

建设农业全产业链是发展乡村产业、促进农民增收的重要内容。此次徐州市委农村工作会议，将食品及农副产品加工业纳入全市"343"创新产业集群建设整体布局中，今后将以"粮头食尾""农头工尾"为抓手，进一步做大做强做优做细农产品精深加工产业，把食品及农副产品特色创新产业集群打造成全市产业发展的新亮点。

建设幸福家园，农村基础设施提档升级

徐州市加大乡村建设力度，农村基础设施提档升级，基本公共服务提标扩面，一个个乡村成了广大农民乐享现代生活的幸福家园。从美丽乡村到宜居宜业和美乡村，乡村建设的内涵也在进一步丰富和拓展。《意见》指出：将加强乡村地区规划建设，开展镇村布局规划动态更新；开展乡村公共空间治理攻坚年行动，使乡村公共空间治理由集中整治向长效管理转变；整治提升农村人居环境，常态化开展村庄清洁行动，创建省级特色田园乡村 10 个、市级特色田园乡村 20 个，建成省级生态宜居美丽示范镇村 50 个；提档升级农村基础设施，新改建农村公路 184 公里，改造桥梁 20 座，更新改造农村供水管网 1000 公里；持续改善农村住房条件；加快城乡基本公共服务均等化，加快实施"六统一"的城乡居民医保市级统筹制度，健全县镇村三级养老服务网络。

在市委农村工作会议上，邳州市议堂镇围绕"做好公共空间治理后半篇文章"、壮大村集体经济这一主题做了交流发言。去年以来，邳州议堂镇共清理集体资源 3183 亩，村均增收 12.6 万元。今年，议堂镇将在此基础上进一步深化土地改革，全面推进乡村振兴。

新的耕耘已经开启，新的丰收正在孕育。徐州，将加快建设农业强市，为在新征程上奋力谱写"强富美高"新徐州现代化建设新篇章开好局起好步贡献更多"三农"力量。

（中国江苏网，2023 年 3 月 1 日）

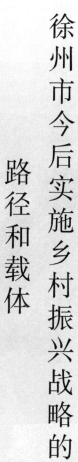

第四章

徐州市今后实施乡村振兴战略的

路径和载体

对于徐州这样一个农业大市来讲，近年的乡村振兴只是开了"好头"，离"好局"还任重道远。今后一段时期，我市乡村振兴如何走好、走在全省前列，是我们始终思考的大课题。目前，我市乡村振兴的框架体系、目标定位和工作重点都已经明确，关键是要有平台载体来推动。这里重点谈谈打造农业全产业链、"彭城新农人"培育工程、推进农村综合改革、发展数字农业，力争通过这四个平台载体全面推进乡村振兴战略的实施。

第一节　打造农业全产业链

一、什么是农业全产业链

2021年中央一号文件明确提出构建现代乡村产业体系。首先提到要依托乡村特色优势资源，打造农业全产业链，把产业链主体留在县城，让农民更多分享产业增值收益。

农业农村部在《关于落实好党中央、国务院2021年农业农村重点工作部署的实施意见》中提到大力发展乡村富民产业，提升产业链供应链现代化水平，首先要打造农业全产业链。

为何近年来"三农"重磅文件纷纷把打造农业全产业链放在推动乡村产业发展的首要位置？这要从农业全产业链究竟是什么说起。

从定义上看，农业全产业链是乡村产业发展的"升级版"。乡村产业，根植于县域，以农业农村资源为依托，以农民为主体，以农村一二三产业融合发展为路径，地域特色鲜明、创新创业活跃、业态类型丰富、利益联结紧密，是提升农业、繁荣农村、富裕农民的产业。其实质是将以农业农村资源为依托的二三产业尽量留在农村，把农业产业链增值收益和就业岗位尽量留给农民。而农业全产业链正是围绕区域农业主导产业，将农业研发、生产、加工、储运、销售、品牌、体验、消费、服务等各个环节、各个主体链接成紧密关联、有效衔接、耦合配套、协同发展的有机整体，推动农业从抓生产向抓链条、从抓产品向抓产业、从抓环节向抓体系转变。因此，农业全产业链是乡村产业高质量发展的产物，是构建现代乡村产业体系的前提，能为全面推进乡村振兴和农业农村现代化提供有力支撑。

二、为什么发展乡村产业要打造农业全产业链

习近平总书记在广西考察时提出，要立足特色资源，坚持科技兴农，因地制宜发展乡村旅游、休闲农业等新产业新业态，贯通产加销，融合农文旅，推动乡村产业发展壮大，让农民更多分享产业增值收益。习近平总书记在海南考察时又进一步强调，要深入推进农业供给侧结构性改革，加强农业全产业链建设。建设农业全产业链是发展乡村产业、促进农民增收的重要举措，也是构建现代产业体系的重要内容。习近平总书记的重要讲话，为我们精准理解农业全产业链的内涵要义、目标任务、路径举措指明了方向，我们要深入推进农业供给侧结构性改革，加快构建现代农业产业体系、生产体系、经营体系，促进农村一二三产业融合发展，培育发展农业全产业链，推动乡村产业发展壮大，加快实现农业农村现代化，全面推进乡村振兴。

打造农业全产业链，已经成为新时代新阶段深入推进农业供给侧结构性改革，发展壮大乡村产业的有力抓手。

第一，能够有效发挥农业多种功能，提升乡村多元价值。

农业全产业链是当前我国乡村作为兼具自然、社会、经济体特征中，聚集农业生产、生活、生态、文化四大功能的综合体现，是"产加销"一体化经营、"农文旅"有机结合的农业产业化一条龙经营模式。围绕"农业＋"，形成主导产业带动关联产业的辐射式产业体系，有利于充分发挥农业的食品保障、生态涵养、休闲体验、文化传承等功能，提升整体功能效益，从而推动农业及其相关联产业产值上升，为乡村全面振兴铸就坚实基础。

第二，能够有效拓展产业增值增效空间，让农民更多分享增值收益。

促进农民就业增收从种养领域向二三产业拓展，让农民更多分享增值收益。农业全产业链发展，承载着延伸农业生产、加工、流通、服务等增值增效，在实现循环增值、梯次增值、全链增值的同时，让农民在多环节就业增收。通过产业赋能，农民的收入不再仅是"靠地、靠力"的"死"收入，而是更多的"活水之源、活本之木"的"活"收入。打造农业全产业链，有利于为乡村培养"留得住、用得上、带好头、领好路、脱真贫、真致富"的新型职业农民，真正让产业增值成为农村经济发展的强大、稳定、可靠来源。

第三，能够有效衔接农业各环节各主体，切实转变农业发展方式。

围绕区域农业主导产业，全产业链包含研发、生产、加工、储运、销售、品牌、体验、消费、服务等各个环节，涵盖龙头企业、农民合作社、家庭农场、农户以及育种公司、农资供应、科研团队、技术培训、生产服务和担保贷款等多个主体。打造农业全产业链，将各个环节、各个主体紧密关联、有效衔接、耦合配套，形成既相互不可替代又相互不可分离的协同发展的有机整体，有利于推动农业从资源型向内涵型，从产量型向质量型的发展方式转变。

第四，能够有效推动农业向中高端跃升，加速农业产业创新发展。

乡村产业，根植于县域，以农村一二三产业融合发展为路径，地域特色鲜明、创新创业活跃、业态类型丰富。打造农业全产业链，是新时期对于乡村产业发展的更高要求，也是乡村隐藏沉睡的优质绿色农产品、优美生态环境、优秀传统文化的更高标准、更多价值所在。打造农业全产业链，推动农业向价值链中高端跃升，有利于解决当前县域产业链普遍较短、价值链普遍较低的问题，有利于做大县域生产总值，为双循环格局提供坚实的战略支点。

三、徐州市打造农业全产业链的优势与短板

1. 具备扎实基础和良好条件

徐州是江苏农业大市、国家重要农副产品生产基地，以全省12.5%的水资源量灌溉了全省13.58%的耕地，产出了全省13.3%的粮食、18.4%的生猪、34.67%的蔬菜、35%的水果。徐州农产品种类全省最全，"国字"号产品招牌众多，多项农业经济指标位居江苏第一。多年来，徐州聚焦农业高质高效，全链条提升产业水平取得了明显成效。始终坚持做

优做强现代种养业，全力推动农产品加工业转型升级发展，强力推进农村一二三产业融合发展，以优质粮食、设施蔬菜、高效林果、生态畜牧 4 大主导产业，大蒜、食用菌、花卉、银杏、牛蒡、山羊、奶牛、观赏鱼 8 大特色产业，农产品加工业、休闲农业、智能农业 3 大融合产业为主要内容的"483"徐州现代农业产业体系基本形成。同时，重点打造 21 个现代农业产业集群，着力提升农业产业发展水平。

2022 年全市农业总产值 1361.2 亿元、农业增加值 823.6 亿元，农业总产值、增加值均居全省第二。粮食生产实现"十九连丰"，总量全省第二。粮食总产连续 4 年保持百亿斤以上，是全国 21 个粮食产量超百亿斤的地区之一。2021 年 12 月，徐州市农业农村局被农业农村部评为全国粮食生产先进集体。农业产业化水平保持全省前三。高效设施农业达到 226 万亩，占耕地面积比重超过 23%，面积和占比都列全省第一。肉、蛋、奶年产量 200 万吨，畜产品总量居全省前列。

产业发展成效明显，稳产保供扎实有力。围绕"483"徐州现代农业产业体系，积极推进农业供给侧结构性改革，着力抓好种业发展和优良品种选育推广。不断优化农业产业内部机构，以现代农业发展为重点，实现了结构优化、质量提升、功能拓展、效益增强的农业现代化新格局。始终毫不放松抓好粮食和重要农产品稳产保供，2022 年粮食播种面积 1153.92 万亩，总产量 50.24 亿公斤，占全省 13.3%、占全国 0.73%，位居全省第二，单产、总产双双创历史新高。生猪产能持续提升，2022 年全市生猪出栏 416 万头，占全省 18.4%、占全国 0.6%，位居全省第二。蔬菜播种面积 615 万亩，总产 2050 万吨，占全省 34.67%，占全国 2.58%，产值 966 亿元，产量和产值稳居全省第一。水果种植面积 153 万亩，产量 130 万吨，占全省 35%、占全国 0.86%，位居全省第一，为全省稳产保供提供了有力支撑。

项目建设加快推进，质量效益持续提升。狠抓农业农村重大项目建设，2022 年全市列入省农业农村重大项目个 266 个，完成年度投资 270 亿元，项目个数和投资额均居全省第一。连续 3 年，纳入省级管理平台的农业农村重大项目个数和投资额都位居全省首位。聚力打造 9 个省级农产品加工集中区,邳州市银杏加工集中区、徐州现代甘薯产业园等 11 个园区(基地)入选 2021 年全国农村创业园区(基地)。先后建成 9 个省级现代农业示范园区["十三五"期间在全省率先实现涉农县(市、区)全覆盖]。睢宁县获批创建第一批全国农业现代化示范、铜山区获批创建首批全国乡村振兴示范县、沛县获批创建省级农业现代化先行区。积极实施农业龙头企业"十百千"工程,累计创建国家级农业龙头企业 9 家,省级农业龙头企业 90 家,认定市级农业龙头企业 383 家。至 2022 年,全市农业产业集群内规上企业 590 家、产值 872.6 亿元。

品牌效应不断彰显,产业融合实现跨越。高度重视粮食蔬菜生产,聘请中国农科院为技术依托单位,充分发挥徐州市农科院科技服务优势,进一步加强了信息平台、质量追溯、标准物流、科技支撑四方面体系建设。深入实施农业品牌建设三年行动计划,培育形成"1+4+N"的农产品品牌体系,15 个农产品获得国家地理标志商标认证,9 个农产品获批国家农产品地理标志。提升农业产业集群水平,培育 21 个示范引领作用明显的农业产业集群,徐州大蒜、邳州肉鸡先后入围国家优势特色农业集群(全省 3 个),相继创建 1 个国家现代农业产业园、创建 8 个国家级农业产业强镇。加快拓展农业多种功能,挖掘乡村多元价值,聚力打造"一圈两带三片,十线百村千点"的乡村休闲旅游发展格局。贾汪区入选首批全国休闲农业重点县(全省共两家),先后创建 5 个中国美丽休闲乡村、5 条中国美丽乡村休闲旅游精品线路、1 个国家全域旅游示范区(贾汪),乡村休闲旅游农业综合收入达到 70 亿元。2022 年全市农村居民人均可支配收入增幅度达 6.4%,位居全省第一,城乡居民收入比下降至 1.69：1。

始终坚持绿色先行,推动农业可持续发展。以徐州市成功创建首批国家农业可持续发展试验示范区暨农业绿色发展先行区为契机,大力推动农业绿色发展。2020 年,全市畜禽废弃物资源化利用率达到 96%,化肥、农药使用量分别较 2015 年削减 5% 和 15%,废旧农膜综合回收率达到 95%,秸秆综合利用率超过 96%。2022 年又有新的进步,特别是绿色农产品占比达到 70.8%,走在全省前列,农业绿色发展指数达到 83.06、在全国 130 个国家农业绿色发展先行区中位居第 17 位。实施"藏粮于地、藏粮于技"战略，不断提升农业基础装备水平，以规模开发、连片开发、"四沿"开发和绿色开发为抓手，创新推进机制，建成一大批高标准农田。至 2022 年，高标准农田上图入库面积达 690 万亩，占耕地面积比重超过 82%，连续四年以第一名的成绩通过全省验收。持续提升农业机械化水平，粮食生产全程机械化示范县建设实现全覆盖，全市率先基本实现主要农作物生产全程机械化，为全国 19 个整建制达标设区市之一。

2. 需高度重视并精准破解的难题

农产品加工业发展层次还不够高。全市农业龙头企业整体规模不小，但引领带动强的"头部""链主"企业相对较少，突出短板是产业链后端缺乏精深加工企业，以致农产品就地转化能力不强，难以创造高附加值。不少农业龙头企业与基地、农户之间关联度较低，利益联结不够坚密，未能形成"风险同担、利益共享"的运行机制，带动后劲不足。

农业龙头企业的技术创新能力还不够强。一些农业龙头企业受疫情和市场影响，发展速度有所减缓。科技研发水平不高，创新能力不强，农产品精深加工和特色加工水平不高，产业链条不够健全，市场开拓能力不强，一些农产品缺乏市场竞争力。

引导社会资本投资现代农业力度还不够大。农业招商引资和重大项目建设仍有较大差距，推动投资主体多元化、融资形式多样化、运作方式市场化仍有较大差距。没有能充分调动起社会力量参与农业产业集群建设，形成财政优先保障、金融重点倾斜、社会资本积极参与的多元投入格局。

农业适度规模经营的步伐还不够快。农业适度规模经营在农业供给侧结构性改革中的引领作用还不够强，农业支持政策向规模经营主体倾斜的力度还不够大，农业生产的组织化程度和集约化水平还不够高，农民的整体素质与农业规模经营还不相适应。

四、推动全市农业全产业链发展需要重点推进的工作

1. 突出重点特色，加快培育农业全产业链。

聚焦农业全产业链国家重点链、省重点链、地方特色链，在我市现代农业"483"产业体系的基础上，明确总体目标和时间节点，力争到 2025 年全市基本建成以优质稻麦、高效水果、绿色蔬菜、规模生猪、生态肉禽等 5 条市级重点产业链和大蒜、银杏、牛蒡、食用菌、花卉等产业地位突出、成长性好、链条参与主体全的地域特色产业链，培育一批农业"链主"企业、一批全产业链典型县、一批跨县域全产业链重点链、一批冷藏保鲜设施运营主体，提高产业链供应链水平，初步形成"5+N"农业全产业链格局。

一是强化科技支撑，加快农业种业发展。高度重视种质资源保护利用，充分发挥淮海经济区农业科技创新与转化联盟的辐射作用，依托徐州市农业科学院、徐州工程学院、徐州生物工程职业技学院等科研院所、农业高等院校和重点龙头企业的科技创新优势，推进"良种供给"和"企业扶强"两大工程，培育并推广一批稻麦、畜禽、果菜等具有重大应用前景的优良品种，加强对农业全产业链发展的技术指导，打造一批科技创新试验示范基地，推广应用一批农业主推技术，创建国家级制种大县和以种业为主导产业的现代农业产业园。

二是强化机制建设，促进企业提质增效。"链主"壮，产业才强。要进一步加强农业园区和农产品加工集中区建设，推动 9 家省级农产品加工集中区提档升级，推进农产品加工业集群集聚发展。要对新获得国家级、省级农业产业化龙头企业给予政策资金支持，帮助农产品加工业破解难题、加快发展、提质增效。积极培育农业产业化示范联合体，推进"企业 + 合作社 + 家庭农场 + 农户"的发展模式，强化利益联结机制建设，鼓励发展订单生产，让"链主"企业带动广大农户，让农户分享链条创业、融合创业成果。

三是强化设施建设，保障农产品质量安全。聚焦鲜活农产品主产区、特色农产品优势区，重点围绕蔬菜、水果等鲜活农

邳州市新河镇全自动肉鸡生产线项目

产品，兼顾大蒜、牛蒡、食用菌等地方优势特色品种，在镇村和田头市场规划布局建设农产品仓储冷藏保鲜设施，开展农产品产地冷藏保鲜整县推进试点，从而进一步增强农民择期错季销售能力，有效降低农产品产后损耗，长期保持农产品品质，不断增加农民收入。到2025年，力争建设3家全国农产品产地冷藏保鲜整县推进试点、250个农产品产地冷藏保鲜设施。

2. 围绕多业态聚集，加快拓展农业多种功能

围绕农业多种功能、乡村多元价值做文章，推动农业与文化、教育、旅游、康养等加快融合，大力发展休闲农业、创意农业、乡村旅游、健康养老等新兴业态。持续开展乡村休闲旅游农业推介活动，强化对2021年评审认定的全市乡村休闲旅游农业"最美"系列35个"最美"典型的宣传推介，加快《全市乡村休闲旅游农业发展三年(2021—2023)行动计划》的推进落实，推动形成辐射式产业体系，提升整体功能效益。

一是做精做优休闲农业和乡村旅游。围绕农村一二三产业融合发展，以城乡居民休闲消费需求为导向，以自然资源、农业资源、人文资源为依托，聚焦休闲农业和乡村旅游重点区域，突出休闲农业和乡村旅游集群成链，大力组织实施休闲农业和乡村旅游精品工程，到2025年，全市形成"一圈两带三片，十线百村千点"的休闲农业和乡村旅游发展格局。

二是加强体验产品的打造和推介。结合乡村建设、乡村治理和农业绿色发展，立足发挥农业食品保障功能、农业生态涵养功能、农业休闲体验功能、农业文化传承功能，积极开展国家和省美丽休闲乡村、主题创意农园、休闲农业精品村创建活动，加快打造一批休闲农业和乡村旅游精品，培育和推介一批主题创意农园、农耕实践基地、康养基地、乡土地标美食、休闲农业特色模式和乡村休闲运动基地。

三是着力推动农村电商创新发展。大力推进"互联网+"农产品出村进城工程试点县建设，发挥农村电商对接科工贸的结合点作用，加快培育农村电商主体，支持生产经营主体、农村电商主体发展农产品"生鲜电商+冷链宅配""中央厨房+食材冷链配送"等新业态，推广直播带货、社交营销、直供直销等新模式，打造农产品供应链，建立起规范高效的

运营服务体系，着力加强农产品质量监管，推动农村电商做活做优健康发展。

3. 强化品牌建设，提升徐州农产品影响力。

深入实施"品牌强农、营销富农"工程，加快完善以区域公用品牌为龙头，企业产品品牌为主体，绿色优质农产品为基础的品牌体系。进一步加大国家级农产品质量安全县创建工作力度，启动国家农产品质量安全市创建，加强绿色优质农产品基地、开放型农业基地合作园区等载体建设，实施全产业链标准化示范工程，争创国家全产业链标准化试点。大力实施食用农产品"治违禁、控药残、促提升"三年整治行动，建立农产品质量安全约谈制度。

一是大力提升徐州农业品牌认知度美誉度。以徐州农业品牌"1+4+N"体系为基础，以新一轮品牌提升行动为抓手，启动实施农业品牌精品培育计划，开展品牌农产品质量追溯行动，加快打造一批市内知名、省内著名、全国驰名以及具有国际影响力的农业品牌和产品品牌，到2025年，全市"两品一标"认证企业全部纳入追溯管理系统。深化培育丰县苹果、丰县白酥梨、睢宁灿米、睢宁香肠、新沂大米、新沂水蜜桃、棠溪设施菜、沛县特菜、ZLM、大洞山石榴、好蒜道、鑫康盛等农产品品牌。

二是培育做强壮大新型农业经营主体。开展农业全产业链精准招商，瞄准现代种养、冷链物流、精深加工、休闲观光、三产融合等重点领域，着力引进一批农业龙头企业和大项目。围绕创新发展、数字化发展、绿色发展、品牌发展、融合发展等五种能力提升，积极出台新型农业经营主体扶持发展政策，加大对农业龙头企业的支持力度，积极培育农业产业化示范联合体。做强一批"领军型"龙头企业，壮大一批"成长型"龙头企业，培育一批全产业链重点"链主"企业。支持农民合作社、家庭农场、种养大户、社会化服务组织建设加工流通设施，提升商品化处理能力，一体打造农业全产业链。

三是积极拓展农产品市场营销渠道。鼓励支持在农产品集散地、销售地建设、改造和升级一批农产品批发市场基础设施，鼓励建设绿色新型批发交易市场、冷藏保鲜、中央厨房等设施，加快绿色、高效、低碳冷藏设施应用,完善物流集散、加工配送、质量安全等功能,增强流通主渠道服务能力。推进龙头市场提档转型,加快建设徐州冷链物流产业园。推广农村电商营销新业态新模式,加强与大型知名电子商务平台合作,建立以长三角城市群为核心,辐射京津冀和大湾区城市群的销售网络,鼓励龙头企业对优质原粮开展"优质优价"收购,充分发挥黎明食品集团、鑫瑞源食品公司示范引领作用,巩固提升大蒜、牛蒡、食用菌、水果罐头、辣椒种子等外贸型企业出口能力,稳步拓展国外市场。

4. 强化组织保障,推动农业全产业链高质量发展

健全完善政策体系,加强组织制度保障,努力破解人、钱、地等制约乡村产业发展的主要问题,促进人才、技术、资本等各类要素向乡村集聚,加快推动我市农业全产业链高质量发展。

强化组织领导。深入学习贯彻习近平总书记关于"三农"工作的重要论述,认真落实市委农村工作会议精神,切实加强对农业全产业链发展的组织领导。全面推行市县领导包挂推进的"链长制",市、县农业农村部门成立工作专班,在链长领导下,跨区域、跨部门、跨环节、跨业态,协调推动产业规划、指导服务、技术创新、载体平台、支持政策、资金项目等工作落实;加强调度督导,定期组织开展现场观摩,通报重点工作动态;重视补短板强链条,加快农业全产业链高质量发展。

强化政策支持。研究制定提升农业全产业链发展水平的支持政策,促进资源资本向农业全产业链倾斜,形成政策支持合力。整合各类财政资金,重点支持农业全产业链发展。对新获得国家级、省级农业产业化龙头企业、合作社、示范社和示范农场,由市财政分别给予一定的奖励,以树立发展导向。强化国土规划的指导引领作用,确保一定数量的年度用地指标,用于农业全产业链建设。同时,创新金融支持方式,确保涉农贷款增速不低于各级贷款平均增速。推动农业保险高质高效,支持创新开展与农业全产业链相关的各类保险试点。

强化示范引领。重视抓点示范、效益引导、典型引领。加大对市级重点链、特色链和各地地域特色链发展模式、创新平台、链主企业、联结机制的宣传力度。加快全产业链重点链和典型县培育,着力发展壮大

新型农业经营主体、输入现代农业生产要素、构建新型农业经营体系，高起点规划、高标准建设、高水平管理，建设一批要素集中、产业集聚、技术集成、经营集约的现代特色农业示范区、农业全产业链示范建设的先行区、样板区。

■资料链接

江苏徐州："农业"+全产业链奏响乡村"振兴曲"

建设农业全产业链是发展乡村产业、促进农民增收的重要举措，也是构建现代产业体系的重要内容。

近年来，徐州积极践行"绿水青山就是金山银山"发展理念，通过对农产品优化布局、提高农产品加工水平、提高品牌知名度等措施，不断推进农业与旅游业深度融合，全力构建现代农业全产业链发展模式。

规划先行　强化顶层设计

思深方益远，谋定而后动。近年来，徐州以创新、协调、绿色、开放、共享五大发展理念为引领，按照产业兴旺、生态宜居、乡风文明、治理有效、生活富裕的总要求，立足农业发展实际和徐州特色产业，着力加强顶层设计，做到规划先行。

去年8月，徐州出台了《徐州市"十四五"全面实施乡村振兴战略推进农业农村现代化规划》，站在全市农业制高点，对农业产业发展指明了方向。

规划注重徐州农业的优势产业发展，提出推动蔬菜果品产业提质增效。2025年，全市蔬菜播种面积稳定在620万亩左右，绿色蔬菜播种面积达到300万亩，争取到2025年蔬菜总产值达到1000亿元，农民人均种菜纯收入5000元以上。同时，大力发展应时鲜果，重点培育优质水蜜桃、葡萄、早熟梨三大产业，打造一批拳头产品、品牌产品和加工出口产品。

规划注重每个产业区域化布局。重点打造农业优势特色产业集群，每个产业集群在哪些地区发展，规划文件里都提出了具体定位。丰县重点发展果品、生猪、肉鸭等产业集群，沛县重点发展优质稻米、辣椒制种、肉鸭等产业集群，睢宁县重点发展生猪、肉鸭、优质稻米等产业集群，邳州市重点发展大蒜、板材、银杏等产业集群，新沂市重点发展优质水蜜桃、特种水产、花生、鲜切花卉等产业集群，铜山区重点发展粮食、畜禽养殖、优质葡萄等产业集群，贾汪区重点发展优质稻米、草莓、甘薯等产业集群。

此外，规划注重产业发展规划，突出以加速推进全市农产品加工业机械设备的集成化、智能化、信息化为重点，大力组织实施"农产品加工业提升行动"。注重引导乡村休闲旅游与特色产业、资源环境、农耕文化等融合，促进提档升级，乡村休闲旅游农业综合收入年均增幅超过10%。

这些规划目标内容是指导全市"十四五"时期农业农村发展的纲领性文件，为徐州农业发展绘制了路线图，为进一步推进徐州农业供给侧结构性改革提供了行动指南。

聚力深加工 延长产业链

农副产品加工业是构建现代乡村产业体系、不断提高农业质量效益和竞争力的支柱产业，是全面推进乡村产业振兴、加快农业农村现代化的有力支撑。近年来，徐州市围绕蔬菜、水果等特色产业做文章，通过发挥自身农业特色，不断延长农业产业链，发展农产品精深加工，将蔬菜、水果"吃干榨净"，带动农民增收，助力乡村振兴。

一头大蒜能有多少附加值？如何拉长加粗产业富民价值链？这是邳州市大蒜行业一直思考的问题。邳州市以江苏黎明食品集团为主导的龙头企业在大蒜产品精深加工、深挖大蒜保健功效、增加产业多样化方面不断探索，逐渐形成了"一头蒜的保健"系列产业链。如今，邳州大蒜以更加多元化的样式走入市场，大蒜深加工产品有蒜蓉、黑蒜、大蒜素、黑蒜阿胶糕等系列精深加工产品，成功把"一头蒜"做成了"一头蒜的保健"。

牛蒡又是一个丰收年

纵览全市,不仅邳州聚力发展农副产品深加工,把"一头蒜"延伸打造成了"一头蒜的保健"产业链。在沛县河口镇,提起牛蒡可谓家喻户晓。牛蒡是该镇的特色产业和农业支柱产业,为进一步提高牛蒡的附加值,该镇从传统种植向精深加工不断迈进,通过牛蒡龙头企业自主研发、加强与科研院所对接等手段,让牛蒡产品升值增效。牛蒡摇身一变,成为牛蒡茶、牛蒡酱等牛蒡系列产品,实现强大增值能力。

发展特色产业,走可持续发展道路也是农产品加工业带动农业发展的重大举措。如,铜山区在延链强链上花力气,聚焦优质粮油、生态果蔬、绿色生态畜牧产品三大重点全产业链。同时,围绕产业链建设,进一步优化加工业布局,推动农产品加工业向主产区布局,向镇、村延伸,把更多的加工增值效益留在农村,实现"村、镇、区"三级联动。

在徐州,还有很多农产品同大蒜、牛蒡等果蔬一样,如丰县苹果、新沂水蜜桃的"甜蜜产业"、贾汪的甘薯品牌……这些遍地开花的特色产业,充分说明徐州不断推进特色农产品深加工产业规模化、特色化、多元化发展,助推现代农业高质量发展。

产业融合 促进乡村振兴

走进江苏省乡村振兴示范村——睢宁县姚集镇陈井村,映入眼帘的是一排排白墙灰瓦的农家小院错落有致。村子里宽敞的广场、整洁的道路、孩子们天真的笑脸构成了一幅美丽乡村画卷。陈井村位于睢宁县乡村振兴示范带和古黄河精品旅游线路之上，与姚集镇房湾湿地、松鼠咔咔乐园距离很近，区位优势明显，宜居宜商宜游。近年来，该村把资源优势转化为产业优势，大力打造乡村旅游品牌。

去年，该村打造了建筑面积 12000 平方米的创业街区，划分为"食、住、游、购、娱"五大功能板块，汇聚了丰姚农业、陈井老酒坊、奇石坊、古黄河渔行等多个"三乡工程"优质项目。其中，陈井面塑工作室，带动了陈井村更多村民就业，工作室村民每人每月工资 2500 元以上。

如今的陈井，已有近 1000 户农户入住。搬进新居，村民们实现了安居乐业。

陈井村依托当地优美环境，利用乡村旅游、休闲农业等方式打造农旅深度融合发展模式只是徐州以农促旅、丰硕业态，促进一二三产业融合发展的一个缩影。

铜山新区街道台上村做深"草莓经济"课题与德国卡尔斯农文旅项目等知名品牌运营商合作，打造以草莓为主导产业的农旅庄园，形成让来了有看、有玩、有摘、有带、有吃、有住的"六有"兴旺高地。邳州官湖镇建设大王庄新新型农村社区和板材旋切加工集聚区，打造集现代农业、乡村生活、休闲观光、产业集聚于一体的特色宜居村庄。

创新是农业竞争力的核心动力，更是乡村振兴的关键支撑。近年来，徐州以"品牌强农、质量兴农"为抓手，充分发挥乡村旅游重点村的引领作用，先后打造贾汪区马庄村、邳州市官湖镇授贤村等多个乡村旅游重点基地，为促进现代农业发展、改善乡村生态环境、加速城乡融合等发挥了引领作用。

风生水起、异彩纷呈的乡村旅游发展彰显了徐州在一二三产融合发展上取得的显著成绩。近年来，徐州依托自然资源和产业优势，推动农旅深度融合，积极出台发展规划或实施方案，为乡村休闲旅游产业发展提供有力支撑，搭起乡村全面振兴的"四梁八柱"。

数据显示，截至去年，徐州获批国家级乡村休闲旅游示范县 2 家、美丽休闲乡村 4 个、乡村旅游重点村 5 家；省级乡村旅游区 25 家、特色旅游名镇14个、康美基地8个、特色田园乡村42个,大大拓展了农业功能,促进了一二三产业融合发展。

（中国徐州网,2022年9月7日）

第二节　"彭城新农人"培育工程

人才是最宝贵的资源,是加快建设农业强市的基础性、战略性支撑;人才振兴是推进乡村振兴的关键所在。为深入贯彻党的二十大精神和习近平总书记参加十四届全国人大一次会议江苏代表团审议时重要讲话精神,深入落实中央和省委关于乡村人才振兴的部署要求,促进各类人才积极投身乡村振兴,2022年8月,徐州市委、市政府启动了"彭城新农人"培育工程。

一、总体要求和目标

以习近平新时代中国特色社会主义思想为指导,深入贯彻落实习近平总书记关于乡村人才振兴的重要指示精神,坚持把乡村人力资源开发放在首要位置,坚持本土培养和外部引进相结合,实施更加积极、开放、有效的人才政策,健全机制、创造条件,畅通渠道、营造环境,用乡村广阔天地的发展机遇吸引人,用乡村田园宜居的优美环境留住人,以实施"四大行动"为重点,引导大学毕业生到乡、能人回乡、农民工返乡、企业家入乡,吸引各类人才在乡村振兴中建功立业,着力打造一支沉得下、留得住、能管用的"彭城新农人"队伍,为全面推进乡村振兴、加快建设农业强市提供智力支撑和人才支撑。到2025年,全市乡村人才振兴制度框架和政策体系基本形成,乡村振兴各领域人才规模不断壮大、素质稳步提升、结构持续优化,各类人才支持服务乡村格局基本形成,乡村人才基本满足全面推进乡村振兴、加快农业农村现代化的需要。

二、重点内容

实施大学毕业生到乡见习创业行动。深入推进高校毕业生基层成长计划，每年从应届毕业生和毕业离校 2 年内未就业的毕业生中招引 100 人，到新型农业经营主体开展为期半年的见习体验。持续实施"一村一名大学生"培育计划，开展定向师范生培养和订单定向医学生培养，支持在徐高校和农业科研单位开展涉农专业大学生创业创新培训，打造短期培训轮训和长期培育培养阵地，每年推动 100 名大学毕业生到农村基层服务。鼓励引导农村地区有条件的电商平台、特色产业园区、特色田园乡村等建设创业创新孵化基地，逐步提升服务功能，吸引更多大学毕业生到农村大展才华、大显身手。

实施能人回乡服务发展行动。启动实施集体经济发展顾问选聘计划，从机关企事业单位退休干部职工、退役军人、在外成功人士以及新型农业经营主体负责人等群体中，选聘一批村(涉农社区)集体经济发展顾问并作为村"两委"后备人选。深入实施"乡村振兴青年先锋培育"三年行动，每年新增入库市级青年先锋 100 人。构建乡村教师专业发展体系，实施卫生人才强基工程，推动农业文化旅游体育人才下乡服务，引导农业专家、规划师、建筑师、工程师及团队开展驻镇驻村技术指导和咨询服务，不断提高乡村公共服务便利度。发展壮大科技特派员队伍，加快构建新型农业科技社会化服务体系。

实施农民工返乡就业创业促进行动。把返乡农民工纳入高素质农民培育工程，加强优质技能培训资源供给，分层分类开展全产业链培训，鼓励引导创办领办新型农业经营主体，发展直播销售、乡村旅游

徐州市启动"彭城新农人"见习计划

等新产业新业态,每年培育高素质农民2万人。深入实施乡村人才"三带"行动计划(带领技艺传承、带强产业发展、带动群众致富),探索推行"师徒结对帮带"模式,把符合条件的返乡农民工优先纳入乡土人才库,支持有能力的乡土人才办企业、成立专业合作社。培育壮大县域富民产业,启动优化提升标准化"家门口"就业服务站三年行动计划,加大农业重大项目建设中实施以工代赈力度,促进返乡农民工就近就业、转岗就业、充分就业。

实施企业家入乡带民致富行动。以乡情乡愁为纽带,以互利共赢为目的,鼓励更多企业家投资乡村、回报乡梓,加快形成多主体参与、多业态打造、多要素集聚、多种功能价值共同实现的乡村发展格局。支持有实力、有意愿的企业与乡村联合打造田园综合体,推动乡村多重价值共同实现。鼓励企业到乡村发展适合产业化规模化集约化经营的产业,推动乡村产业集群集聚发展。引导企村开展产销合作,共同打造产品品牌,建立持续稳定的供销关系。强化统一战线助力乡村振兴,动员企业到农村投资、优先与集体经济发展相对薄弱的村建立结对关系,积极构建企村互培、互聘、互相交流的人才共育机制。

三、扶持政策

强化财政支持。市财政把"彭城新农人"培育相关经费列入预算,保障大学生见习、"新农菁英"补贴、乡土人才和高素质农民培训经费及时足额到位,对到农村基层急需紧缺专业(行业)就业的高校毕业生可给予专项安家费。相关财政支农项目向承担"彭城新农人"培育任务的单位倾斜,支持其为人才创新创业提供条件。引导乡村振兴投资基金对符合条件承担"彭城新农人"培育任务和下乡返乡人才领办创办的农业企业投资。

提高保障水平。各县(市)、铜山区、贾汪区、徐州经济技术开发区要根据《关于全面鼓励全力支持全民创业的实施意见》《徐州市"555"引才工程实施方案》精神,明确财税等相关优惠支持奖励政策,并按照不低于三个主城区标准的原则制订本地奖补标准,对符合要求的"彭城新农人"实施生活、租房、交通、公共租赁住房、购房等奖补激励。高校毕业生到农业生产经营主体就业的，可按规定享受就业培训、继续教育、项目申报、成果审定等政策，到农村发展特色产业的可按规定享受项目申报和相关信贷支持政策，符合条件的可优先评聘相应专业技术资格。

强化激励奖励。支持和鼓励高等院校、科研院所等企事业单位选派专业技术人员到县以下挂职、兼职或者参与项目合作，支持和鼓励医务工作者、中小学教师到县以下支医支教，期间取得的成绩可以作为专业技术人员职称评审、岗位竞聘、考核的重要依据，对业绩突出人员按照有关规定优先提拔重用。对长期在基层一线工作的专业技术人才职称评定，适当放宽学历资历，淡化成果和论文指标。对投身乡村振兴的高层次和急需紧缺人才，可申报考核认定高级职称。人才服务乡村期限视为基层工作经历，作为职称评审、公务员招录等方面的重要依据。全市每年选拔200名在带领村民致富、推动产业发展、促进村集体增收等方面成绩突出的下乡人才、返乡能人和企业负责人，加大在以上群体中发展党员力度，优先作为村（社区）"两委"班子成员候选人。

扶持创新创业。开辟新农人创业创新政策咨询、注册登记、税费减免、金融服务"绿色通道"，加大创业创新项目用地保障力度。各县（市）区要通过提供担保贷款、加大风险补偿、给予利率和保费补贴、提供贷款担保等方式，加大资金投入。金融机构要根据农村特点和需求积极拓宽农村抵质押物范围，加快建立土地经营权和宅基地使用权抵押贷款制度，合理确定贷款的期限、额度，切实缓解农业发展融资难、融资贵问题。对符合条件的大学生和返乡农民工首次创业且正常经营6个月以上的，按规定给予一次性创业补贴。新农人领办创办农民合作社、家庭农场、农业企业、乡村民宿、农家乐、主题创意农园等经营实体，符合条件的优先安排项目扶持。

四、组织保障

健全工作机制。坚持党管人才原则，市级层面建立党委统一领导、组织部门指导、农村工作部门统筹协调、相关部门分工负责的联席会议制度，市委农办负责日常组织协调工作。各地各有关部门结合实际制定实施方案，建立推进机制，强化政策供给，在吸引各类人才上山下乡的同时，统筹抓好村党组织书记和新型农业经营主体带头人培训，不断提升乡村人才质量。

优化发展环境。建好农村基础设施和公共服务设施，改善发展条件，吸引人才留在农村。依法依规划分农村经营管理、行政执法、社会工作、科技服务等兴村基层经营管理与服务的行政职责和事业职责，建立职责目录和负面清单，营造一流营商环境。

广泛宣传发动。充分利用各种新闻媒体平台以及院校毕业生对接会、招商会等，大力宣传相关政策措施。通过优秀人才评选、创新创业比赛、职业技能大赛等方式，每年选树一批先进典型。

强化督查考核。市级层面把"彭城新农人"培育工作纳入全市人才工作目标责任制考核和乡村振兴实绩考核。市联席会议定期调度工作进展情况、市委农办适时开展督查检查。加强乡村人才队伍的培养、配备、管理、使用，最大限度激发人才内在活力。

实施"彭城新农人"培育工程，是市委、市政府聚焦全面推进乡村振兴，为有志投身农业、扎根农村的大中专院校毕业生搭建的平台，是向新时代的年轻人发出的"乡"约邀请，要在乡村掀起新一轮以人才振兴带动乡村振兴的热潮。热忱欢迎更多有知识、有干劲、有情怀的有志大中专毕业生加入到"彭城新农人"队伍中来！

■资料链接

徐州"彭城新农人"见习计划启动

为深入落实乡村人才振兴战略，鼓励大中专毕业生到农村就业创业，8月6日，徐州市正式启动"彭城新农人"见习计划。

据徐州市农业农村局局长黄浩介绍，"彭城新农人"见习计划在全市农业龙头企业、农业新型经济组织中募集优质岗位，为大中专毕业生到农村就业创业提供见习体验机会。徐州市从各地上报的 300 多个岗位中优选了 100 个规模较大、实力较强、科技含量较高、社会信誉较好的企业岗位,供今年毕业和离校 2 年内未就业的大中专毕业生选择。为鼓励大中专毕业生到农村见习,提高大中专毕业生到农村见习期间的经济待遇,徐州市将提供见习补助,见习期为今年 9 月到明年 2 月,对于见习期满的,市财政给予补贴。见习时间不满 6 个月的,按实际见习月数给予每位毕业生补贴;见习期间被见习单位提前录用并签订劳动合同的,按见习期满标准给予毕业生补贴。据介绍,见习计划实施结束后,经见习单位推荐申报,市、县农业农村部门审核,将评选一批优秀见习生和优秀见习单位,予以全市通报表扬宣传并根据补贴资金结余情况适当给予奖补。对见习期满后有意向留在见习单位、在农村创业的大中专毕业生,各地、各部门要积极提供就业创业指导服务,在落实好各级各类支持鼓励就业创业政策的基础上,积极提供创业融资、土地流转、技术咨询等方面的便利,引导大中专毕业生更好地服务农村,努力培育一批志在乡村的"彭城新农人",为徐州市乡村振兴注入新鲜血液和新动能。

(《江苏农村经济》,2022 年 8 月 11 日)

第三节　推进农村综合改革

习近平总书记强调,解决农业农村发展面临的各种矛盾和问题,根本靠深化改革,主要是处理好农民和土地的关系问题。农民的根离不开土地,农业农村发展就是要在农民承包地、集体经营性建设用地、宅基地"三块地"上有所作为。这里,就重点谈谈农民"三块地"问题。

一、"三块地"的概念和改革目的

农民承包地,就是指采取农村集体经济组织内部家庭承包方式的土地，主要是指耕地。农村土地承包后，土地的所有权性质不变，承包地不得买卖，这是我国最基本的土地经营承包制度。农村集体经营性建设用地，是指具有生产经营性质的农村建设用地，主要是指农村集体经济组织按照土地利用总体规划确定的各类建设用地。农村集体经营性建设用地，在符合规划和用途管制的前提下，可以进入城市的建设用地市场，享受和国有土地同等权利。农民宅基地，是指农村村民基于本集体经济组织成员身份而享有的可以用于修建住宅的集体建设用地，农民无须交纳任何土地费用即可取得，具有福利性质和社会保障功能，一般不能继承。宅基地上建成的房屋，属于村民个人财产，可以依法继承。村民只有宅基地使用权，没有所有权。

改革的目的，就是明晰土地的所有权、承包（资格）权、经营（使用）权，形成"三权分置"，依法有序流动，最大限度释放土地对乡村振兴的红利。但是，改革的三个先决条件，作为处置农村各类土地的底线是不能突破的：第一，土地制度不管如何改革，农村土地的公有制性质是不能改变的，那就是农民集体所有；第二，不能改变土地的用途，农地必须农用；第三，不管怎么改，都不能损害农民的基本权益。

二、农村集体产权制度改革

农村集体产权制度改革，重点是对"三块地"进行清产核资、确权颁证，为依法有序流动奠定基础条件。农村集体产权制度改革，是农村改革中具有"四梁八柱"性质的重要改革，关系构建实施乡村振兴战略的制度基础，对保障农民权益、完善乡村治理具有重大的意义。2016 年，《中共中央、国务院关于稳步推进农村集体产权制度改革的意见》正式发布实施。

1. 徐州市农村集体产权制度改革情况

全市 2442 个行政村（社区）全面完成产权制度改革任务，全面完成农村土地承包经营权确权登记颁证，农村产权交易市场实现县、镇、村三级全覆盖。通过改革，实现了以下目标任务：第一，保障农民集体成员权利。摸清集体家底、厘清成员边界，通过资产确权到户、成员民主决策，使广大农民群众在物质利益和民主权利两方面都有了更多获得感。第二，提升集体经济发展活力。明晰农村产权关系，盘活农村集体资产，激活农村各类要素，促进集体经济不断发展壮大，提升了村集体的自我造血能力。第三，释放产权制度改革红利。密切集体与农民的利益联结，拓宽农民增收渠道，使集体成员既看得见集体资产，又摸得着改革红利。第四，提升基层组织战斗力。改革后集体的凝聚力和向心力增强，将"分散"的农民重新"集聚"起来，进一步夯实党在农村的执政基础。

2. 徐州市集体经营性建设用地入市试点工作情况

（1）试点进展情况

近年来，我市按照上级安排部署，全力推进集体经营性建设用地入市试点，2020年4月，印发了《徐州市集体经营性建设用地入市试点工作实施意见》，选择沛县、新沂作为省级试点地区；2023年4月，丰县被自然资源部列为国家级集体经营性建设用地入市试点地区。一是试点工作全省率先。2020年8月9日下午，沛县2宗集体建设用地成交，成为全省首宗集体经营性建设用地入市地块；8月10日下午，省自然资源厅、市政府在沛县召开了省级首宗集体经营性建设用地入市现场会。二是初步形成一套工作机制。试点地区研究制定了集体经营性建设用地入市实施方案、管理办法和收益调节金分配等一系列制度和规范文件，设计了模板、程序等入市操作规范，初步形成了集体经营性建设用地入市工作机制。三是试点工作取得可喜成果。试点工作开展以来，沛县共计成交62宗4469亩，入市总价款9.27亿元，收缴调节金1.85亿元；新沂市共计成交43宗963亩，1.62亿元，收缴调节金3247万元。

（2）经济社会效益

一是增加村集体和农民经济收入。集体经营性建设用地入市改变了原有集体经营性建设用地入市模式，增加了村集体经济收益。根据集体经营性建设用地入市收益调节金分配规定，集体经营性建设用地80%以上的收益归村级集体经济组织和农民所有，较以往政策相比极大增加了村集体和农民的收入。二是为推动乡村振兴注入活力。农村集体经营性建设用地入市，实现了集体经营性建设用地和国有建设用地同权同价、同等入市，激活了农村土地要素。农村集体经营性建设用地入市改革与农房改善、脱贫攻坚、城乡布局优化等工作紧密结合起来，最大限度释放了改革的综合效应。三是为推进农村土地改革提供经验。农村集体经营性建设用地入市，激活了农村土地要素，加快了集体土地和国有土地两个市场的接轨，促进了城乡统一建设用地市场的培育和发展，提高了资源要素市场配置效率。

（3）存在问题

集体经营性建设用地入市是一项复杂的土地供应改革，涉及较多部门和法律法规，目前各地的入市工作都处在试点阶段。在试点探索过程中，主要存在两个方面的问题。一是市场吸引力有待提高。一些企业特别是上市企业对集体经营性建设用地入市、健全城乡统一建设用地市场、实现同地同权同价等政策认识不足，心存顾虑，担心影响企业后续经营发展，项目建设不愿意使用集体建设用地。二是集体建设用地监管存在空缺。地块入市后监管方面未有明确规定，造成土地所有权人监管能力有欠缺，相关职能部门监管尚无明确法律依据，容易造成违规违约使用土地，形成低效闲置土地。

（4）下一步重点工作

一是完善入市方案和各项制度。在底线管控的基础上，进一步完善入市方案和各项制度，规范入市环节程序，协调各方利益，细化经营性用途并加强分类管理，合理确定土地增值收益调节，维护市场主体合法权益。

二是积极维护农民合法权益。探索入市涉地农民入保问题，参照国有土地征收实施管理，按照不低于被征地农民补偿水平的标准，做好入市涉及产权调整相关农民的补偿入保等工作。完善入市相关议事决策机制，尊重农民意愿，把选择权交给农民，允许农民在法律政策范围内通过民主协商自主调节利益关系，真正让农民成为参与者和受益者。

三是加强集体建设用地入市监管。通过年度供应计划、入市价格监管、开发利用申报、土地动态巡查、用地诚信建档等措施，构建农村集体经营性建设用地入市全程联合监管机制，加强对使用农村集体经营性建设用地行为的监督检查，严肃查处违反国土空间规划和用途管制的违法问题。

四是强化政策宣传服务工作。加大对国家、省、市关于健全城乡统一建设用地市场，实现同地同权同价的集体经营性建设用地入市政策的宣传力度，积极做好用地规划、审批、抵押登记等服务，帮助入市集体组织和企业解决遇到的实际困难，增加集体经营性建设用地的吸引力。

三、宅基地改革的探索路径

在农民"三块地"中，农村宅基地改革是在全国范围关注度最高，也是目前最复杂、推进最慢的一项改革。2020年6月，中央深改委审议通过了《深化农村宅基地制度改革试点方案》。这个方案是贯彻落实宅基地"三权分置"改革的关键举措，是中央针对宅基地制度改革作出的一项重要战略部署。按照中央的精神，各地都在积极探索、稳慎推进。就江苏而言，步子也是比较稳的。

1. 宅基地改革原则

坚持政府主导、市场引导，坚守底线、群众自愿，统筹谋划、协同推进，力求点上突破带动面上提升，为深化农村改革提供经验借鉴。鼓励有条件的地区，在严守土地公有制性质不改变、耕地红线不突破、农民利益不受损"三条底线"，保障农民"户有所居"的基础上，积极探索宅基地"三权分置"的实现形式，实现国家、集体、个人利益"多方共赢"，重塑城乡土地权利关系。不论怎么改，"三条底线"必须坚守，"三者"利益必须实现共赢！

2. 宅基地改革总体思路

以县域为单位，把农村宅基地所有权、资格权、使用权实现形式改革，与农村村庄规划调整、社会保障体系改革，统筹实施，从而推动三种权利都能够落到实处。

3. 宅基地改革路径

2023年中央一号文件继续强调"稳慎推进农村宅基地制度改革试点"，这是自2020年开展新一轮农村宅基地制度改革试点以来，中央一号文件连续4年用同样的表述对宅基地制度改革试点工作进行部署，也是自党的十八大以来连续11年中央一号文件强调要改革完善农村宅基地制度，由此可见中央对此项改革的高度重视。

农村宅基地及住房是农民最基本的生活资料，是保障农民安居乐业和农村社会稳定的重要基础，同时又承载着盘活农村资源要素、推动乡村产业发展、增加农民财产性收益等使命。2015 年以来，我国在 33 个县（市、区）开展农村宅基地制度改革试点，试点地区按照"依法公平取得、节约集约使用、自愿有偿退出"的目标要求，在探索宅基地有偿使用制度、探索宅基地自愿有偿退出机制、完善宅基地权益保障和取得方式、完善宅基地管理制度等方面开展了改革试点，形成了一批可复制、可推广的成果。当前，我国启动新一轮农村宅基地制度改革试点，要在现有试点的基础上，拓展试点范围，丰富试点内容，完善制度设计，围绕宅基地所有权、资格权、使用权"三权分置"，探索完善宅基地分配、流转、抵押、退出、使用、收益、审批、监管等制度的方法路径，既要切实保障好农民权益，又要有效增添乡村振兴活力。具体来说，要把握好以下几个方面：

坚持稳慎推进，不能急于求成。农村宅基地制度改革是件大事，关乎农民基本居住权益，必须稳慎推进改革，由点及面开展，循序渐进，不能操之过急，盲目求快、求变。要花大力气补齐宅基地基础工作短板，健全宅基地管理长效体制机制，探索宅基地"三权分置"有效实现形式，扎实搞好确权、稳步推进赋权、有序实现活权、推动构建依法取得、节约利用、权属清晰、权能完整、流转有序、管理规范的农村宅基地制度体系。总而言之，市场化程度越是深化，越要注重稳定的重要性，越要重视处理好农民和土地的关系，不能犯颠覆性错误，必须明确宅基地制度改革是要把宅基地"搞活"，绝不是"搞乱"。

尊重农民意愿，不搞强迫命令。农民群众是宅基地制度改革的主体力量，要充分发挥农民的主体作用，把选择权交给农民，让农民真正当家做主。要通过村民事务理事会等载体，让村民自我管理、自我服务、自我约束，发挥农民群众的智慧，让农民在改革中有参与感、获得感。改革要尊重农民群众意愿，切实保障农民的知情权、参与权、表达权、监督权，维护农民合法权益。说到底，农民是改革的受益主体，宅基地怎么分配、怎么申请、怎么布局，谁能申请、申请多大面积，腾退、盘活闲置宅基地和住宅怎么经营、怎么维护，等等，都需要农民集体自己决定，自己说了算。

坚守改革底线，绝不与民争利。农村宅基地制度改革不管怎么改，都要坚守农村土地公有制性质不改变、耕地红线不突破、农民利益不受损的改革底线。深化农村宅基地制度改革试点，适度放活宅基地和农民房屋使用权，绝不是让城里人和工商资本到农村买房置地，而是需要严格禁止下乡利用农村宅基地建设别墅大院和私人会馆。不得以各种名义违背农民意愿强制流转宅基地和非法强迫农民"上楼"，不得违法收回农民合法取得的宅基地，不得以退出宅基地作为农民进城落户的条件。只有尊重农民、相信农民、引导农民而非代替农民，才能真正实现"心往一处想、劲往一处使"的大好改革局面。

坚持因地制宜，不能搞一刀切。考虑到我国各地农村自然资源禀赋、经济社会发展程度、社会风俗习惯和群众需求等方面各有差异，应该根据不同地区的不同实际开展试点，坚持分类施策，不搞一刀切、齐步走。一方面，增加试点数量，发挥试点代表性和示范性作用。通过扩宽试点范围、增加试点地区数量，确保改革试点具有更广泛的代表性和示范性。另一方面，细化试点内容，确保试点针对性和深入性。确定改革突破口和优先序，明确改革路径和方式，在关键环节和重点领域优先取得突破，总结更多可复制、能推广、惠民生的制度创新成果。

4.沛县农村宅基地制度改革试点工作情况

2020年9月，沛县被确定为全国104个新一轮农村宅基地制度改革试点县之一（江苏省6个），2021年1月省委、省政府批复沛县试点方案，原定试点期限至2021年年底，后因中央开展农村乱占耕地建房专项整治试点工作，要求在已实施农村宅基地制度改革试点的104个县统筹推进住宅类房屋专项整治试点，为贯彻落实中央关于统筹推进农村宅基地制度改革和农村乱占耕地建住宅专项整治"两项试点"工作的部署，经批准，新一轮农村宅基地制度改革试点期限延长至2024年4月底。

（1）改革试点要求和具体内容

试点目标任务：通过试点，进一步厘清宅基地所有权、资格权、使用权之间关系，明确各自权能，形成层次分明、结构合理、平等保护的格局；

探索完善宅基地分配、流转、抵押、退出、使用、收益、审批、监管等制度的方法路径，推动宅基地制度更加健全、权益更有保障、利用更加有效、管理更加规范；总结一批可复制、能推广、惠民生、利修法的制度创新成果。

试点具体内容：农村宅基地制度改革试点工作围绕保障农民基本居住权，完善宅基地制度体系，探索宅基地所有权、资格权、使用权分置实现形式，重点为9个方面，即"五探索、两完善、两健全"，具体为：探索宅基地农户资格权保障机制、宅基地使用权流转制度、宅基地使用权抵押制度、宅基地自愿有偿退出机制和宅基地有偿使用制度，完善宅基地集体所有权行使机制和宅基地审批制度，健全宅基地收益分配机制和宅基地监管机制。沛县重点承担探索宅基地农户资格权和宅基地使用权流转机制，完善宅基地自愿有偿退出机制和宅基地审批制度以及健全监管机制试点任务。

试点相关要求：① 严守宅基地集体所有权不改变、耕地红线不突破、农民利益不受损的法律和政策底线。

② 试点地区要按照省委、省政府批复的方案有序开展试点，涉及突破现行法律的，必须在取得授权后实施，确保试点封闭运行、风险可控。

③ 坚决防止打着农村宅基地制度改革旗号行违法违规买卖宅基地之实，城里人到农村买宅基地的口子坚决不能开，严格禁止下乡利用宅基地建设别墅大院和私人会馆等。

④ 切实维护农民合法权益，严格禁止违背农民意愿推进合村并居，不得以各种名义强制其退出宅基地，不得违法收回农民合法取得的宅基地。

（2）试点工作进展

开展农村宅基地试点工作以来，沛县按照国家、省、市工作部署，围绕"五探索、两完善、两健全"九项改革任务工作要求，强化县级统筹，做细做实基础工作，稳慎推进各项试点任务。九项改革任务中，除探索宅基地有偿使用制度试点外，其余八项试点任务已初步完成。

完善宅基地集体所有权行使机制方面。2021年年底农村集体土地所有权确权调查工作已结束，农村集体经济组织依法代表集体行使宅基地所有权进一步得到明确。逐步健全农村宅基地管理制度，明确村集体在宅基地规划、分配、调整等方面的具体权利内容，指导各村建立审批、监管制度，充分发挥宅基地村民理事会自治作用。

探索宅基地资格权保障机制方面。2022年已全面完成宅基地资格权认定工作，宅基地资格权信息全部导入数据库。今后每年年底组织开展农村村民住宅建设新增建设用地计划需求统计，县按照不低于年度新增建设用地5%的比例专项保障。

探索宅基地使用权流转机制方面。以闲置宅基地和闲置农房使用权出租为切入点，分步探索宅基地使用权流转交易。2021年6月29日，苏北首宗宅基地使用权流转交易在省农村产权交易平台成交。结合前期探索和专家意见，2021年8月，《沛县农村闲置宅基地和农房使用权流转交易办法(试行)》和《沛县闲置宅基地和农房使用权租赁合同示范文本》发布，在工作中形成"三审五书"沛县模式。2022年4月和11月，在省线上审批和线上流转培训会议、省重点工作推进会议上，沛县就闲置宅基地流转线上交易工作做了典型发言;6月，农业农村部《农村经营管理》农村宅基地制度改革试点专刊作为典型案例推介。2023年沛县又承担《农村宅基地使用权流转服务规范》省地方标准的起草任务。

探索宅基地使用权抵押担保制度方面。2021年12月底发放首笔宅基地使用权抵押贷款3.2万元，至2022年年底累计发放3笔28.2万元。健全抵押风险保障机制，利用省试点资金，设立10万元宅基地使用权抵押贷款风险补偿金。

探索宅基地自愿有偿退出机制方面。进一步完善5亩以上集中连片退出宅基地的补偿标准、流程、激励机制等，重点对单宗零星退出的宅基地标准、评估价格、流程、监管等进行明确规定，鼓励进城落户农民依法自愿有偿退出宅基地。

探索宅基地有偿使用制度方面。围绕"一户多宅"、宅基地面积超标、非集体经济组织成员占用宅基地等开展宅基地历史遗留问题调查，选择非集体经济组织成员、一户多宅等情形作为宅基地有偿使用的切入点，明确有偿使用标准、收费主体和方式等。

健全宅基地收益分配机制方面。明确宅基地增值收益农村集体经济组织获得部分由集体成员共享，宅基地增值收益经集体经济组织成员代表大会表决通过，用于宅基地退出、闲置宅基地盘活利用、农村公共设施和公益事业建设、新产业新业态发展等。

完善宅基地审批机制方面。出台一系列文件，对各项政策制度、县镇村农村宅基地管理职责等进行全面系统明确，并开展业务培训。指导各镇（街道）成立宅基地和建房审批管理办公室，实行一个窗口对外受理、多部门联审联办的工作机制，公布办事指南，明确审批要件和流程要求。

健全宅基地监管机制方面。加强宅基地和建房全程监管，严格落实"四到场"要求（申请审查到场、批准后丈量批放到场、建设中巡查到场、住宅建成后验收到场）。在全省率先探索宅基地执法权赋予镇政府实施试点，该项工作作为特色改革受到省农业农村厅关注。加强宅基地数字化管理。注重宅基地数字化应用场景建设，打造以"四个一"为核心的宅改信息系统，即基础信息"一张图"、建房审批"一条链"、监督管理"一张网"、台账管理"一本账"的农村宅基地管理系统，让宅基地基础数据、审批、监管、盘活利用、三权分置、台账管理等模块实现全流程、数字化管理。

（3）基础工作推进情况

摸清宅基地底数。2022年4月，全面启动宅基地基础信息调查。目前，沛县全县宅基地基础信息外业调查全部结束，数据库建设已完成。

有序推进村庄规划编制。按照计划，沛县全县应编制规划村249个，至2022年年底，已完成85个村"多规合一"实用性村庄规划，完成率34%。

做好宅基地使用权确权登记颁证工作。沛县全县农村不动产权籍应调查总宗地数23.67万宗，至2022年年底，已完成权籍调查20.76万宗，占94.5%。经省自然资源厅确认符合发证条件的16.19万宗，完成不动产登记15.9万宗，占比98.2%。

（4）下一步推进措施

在基础工作上做得更实。在省市工作指导下，加快沛县宅基地基础信息调查、村庄规划编制、集体所有权证和农户不动产权证书发放等基础性工作，形成全县村庄规划、资格权、使用权等"人、地、房、权"基础数据，启用沛县宅基地管理信息系统，以大数据平台为载体，实现宅基地基础数据、审批、发证、监管、盘活交易、住房改善等平台互通，形成信息"一张图"、管理一条链、监测一张网，实现宅基地数字化管理。在此基础上，在全市推广。

在制度探索上走得更远。充分发挥联席会议作用，强化部门协作、政策集成。在土地整治、农民住房改善、城乡融合发展、乡村建设等工作中，协同推进农村宅基地改革试点工作。积极推进闲置宅基地和闲置住宅盘活利用，同步探索宅基地资格权退出、跨村安置、择位竞价等，打造一批宅基地改革政策集成村。强化沛县宅基地改革工作专班实质化运转，在政策起草、试点推进、亮点总结等方面合力攻坚，边试点、边总结、边完善，加快探索沛县改革路径和方法，及时形成可复制、能推广的制度成果和典型案例。及时总结全市各地经验成果，为全国全面推开作出新的贡献。

在监管执法上抓得更严。积极推广沛县试点经验，督导镇（街道）全面落实宅基地审批管理和执法职责，配齐相关人员，全面推行宅基地线上审批、在线巡查。探索推行宅基地政府审批、村级协管、镇级监管执法的属地管理运行机制，形成网格化、数字化、常态化监管执法体系。

■资料链接

"小田变大田"的魏庙探索

农　言

魏庙镇位于沛县东南部，微山湖西岸，耕地面积 5.6 万亩，生态农业发达，新型经营主体众多，高效农业和订单农业总量达 5.2 万亩。近年来，按照"党委领航、支部领路、大户领跑、群众受益"的发展思路，魏庙镇加大农业产业结构调整，引导农村土地规范有序流转，按照规模化、标准化、产业化经营要求，本着"农民自愿、政府引导、积极扶持、规范管理"的原则，积极探索，勇于实践，蹚出一条"小田"变"大田"规模化种植的"魏庙路径"，促进了农田增效、农业增产、集体增收、农民致富。

一、探索"小田变大田"，破解耕地碎片化难题

2012年，魏庙镇党委率先以佟场村作为"小田变大田"的先行试点村，按照"依法、自愿、有偿"原则，以"空心化"的情况较严重的4个村民小组作为土地流转试验田，并以每亩1000元价格流转耕地1800亩给协心家庭农场。

初期，部分村民对土地流转不认可，不愿意流转和调整。魏庙镇迅速成立镇村两级土地流转工作专班，一方面通过召开会议、动员、座谈、广播、村务公开栏等形式，引导群众认识到土地流转的意义和好处，让老百姓知道"小田"变"大田"后，原有的土地承包权没有变动，经济收益没有减少，以此消除顾虑，统一思想认识，树立土地流转的理念，在全镇形成有利于推进农村土地流转、发展规模经营的良好氛围。另一方面，村两委干部根据群众的种植习惯、居住特点、土地状况等实际情况，因村、因地、因户制宜，选择群众便于接受的土地流转的方式方法，宜换则换，宜转则转，做好流转程序合理化指导，通过算账对比、规范合同、及时备案、现场发放土地租金等方式，给村民吃下了一颗定心丸，赢得农民群众对"小田"变"大田"政策的拥护和支持。

对于流转意愿不强的村民，通过引导各村优选地势平整、浇灌便利、交通方便的连片地块作为自种区，预留给村民种植，方便经营管理，既破解了农户承包耕地"碎片化"的难题，又提高了大型机械化作业效率。对于农场来说，成片的耕地既便于机械化作业，又便于新技术、新模式的推广，1800亩地每年可以净增60万余元经济效益；对于村民来说，不仅有了固定的土地租金，还能到农场打工，多拿到一份可观的工资收入，初步实现"农民向农工"的转变。

"小田变大田"，不仅帮助农户将分散土地整合在一起，摆脱了"小、碎、散"传统土地经营模式的束缚,实现了土地租金收益最大化,又为家庭农场和专业大户、农民合作社实现了土地区域化布局、集约化生产、规模化经营、科学化管理,提升了农业的产出效益。

二、支部领办合作社,激发新型经营主体快发展

有了协心种植家庭农场示范引领,"小田变大田,耕地连成片"模式得以在全镇范围内迅速推广开来,一批家庭农场、农民合作社如雨后春笋,得到了快速发展。为最大限度发挥土地"效益",促进群众增收致富,魏庙镇找准切入点,改变传统土地流转方向,深化支部领办土地股份合作社发展模式,积极引导农户土地由向大户流转变为入股村集体,由集体统一经营,农户土地可采取固定分红或保底分红入股。

按照"试点先行、逐步推开"的原则,魏庙镇党委、政府大力给予政策引导和资金支持,2017年以"十三五"省定经济薄弱村毛寨村作为支部领办合作社试点,协调农户成功流转800亩,开展成方连片经营,村集体年增收达20万元,自此,毛寨村实现脱贫"摘帽"。在毛寨村试点经验下,佟场村、王范庄村、胡堡村等12个村相继开办集体土地股份合作社,并在村股份经济合作社的领导下开展生产经营活动,先后引导村民流转或入股65个地块,经营土地面积4074亩,年增收超过75万元。目前,佟场村领办的富万家土地股份专业合作社规模最大,经营土地1500亩,16个地块,每亩地年经营利润可稳定在300元以上,村集体年增收

"小田变大田"后,沛县魏庙镇水稻规模化集约化生产有了新提升

45 万元,村民不仅可以享受土地租和分红收益,合作社还能为村民提供 50 余个就业岗位,实现了集体、农民双增收。

同时,魏庙镇积极帮助新型经营主体完善各项制度,包括合作社成员大会、理事会、监事会制度、资产财务管理制度、农机管理制度、物资采购制度、仓储管理制度、用工薪金制度、生产销售管理制度等。设立专项创建扶持资金 50 万元,用于示范家庭农场表彰、产品质量认证奖励、农场主培训、农业科技推广应用、品牌创建和产品推介等方面。同步建立配套优惠政策,在保障用地用电、农业保险、项目扶持、人才培养等方面明确具体措施,提供了有力支撑。全镇选配 17 名专兼职辅导员,采取镇包挂、村负责的辅导形式进行指导培训,按照"场所有标识、生产有农机、办公有地点、仓储有库房"四有标准建设,实现种、管、收、销一体,新型经营主体成为推动农业发展的主力军。

截至 2023 年 6 月,全镇 258 个家庭农场录入全国家庭农场名录系统,创成省级示范农场 6 家、市级示范家庭农场 4 家、县级示范家庭农场 15 家。全镇通过沛县农村综合产权流转交易平台,共完成农户承包土地经营权流转 460 宗,流转面积 6.95 万亩,成交金额 4.216 亿元,溢价总金额达 1528 万元。

三、龙头引领利益链,健全机制保障运营高质效

近年来,魏庙镇积极完善和构建农村土地流转机制,加强对土地流转的监督管理,从政府层面搭建村企合作平台,大力发展优质绿色稻麦产业,确保农村土地流转市场规范化、法制化。

徐州广勤米业有限公司是魏庙镇辖内的国家级农业产业化龙头企业,是一家集基地种植、收购、烘干、仓储、加工、销售为一体的综合性全产业链生产企业。依托广勤米业,魏庙镇积极引导专业大户、家庭农场和合作社等种植主体,纳入广勤米业绿色订单种植,订单粮食售价每斤高于市场价 5 分钱,每亩稻麦纯收益稳定在 400 元以上。广勤米业下辖国家级示范合作社万丰农机合作社,种植主体与万丰农机合作社开展耕、种、防、收全程机械化作业合作,大力推广测土配方施肥、新型有机肥料应用、病虫害防治机械化等技术,有效提高了耕地质量,实现化肥

农药减量,服务费用低于市场价格,每亩节省开支约80元,最大限度地实现了节本增效。广勤米业下辖粮安天下农业公司,与种植主体进行农资供应链合作,实现资源共享、风险共担,助农增收成效显著。

通过"农户+基地+村集体+新型经营主体+龙头企业+订单种植+社会化服务组织"的利益联结机制,促进了农村土地流转,推动农村土地规模化经营,从"单打独斗"的"小田"变为"抱团发展"的"大田",进一步释放了土地活力,提高农业资源的利用率。

截至目前,魏庙镇已实现土地流转3.95万亩,流转率70.54%,经过"小田"变"大田",实现土地溢出2223.93亩。全镇50亩以上规模流转3.71万亩,规模流转率达93.92%,其中,新型经营主体经营面积为33026亩,占规模流转面积的89.02%;村集体合作社经营土地面积4074亩,占规模流转面积的10.98%。全镇50亩以下流转面积1607亩,涉及种植大户67户。未流转自种的村民4068户,种植面积1.65万亩,自种率29.46%,户均地块1~2块,原本的小块田地均已整合成连片大田,全镇地块数由55994块合并为665块,基本消除了零散分布、碎片化种植的现象。

魏庙镇的探索实践证明,扎实做好土地流转这篇大文章,能够极大激发土地资源要素活力,更好地实现土地的综合利用,保护好经营者和农民的权益,促进农业经济健康持续发展,真正让"小田变大田"成为乡村振兴的"助力剂"。

(《关于徐州市农村改革创新情况的调研报告》,2023年6月)

第四节　发展数字农业

农业正处在新科技革命的路口,需要拥抱更多创新,借助更先进、更有效的技术进一步提升生产力。

进入后疫情时代，各地农业都在加速向农产品工业化与数字化转型，以稳步提高粮食、蔬菜的供应能力和质量效益，推动农业产业可持续发展，确保粮食安全和稳产保供，促进农民增收。在这样的大背景下，加快数字农业发展已然成为整个农业生产发展的新趋势。

1. 什么是数字农业

　　数字农业是将信息作为农业生产要素，用现代信息技术对农业对象、环境和全过程进行可视化表达、数字化设计、信息化管理的现代农业。

　　数字农业包括四方面内容。

　　农业生产智能化。利用信息技术，打通农业资源、环境、生产和管理数据，对各类信息进行整合分析，通过持续的数据积累和人工智能的应用，以数据指导生产运营，实现全程的无人化操作和智能化管理，来提升现代农业生产设施装备的数字化和智能化水平，从而更好地发挥农业各项资源的利用效率，提高劳动效率和土地产出水平。

　　农业经营网络化。利用电子商务提高农业经营的网络化水平，实现农产品流通扁平化、交易公平化、信息透明化，为农产品生产经营主体提供销售、购买和电子支付等服务，以此增强农业信息、资金、物流各方面的协同效应，促成生产和消费的有效对接，使农产品的市场流通变得高效、便捷。

　　农业管理高效化。利用云计算和大数据等现代信息技术，以大数据技术为依托，对各类资源及农业生产完成情况等内容进行统筹，建立农业大数据平台，推动农业资源管理，丰富农业信息资源，建立质量安全信用体系，加强农业应急指挥，从而实现农业管理的高效化精准化和透明化。

　　农业服务便捷化。通过将互联网技术、云计算以及大数据等现代高新技术运用到农业生产和经营活动中，为其构建出一个可实现实时互动的"扁平化"信息服务平台，以此更好地解决农户在农业种植、加工和经营过程中遇到的困难和问题，从而提高农业服务的灵活性、便捷性。

　　数字农业有三大特点：农业生产高度专业化、规模化、企业化，农业生产体系完善，农业教育、科研和推广三位一体。

2. 为什么要发展数字农业

第一，数字农业有许多优势，主要表现在以下方面。

促进传统农业向现代农业转型。我国的传统农业是以小农经济为主，数字农业依托新型信息技术，可以全方位深入"耕、种、管、收"各个环节，便于农业信息交换和信息共享，从而能够改变以往的农业生产经营方式，加速向现代农业的转变。

有助于产业结构优化升级。通过信息技术科学管理农业生产、储藏运输、流通交易等各个环节，能够有效促进规模化生产和产业化发展，为农业产业链发展提供一体化决策。

提高农业生产效率和精度。数字农业利用先进的技术和数据分析，可以更好地监测和管理农作物的生长情况、农田的土壤状况，可以实现农业精准化生产，降低农业生产风险和成本，有助于农民更好地了解农作物的需求，优化施肥和灌溉计划，从而提高农业生产效率和精度。

减少资源浪费和环境污染。数字农业可以帮助农民更好地了解农作物的生长状态，从而减少不必要的农药、化肥和水的使用。这不仅可以减少资源浪费，还可以降低环境污染和土地退化的风险，使农业生产过程更加节能和环保。

提高农民的生产效益和收入水平。数字农业可以帮助农民更好地了解农作物的生长状态，更好地预测天气变化和应对气候变化的影响，更加高效地管理好自己的农田，从而提高农作物的产量和品质。这有利于农民提高农业生产的质量和效率，提高他们的生产和生活水平。

总体来看，数字农业使信息技术与农业各个环节实现有效融合，对改造传统农业、转变农业生产方式具有重要意义，其可以推动农业生

数字农业使生产管理更加智能高效精准

产高度专业化和规模化，构建完善的农业生产体系，并实现农业教育、科研和推广"三位一体"，有利于提升农业生产效率，实现农业现代化。

我们知道，传统农业主要依托过去积累的经验或手艺，来进行判断、决策和执行，以"人"为核心，这也导致了整体生产环节效率低、波动性大、农作物或农产品质量难以控制等问题。而在数字农业模式中，通过数字化设备，比如田间管理监控、温度湿度监控、土壤监控、无人机航拍等，以"实时数据"为核心来帮助生产决策的管控和精准实施，并通过海量数据和人工智能进行数据和技术支持，进而大幅提升农业产业链运营效率，并优化资源配置效率。整体比较下，数字农业有着传统农业无与伦比的优势。所以，数字农业是发展趋势。

就我市来说，丰县数字农业抓得比较早，已经初见成效。现在，丰县已建成丰县农业大数据门户网站、丰县智慧农业大屏数据分析平台、丰县农业资源数据概览云图、丰县经营主体云图，归集本地涉农数据3.4亿条，实现了系统之间的共享互通，为丰县农业产业发展提供了科学的数据支持。丰县数字农场都已实现农业数据互联和智慧生产。2022年5月初的时候，我们在丰县梁寨镇一家苹果园调研，农场负责人老张告诉我们："无人机会定期飞过农场，200亩地有多少一品果、多少二品果，数据会迅速分析出来，基地数控中心显示大屏上各项数据一目了然。"在这个果园里，施肥、喷药、修剪等操作都会被记录下来，上传到农业大数据平台上。每一个苹果上都会有一个二维码，实现了果品可溯源。通过数据分析库，可以建立起当地苹果种植的可视化数据模型，从而进一步改进技术、提升优果产量。

第二，发展数字农业的作用具体表现在以下方面。

生产数字化，能够提升农业生产效能。比如说，自然灾害是造成农业生产损失的主要因素。数字农业通过应用物联网技术，自建或者与气象部门共享自然灾害预警系统，可以实现对各类自然灾害实时应对，降低自然灾害风险。再如，绿色发展是农业农村高质量发展的方向，数字农业能够通过对各类资源的合理安排和精准施用，从而降低种养殖生产对土壤、水质等的污染。

位于茱萸山街道涧溪村的墨青科技园2.2万平方米大型全智能温室内，鲜食粉果大果型西红柿、鲜食红果千禧小番茄茄花盛开，散发诱人色泽。这里种植了6万株西红柿，可以智能控制西红柿在生长发育过程中对温度、水分、光照、养分和空气的最佳要求。棚内配备现代化农业生产设备，依托农业物联网开展智能环境调控、肥水一体化技术设备等，通过大量的数据采集分析，管理者可以精准地对每个地块、每株番茄进行质量安全监控与追溯，让"用数据定义好番茄"成为可能。

从高空俯瞰，沛县杨屯镇洪福湾家庭农场的养鱼塘就像一个农家小院。5个钢网圈起来的池子，就是鱼儿的"房"。每间"房"约100平方米，"住"了8万尾鲫鱼、2万尾青鱼。如何保证鱼儿健康生长，不受少氧、水质不良的影响？在农场监控室，可以通过6个高清显示屏清晰地看到鱼塘的全貌，所有鱼塘都用上了物联网和产品追溯系统。通过手机就可以对池塘进行自动投食、水质监测、自动增氧、液位控制等渔业智能化管理。

随着大数据、物联网、人工智能、云计算等数字化技术的日益普及，传统农业"靠天吃饭"的生产方式正悄然退场，乡村人才数字素养与技能不断提高，农民也切实尝到了智慧农业的甜头。

物流数字化，能够补齐农业运输短板。据统计，我国由于农业物流发展水平的不足，致使果蔬类农产品的流通损耗率达20%~30%，远高于发达国家的5%。数字农业对于提升农业运输效能具有重要价值。比如，对于农产品冷链物流来说，围绕运输过程中的农产品品质保障、低损耗等目标，通过物联网等的运用，能够实现对整个物流过程生鲜农产品位置和来源等精准掌控，以及对运输、仓储等环节实现自动化与智能化作业，加强温度的精准控制，从而减少农产品损失，提升农产品价值。

近年来，徐州市立足全市农业产业布局和冷链物流建设实际，积极开展产地冷链物流设施建设，为小农户、家庭农场、农民专业合作社等各类经营主体提供农产品采后预冷、仓储保鲜、冷链配送等综合服务，提高农产品产地商品化率，提升鲜活农产品经营业务水平，推进农产品错峰销售，提升农产品收益。在冷链运输方面，积极推动大数据、物联网、区块链及5G等新兴技术与冷链物流行业的融合发展，加强数据整合和资源配置能力，形成准确、高效、全程监测的农产品冷链，提升冷链物流的信息化和数智化水平。如，睢宁县先后建成多家田头冷链仓，开展果蔬处理包装、农药残留速检、预冷保鲜等服务。通过和专业合作社、种植大户、小农户签订收购协议，将当地农副产品通过冷链运输直供南京、合肥、湖州等地，不仅促进了基地健康发展、拓展了农产品外销渠道、有力保障了生鲜农产品的品质，还带动农民增收、村集体经济实力不断增强。

营销数字化，能够解决农产品滞销顽症。2020年刚刚爆发新冠疫情时，全市农产品出不了村、进不了城，农民的蔬菜卖不出去，市民买不上蔬菜。当时，为了解决好这个问题，市农业农村局会同相关部门就及时应用数字农业技术，采取"互联网＋农业"方式，通过产地产品与大型市场、社区乡村网上对接，畅通蔬菜从菜农的田头到市民的餐桌的通道，这也是数字农业应用的体现。

数字技术的应用不仅提高了农业生产效率，还催生了农业新型业态。

"质嫩又鲜香，比一般桃更好……"获得"大国农匠"称号的杨绍金在朋友圈详细介绍桃的品种、重量、包装方式、发货方式、价格、做法。为了加大丰沛两地农产品宣传力度，他每天要做6小时直播。沛县朱寨镇王思思种植了大面积的冬桃，怎么能获得更高的收益，杨绍金找到她，一起打造"苏创优青"与"桃滋姐"的互联网双品牌。在网上，12个大冬桃可以卖128元，"桃滋姐"很快就赚钱了。胡寨镇的张静静2016年种植甜菜滞销，杨绍金一方面建议她种植蒲公英、田七等中药材，另一方面联合打造"苏创优青"与"许妈妈"的保健蔬菜互联网双品牌，获得了很好的收益……

在贾汪区汴塘镇孟省村煎饼坊内，农产品主播宋超正通过抖音等平台进行煎饼直播带货。别小看这个直播，一天内他们网上销售可达400多公斤，带动村民就业30多人。

随着现有行政村全面实现"村村通宽带"，徐州市大力实施"数商兴农"工程，持续开展农产品电子商务"万人培训"和农民手机应用技能培训，积极培育各类电商主体，支持生产经营主体、电商企业发展农产品"生鲜电商＋冷链宅配""中央厨房＋食材冷链配送"等新业态，推广直播带货、社交营销等新模式。

截至 2022 年上半年，全市网上营销主体数量达 42019 个，农产品网络销售收入达到 113.04 亿元。

2022 年 4 月 24 日，农业农村部干部学院、阿里研究院联合发布《"数商兴农"：从阿里平台看农产品电商高质量发展》，并公布 2021 年全国"农产品数字化百强县"榜单，江苏省 14 个县市上榜，总量全国第二。徐州市的丰县、沛县、睢宁县、邳州市和新沂市全部上榜，总量江苏第一。其中，丰县、邳州市和新沂市分别排名第 5、第 8 和第 10 位。

金融数字化，能够缓解农业金融抑制。当前我市农业生产具有经营规模小、季节性强、农民担保能力差和风险相对较高等特点，这些特点使得金融机构对农业金融供给的意愿不强，从而造成农业融资难、融资贵的问题。除了这些因素外，农村地域的分散性，金融机构对广大农民信息的收集和分析，以及对风险的治理面临着高昂的交易成本，也造成金融机构不愿意给农户贷款。数字金融可以解决这个问题。数字农业通过应用大数据、云计算，能够实现农业金融供给风险管控的低成本，并且通过手机客户端，可以为农户提供广覆盖、个性化和便捷式金融服务，彻底解决农户贷款难、贷款贵难题。

金融是数字化实施乡村振兴战略的重要发力点，为深入贯彻落实乡村振兴战略要求，促进全市农民合作社、家庭农场等新型农业经营主体的高质量发展，徐州市农业农村局与邮储银行徐州市分行联合开展了"数智助农"活动，以"彭城农数贷"为抓手，多措并举，精准发力，更好地满足农业农村多样化金融需求。

为解决农村地区贷款面广、额度小、数量大、融资信息不对称等难点问题，徐州市农业农村局与邮储银行徐州市分行成立了合作协调推进小组，联合创新"彭城农数贷"。"彭城农数贷"是充分利用徐州市农业农村局的大数据，结合邮储银行农村信用体系建设的数据、农业生产类数据、征信类数据等，建立贷款审批模型，客户通过线上渠道即可申请的农户贷款。"彭城农数贷"融合了农业农村局的大数据优势及职能优势、邮储银行的金融服务优势以及农担公司的担保优势，通过"数据多跑路，客户少跑路"的方式，提升农户贷款效率。"彭城农数贷"将贷款申请、授信审查审批和贷款支用全部采取手机银行渠道实现，专属风控模型更契合农户生产经营实际，审批时效快、授信额度精准，作业效率大幅度提升，将放款压缩到"10分钟"，真正将贷款平台变做了农民手中的"新农具"，在金融机构数字化助农惠农方面起到了很好的示范带动效果。2022年，"彭城农数贷"累计发放12294笔、21.5亿元。

3. 下一步数字农业发展迫切需要解决的问题

加快推进土地适度规模经营。土地适度规模经营是种植业实现数字化转型发展的基础。各地各有关部门要加快培育新型农业经营主体，大力发展农业社会化服务，引导土地规范有序流转，提高土地规模化水平，积极发展土地流转、土地入股等适度规模经营，为数字农业发展提供土地要素保障。

提升小农户参与数字农业的能力和空间。数字农业发展的难点，实际上是农民农村身份的转型升级。从目前的农村电商经验来看，积极引导传统农民成为"数字农民"是核心任务。数字化解放了生产效率，一方面需要引导农民科学生产，同时也必然会分化出数字化管理、数字化销售这些新型职业，这也是推进农民现代化的科技支撑。在培训端，要针对小农户开展数字农业知识和技能专题培训；在营销端，应该鼓励发展各类新模式新业态，如直播营销、淘宝村等。

切实加强对数字农业人才的培养。目前既懂农业技术、又熟悉信息化等新技术的跨界型复合型人才严重缺乏，农业信息化人才体系及队伍不完善，严重影响数字信息技术在农业农村领域的推广应用。为此，要多措并举，进一步加强"农业＋信息技术"复合型人才的培养培训力度，引导、支持徐州市科研机构、高等院校开展数字农业关键技术的研发和应用，建立产学研合作的长效机制，努力提升农民数字素养，加快培养适应数字化时代要求的"新农人"。

加强数字农业建设的政策扶持。要有人做事，要有钱办事。在工作机制上，成立数字农业建设工作专班，统筹和领导数字农业发展工作，要抓好组织领导、抓好研究谋划、抓好规划编制、抓好试点示范、抓好推动落实。在资金保障上，要加大财政支持和补贴力度，特别是初始阶段，要有一定的资金支持。同时，可鼓励社会资本投入农业数字化建设。

在疫情与经济两大命题的摩擦碰撞之下，数字化是对疫情经济发展浪潮的顺应。在疫情之后的相当一段时间内，数字农业建设必将进入发展快车道，在乡村振兴科技信息支撑中扮演越来越重要的角色。为此，我们要抓住机遇、补齐短板，以数字技术应用为突破口，加快农业数字化转型，积极推动农业产业发展，促进农民增收和村级集体经济发展，全面推进乡村振兴和农业强市建设。

■**资料链接**

丰县打造苹果种植数字化应用场景

近年来，丰县通过大力发展数字果业，种植数字化应用场景建设，将果园地块、态势、农事、装备四块内容进行流程化串联，并以数字化的手段来辅助苹果种植，实现苹果种植数字化应用场景，促进果业智能化发展。

首先，种植户通过地块数字化场景，框选果园的地块，并对地块的种植信息、面积、地块归属信息进行标注，实现地户一档；其次，以数字化地块为基础，通过苹果长势数字化场景和环境监测数字化场景感知所属地块信息、苹果长势状态、病虫害数据、田间气象数据；然后，通过农事指引数字化场景，实时推送相应的农事指引操作给种植户；通过果园植保数字化场景，将农事指令传输给智能喷药车、除草车、无人机等智能装备，智能准备接到指令后自动前往指定区域进行植保、除草等生产环节的工作；最后，通过果园态势数字化场景，利用多光谱无人机，对果园地块进行多光谱数据分析，得到果园整体生长态势结果，并将结果推送到软件平台，种植户可以实时感知。将传统种植的"靠经验吃饭"，转变为"靠数据吃饭"，数字化为苹果种植提供精准、科学的研判机制,起到精准种植、降低成本和提高产量、品质的作用。

　　苹果种植数字化应用场景的建设解决生产效率问题,数字化解放了劳动力,把技术变成生产工具,替代了传统的人工,每亩降低人工成本390元,生产效率提高6%。数字化介入后,实现化肥农药的减量、精准使用,从而降低了农资成本投入,每亩可降低成本321元,苹果亩产量提升500斤、品质提升4%,实现了品效合一。

(中国农业信息网,2022年12月4日)

参 考 文 献

[1] 蔡思祥. 夯实粮食安全根基 扛牢稳产保供责任 2023 年市委一号文件出台 [N]. 徐州日报，2023-2-26.

[2] 蔡思祥. 新农人建设新乡村 徐州"三乡工程"推动村振兴之路越走越宽广 [N]. 徐州日报，2022-11-15.

[3] 樊海涛. 今年我市"三农"工作将夯实一个基础、拓展两项增收、聚焦四类重点 全面推动乡村振兴取得新进展 [N]. 徐州日报，2022-3-24.

[4] 甘晓妹，竺怡辰. 变废为宝 农业废弃物全量利用的"徐州模式"[N]. 徐州日报，2020-6-9.

[5] 胡明慧，林雪，李宁，等. 围绕"特"字健全农产品产业链 打造特色创新产业集群 让"拳头"农产品形成竞争力 [N]. 徐州日报，2023-2-9.

[6] 刘俊杰. 深化农村宅基地制度改革 [N]. 经济日报，2023-2-24.

[7] 评论员. 深化宅基地制度改革试点需把握几个要点 [J]. 农村经营管理，2020(6):1.

[8] 王春莹. 农业大市向农业强市迈进 如何下好"三农"这盘棋？ [N]. 徐州日报，2023-2-8.

[9] 王正喜. 特色农业"接二连三"融合发展提质增效 我市聚力打造全产业链 推进乡村全面振兴 [N]. 徐州日报，2022-8-4.

[10] 杨超，马文瑾. 打造徐州农业全产业链的几点思考 [N]. 江苏农村经济，2022(10):32-35.

[11] 杨玥. 发展农业全产业链 打造乡村产业"升级版"[N]. 农民日报，2021-9-4.

后 记

　　农业兴则国家兴，全面推进乡村振兴是新时代建设农业强国的重要任务。习近平总书记指出："要全面推进产业、人才、文化、生态、组织'五个振兴'，统筹部署、协同推进，抓住重点、补齐短板。"这一重要部署高瞻远瞩、内涵丰富、要求明确，是新时代做好"三农"工作、全面推进乡村振兴的根本遵循和行动指南。

　　农业、农村、农民问题是关系国计民生的根本性问题。党的二十大报告提出"全面建设社会主义现代化国家，最艰巨最繁重的任务仍然在农村"的重要判断，就"全面推进乡村振兴"作出新的重大部署。全面推进乡村振兴，是新时代做好"三农"工作的总抓手。全面推进乡村振兴关键在"全面"，必须加强顶层设计、统筹谋划、科学推进，人才投入、物力配置、财力保障都要转移到乡村振兴上来，以此促进农业全面升级、农村全面进步、农民全面发展。

　　"让乡亲们过上好光景，是我们党始终不渝的初心使命，共产党就要把这件事情干好，不断交上好答卷。"当前，我市农业农村发展已进入新的历史阶段。以产业兴旺为重点、生态宜居为关键、乡风文明为保障、治理有效为基础、生活富裕为根本全面推进乡村振兴，必能汇聚起更强大的力量，奋力谱写徐州农业农村现代化新篇章。

　　民族要复兴，乡村必振兴。这些年来，徐州市始终坚持农业农村优先发展，努力补齐农业农村现代化短板，围绕农业强、农村美、农民富目标，对乡村振兴进行了一系列的实践探索，具备了较为坚实的基础，同时也面临着新的矛盾和挑战。习近平总书记视察徐州时，对我市乡村振兴寄予嘱托和期望。我们必须在了解徐州乡村振兴的现状短板、总体定位、重点任务、实践路径的基础上，勇挑重担、勇扛重责，敢为善为、务实落实，紧紧围绕建设农业强市目标，大力破解人、钱、地等制约因素，走出一条更高水平、更具特色的全面推进乡村振兴的"徐州路径"。我们坚信，徐州创造了传统农业的辉煌成就，也一定能够在全面推进乡村振兴的道路上走在全省前列。

《为了大地的丰收——徐州市乡村振兴的实践和探索》记述了多年来特别是自党的十九大以来这段激情燃烧的岁月里，徐州市"三农"人在市委、市政府坚强领导下，勇毅前行、奋力开拓，高质量全面推进乡村振兴的一些有益实践和探索，一些令人感动的故事，一些深受农民群众好评的成果。本书的基础部分材料，源自我在徐州市委党校和一些院校、部门宣传介绍我市"三农"工作情况的讲稿，我在此基础上做了一定修改，进一步拓展并充实了相关内容。本书时间跨度为 2017 年 3 月至 2023 年 6 月，其中各年度重要数据原则上以 2022 年 12 月为截止点；涉及 2023 年的内容，数据更新至 2023 年 6 月。写作过程中，我妻李红艳给予了热情鼓励，作为一名曾长期从事"三农"工作的党员干部，她虽已退休，但对"三农"一直怀有特殊感情。这期间，她不辞辛劳帮助收集、整理和誊抄了大量资料，并就本书的体例、框架等提出了许多具体可行的意见和建议。同时，在这一过程中，我还得到了许多同事和媒体朋友在资料、数据、事例、图片等方面给予的关心支持和大力帮助，尤其是徐州报业集团蔡思祥老师多次提供相关资料、提出宝贵意见，在此一并表示衷心感谢！

鉴于个人学识和编写水平有限，书中难免存在资料不够翔实、记述不够全面或表述不当的地方，恳请朋友们批评指正。

杨亚伟

2024 年 6 月